21世纪高等院校通识教育规划教材

大学体育与健康课程

主编　韩秋红　　副主编　侯建柱

编委：王学生　叶木华　孙有智　张小敬
张红华　来佳书　李慎广　赖新明

清华大学出版社
北　京

内 容 简 介

　　本书分为三篇：第一篇为理论知识篇，系统阐述了体育和健康的概念、体育锻炼的科学指导、运动损伤的预防和处理，为广大学生进行体育实践奠定理论基础和提供科学指导；第二篇为体育实践篇，分别介绍了球类运动、形体健美运动、武术运动、新兴体育运动四类体育运动项目的技术要领、比赛规则和考核标准，旨在培养大学生对体育锻炼的兴趣爱好，并使其逐步掌握相应的运动技能；第三篇是学习评价篇，主要阐述了"体育与健康"课程学习评价、体质健康测试与晨跑等相关内容，让学生对学校的体质健康测试、晨跑、体育与健康成绩测试等有所认知，并能认真对待。

　　本书为高等学校公共体育教材，也可作为体育爱好者、教练员、运动员的参考书。

本书封面贴有清华大学出版社防伪标签，无标签者不得销售。

版权所有，侵权必究。举报：010-62782989，beiqinquan@tup.tsinghua.edu.cn。

图书在版编目（CIP）数据

　　大学体育与健康课程/韩秋红主编.—北京：清华大学出版社，2020.8（2023.8重印）
　　21世纪高等院校通识教育规划教材
　　ISBN 978-7-302-56106-4

　　Ⅰ.①大⋯　Ⅱ.①韩⋯　Ⅲ.①体育－高等学校－教材 ②健康教育－高等学校－教材　Ⅳ.①G807.4 ②G647.9

　　中国版本图书馆 CIP 数据核字（2020）第 137013 号

责任编辑：袁勤勇　杨　枫
封面设计：傅瑞学
责任校对：徐俊伟
责任印制：杨　艳

出版发行：清华大学出版社
　　　　网　　　址：http://www.tup.com.cn，http://www.wqbook.com
　　　　地　　　址：北京清华大学学研大厦 A 座　　　　邮　　编：100084
　　　　社 总 机：010-83470000　　　　　　　　　　　邮　　购：010-62786544
　　　　投稿与读者服务：010-62776969，c-service@tup.tsinghua.edu.cn
　　　　质量反馈：010-62772015，zhiliang@tup.tsinghua.edu.cn
　　　　课件下载：http://www.tup.com.cn，010-83470236
印 装 者：天津安泰印刷有限公司
经　　销：全国新华书店
开　　本：185mm×260mm　　　　印　　张：21　　　　字　　数：460 千字
版　　次：2020 年 10 月第 1 版　　　　　　　　　　　印　　次：2023 年 8 月第 4 次印刷
定　　价：58.00 元

产品编号：088824-02

前　言

党的二十大报告指出,广泛开展全民健身活动,加强青少年体育工作,促进群众体育和竞技体育全面发展,加快建设体育强国。"大学体育与健康"相关课程是推进素质教育,加强高校体育课程建设,深化体教融合,提高体育教学质量,实现体育教学目标的重要载体。

近年来,随着高校"体育与健康"课程教学改革的不断深入,体育与健康教学理论和实践的研究与探索日益活跃,高校体育与健康教材也越来越多,这是高校体育理论和教学改革呈现的繁荣兴旺景象,也是高校体育教学走向科学化的象征。自"体育"步入高校的课堂以来,体育教材便开始孕育、脱胎和发展,100多年来,各类版本的高校体育教材接踵而至。然而,随着社会经济的不断发展,大学生的学习和就业压力不断增大,再加上智能终端的普及给大学生带来了各方面的影响与困惑,导致他们很少有时间从事体育运动,甚至对体育运动失去了兴趣。因此,在"健康第一"思想的指导下,以《全国普通高等学校体育课程教学指导纲要》和《国家学生体质健康标准》为依据,结合教学实际情况,完成了本书的编撰工作。

本书分为三篇:第一篇为理论知识篇,系统阐述了体育和健康的概念、体育锻炼的科学指导、运动损伤的预防和处理,为广大学生进行体育实践奠定理论基础和提供科学指导;第二篇为体育实践篇,分别介绍了球类运动、形体健美运动、武术运动、新兴体育运动四类体育运动项目的技术要领、比赛规则和考核标准,旨在培养大学生对体育锻炼的兴趣爱好,并使其逐步掌握相应的运动技能;第三篇是学习评价篇,主要阐述了"体育与健康"课程学习评价、体质健康测试与晨跑等相关内容,让学生对学校的体质健康测试、晨跑、体育与健康成绩测试等有所认知,并能认真对待。

本书由韩秋红担任主编,并负责统稿和第1章,第5章第4节,第6章第1节,第6章第3节部分,第7章和第8章的编写;侯建柱担任副主编,并负责第2章,第4章第3、4节的编写。参加编写的还有:王学生,负责第3章第4节,第6章第3节部分;孙有智,负责第3章第1节、第4章第2节;叶木华,负责第3章第3节和第4章第1节;张红华,负责第5章第2、3节,第6章第2节;赖新明,负责第3章第5、7节,第6章第4节;来佳书,负责第3章第2节;李慎广,负责第3章第6节;张小敬,负责第5章第1、5、6节。

在本书的编写过程中,得到了冯火红教授和许多朋友的帮助,得到了清华大学出版社领导和编辑们的大力支持,在此,一并表示衷心的感谢。

作　者

2023 年 7 月

目　录

第一篇　理论知识篇

第二篇　体育实践篇

第三篇　学习评价篇

第一篇　理论知识篇

第1章 体育锻炼与健康

1.1 体 育 概 述

1.1.1 体育的概念

19世纪末"体育"这个词传入我国,100多年来人们一直围绕着"何为体育"进行了不倦的探索。高潮迭起,持续不断,仁者见仁,智者见智,损益相随。然而,科学、准确地界定体育概念,关系到体育的客观真实性,关系到国家的体育方针政策,关系到国家体育发展的方向,关系到国民素质的自强性和厚德性……总之,它对人的发展,社会的发展以及体育学科自身的发展都有重要意义。

关于"体育是什么"的研究一直处于百家争鸣的氛围中,本书编者在查阅大量的文献后,将体育概念争论的焦点与实质归纳为以下几点,凡不当之处,敬请众位专家、同仁、读者多多指正。

1. 体育概念争论的焦点

(1) 社会文化活动(现象)与教育过程(Sports and Physical Education)之争。

有的学者认为体育是一种社会文化活动(现象),体育教育(身体教育)、竞技运动等都包括在内。有的学者认为体育是一个教育过程,竞技运动不应包括在内。在欧洲,19世纪上半叶曾围绕Sports算不算体育发生过长达10年之久的争论;在日本,20世纪80年代同样就体育与竞技的归属展开了争论。在我国,20世纪初的"兵操废存"之争和20世纪80年代的"真义体育"之争也是围绕Sports与Physical Education展开的。直至今日,仍然没有一个统一的认识。

(2) "身体的教育"与"通过身体的教育"之争。

有的学者认为体育是"身体的教育",有的学者认为体育是"通过身体的教育"。"身体的教育"(Education of the Physical)与"通过身体的教育"(Education through the Physical)之争源自英美,20世纪30—40年代在我国曾有过热烈讨论。20世纪80年代有些学者曾提出过这一问题,似乎未产生重要影响。近年来,又有学者提到这一问题。

"社会文化活动(现象)与教育过程之争"涉及体育的内涵与外延,关系到国家的体育方针和政策。"身体的教育"与"通过身体的教育"之争关系到学校体育,特别是体育教学的指导思想。虽然它们在涉及面的广度方面有些差异,但对体育概念的界定都有重要影响。

2. 体育概念争论之实质

(1) 身与心(形与神)的关系。

身与心,我国古代称形与神,是一个哲学问题,也可以说是一个体育问题。

其实,人类很早就开始探索身心(形神)的关系了,直到今天,这个问题也还是哲学和科学上的前沿问题之一。

在西方,苏格拉底认为:灵魂(心)与身体二者是根本对立的,如灵魂是单一的,高尚的,身体是复合的,可鄙的,要消除这种对立,唯一的办法就是牺牲肉体的欲求。苏格拉底的这种身体可鄙观为基督教"肉体是灵魂的监狱"埋下了伏笔。另一方面,苏格拉底还认为灵魂对身体的某种依赖性,如身体的健康状况直接影响到精神状态和理智活动的成败,所以他也很重视体育锻炼,并告诫人们应该成为体育内行,不应该成为体育的门外汉。

亚里士多德认为:灵魂(心)与身体是不可分割的。身体不能离开灵魂而独立存在,因为身体是质料,如果没有灵魂亦即没有形式,它就不是现实的,有机的身体。同样,灵魂也不能跟身体分开。灵魂如果离开了身体,就等于无。亚里士多德第一次较系统地阐述了德育、智育、体育的关系。

唯意志主义者尼采等人认为:意志是世界的本原、本体或物自体,存在于万事万物之中,通过万事万物表现出的在人身上,意志是以中心、本质、本体的资格而存在的。也就是说,身体与意志实际上是一回事,显然这是不真实的。

在我国古代,身心也称为形神,既是一个哲学问题,又是一个养生问题。从哲学角度看,有两个根本命题:一是物质和意识的关系问题,亦即谁是第一性、谁是第二性的问题;另一个是客观世界可不可以认识的问题。前一个问题表现在心理思想上又具体化为两个方面:第一,神与行即心与身、心理与生理的关系问题;第二,心与物即心须由物引起还是由形自生的问题。

从养生角度看,中国古代养生与上面提到的第一个问题关系密切,也就是说与"物质和意识的关系问题"联系密切,特别是与"神与形即心与身、心理与生理的关系问题"的联系更为密切。

庄子提出:"精神生于道,形本生于精",认为神不依赖于形体而独立存在,形体是从精神产生的。更有甚者,南朝梁武帝提出"神不灭"论等,都是唯心主义形神观。东晋葛洪认为"形须神而立""身(形)劳则神散"等观点,有唯物主义倾向。但他认为"举形升虚,谓之天仙",只有形神不离,形神才会一道起飞升天成仙,入于虚幻世界,表现出唯心主义形神一元论。

养生,亦称摄生,是保养身体、养护生命之意。中国古代在养生方面,有注重养形的,其方法侧重"动养";有注重养神的,其方法侧重"静养"。一般来说,唯物主义者倾向养形,主张动养;唯心主义者倾向养神,主张静养。当然,这不是绝对的。中国古代学校体育不发达,奴隶社会学校体育受军事训练影响,以练形为主。漫长的封建社会学校可以说无体育可言,只是在一些私学中或多或少有一些养生内容,有的主张静养,如朱熹等;有的主张动养,如苏轼、颜元等;有的主张"动静结合",如王夫之等。不论动养、静养或动静结合,对身体健康都有促进作用。

20世纪30—40年代,著名体育教育家袁敦礼先生就身心一元论、二元论阐述了"身体的教育"和"通过身体的教育"的关系。袁先生虽然态度包容,但倾向于体育乃"通过身体的教育"也,更重"育心"。20 世纪 80 年代,一些学者主张"体育就是体质教育",强调"育体"。

体育运动,体育教学与训练与身心问题有密切联系。"身体的教育"关注的是人的体质,"通过身体的教育"关注的是人的心理和精神。以上这些思想对我们界定体育概念有重要指导意义。

（2）科学与人文的关系。

当代哲学具有两条主线:一是"科学主义思潮";二是"人本主义思潮"。当代教育改革同样有两条主线:"一是以适应外在的、社会科技和经济发展为旨趣;二是以适应内在的、受教育者自身精神的需要为鹄的。"

科学主义,亦称纯科学主义、唯科学主义、科技主义等。科学主义关心的是对"是什么"的回答,用科学与不科学来衡量一切事物,这样就把价值、人的存在、情感、人的发展等一概排斥在科学大门之外,它把科学技术所提供的自然界演化图景当作终极的实在图景,并上升到本质的高度。它用自然科学的眼光来看待人文社会科学的研究对象,力图用自然科学的研究方法规范人文社会科学的研究方法等。

人文主义,亦称人道主义或人本主义,以人为本是其主张和信念。尊重人的尊严和价值,歌颂人的智慧和力量,注重培养学生的个性和主体性,发掘人的潜力,关怀人的生存和发展是人文主义的根本特点。

在我国,竞技运动是一项国家事业,国家体育总局颁布的《奥运争光计划纲要》明确提出:"加强科学训练,向管理和科技要成绩"。2008 年北京奥运会提出"科技奥运",都有明显的科技取向。实际上,"体质教育"本身就有明显的科技倾向。其他教学思潮,如主智主义、行为主义、结构主义等也都有明显的科技倾向。我国在竞技运动研究中,出现了"竞技教育学",提出"夺标育人"观念,这是科学与人文相结合的良好尝试。2008 年北京奥运会在提出"科技奥运"的同时,还提出"人文奥运""绿色奥运",这是奥运史上的创举。在体育教育中,出现了人文倾向的"快乐教学""成功教学"等模式。特别是把"健康第一"作为学校体育的指导思想,将身体健康、心理健康、社会适应融为一体,为科学与人文相结合开了一个好头。只有明确体育概念争论的实质,才能准确界定体育的概念,明确我国体育特别是学校体育的发展方向。

3. 体育概念界定原则

要想准确地描述体育的概念,必须遵守一定的原则。对此,熊斗寅先生提出七条原则,中国体育科学学会科学理论分会 1982 年在烟台的学术会议上确定了三项原则。张元先生也提出了几条原则,现归纳如下。

（1）合理应用亚里士多德公式。

亚里士多德为概念的确定制定了一个公式,即种概念＝属（概念）＋种差。这是大家非常熟悉而且经常应用的一个公式。如果把体育的概念即上位概念定为"教育",那么体育就是"教育过程"了;如果把体育的上位概念定为"文化",那么体育就是一种"文化现象"了;如果把体育的上位概念定为"身体活动",那么体育就属于"身体活动范畴"了。张洪谭先生说:"体育是旨在强化体质的一切非生产性的人体活动"。吴光远先生说:"体育是人类通过身体练习来改造自身身体、挑战身体极限的实践活动"。当然还有很多专家对体育进行界定,这里不再一一列举。

概念是客观事物在人们头脑中的反映。为什么人们对同一个"体育"得出不同的结论(概念)呢? 可以说是观点、方法问题了。观点上表现出身心观、科学观、人文观等的差异,方法上表现出能否合理应用亚里士多德公式。

(2) 功能不可泛化。

功能即事物的功效和作用。我们给体育概念作界定,是要说明体育"是什么",不是谈体育"干什么""为什么干"和"为了什么干",如"增强体质""提高技术水平""丰富社会生活""提高教育水平""促进物质文明和精神文明建设"等。无须把功能加在体育概念之内。

(3) 考虑"体育中国化"的国情。

任何"舶来品",要想在中国这块土地上生根发展,必然要走"中国化"之路。如以苦、集、灭、道为教义的佛教传入中国后,吸收了中国的儒、道等文化,才在中国发展起来,并且产生了名震海内的少林武术。西方体育传入中国后,同样会有一个"中国化"的过程。我们在给体育下定义时,既要与国际接轨,也要考虑我国国情,切忌全盘照搬。毕世明先生和谷世权教授指出:在实践中诞生和发展的"体育"总概念不能否定。

(4) 体育的概念。

根据对体育概念设定的原则,再加上对体育概念争论的焦点与实质的分析,研究认为:体育是人类以自身为对象实现自我超越的身心活动。"身心活动"是体育的外延和共性,涵盖各种体育形式。"以自身为对象"是体育的内涵,也就是体育的本质属性,它有别于以自然为对象的生产活动,也有别于身体暴力活动;它是身体的超越(健身),也是心里的超越(健心);它可以极限超越,也可以弱度超越;它可以是竞技,也可以是教育;它可以是娱乐,也可以是苦行;它可以是目的,也可以是手段。

1.1.2　体育的功能

体育理论是体育实践的概括反映。体育功能作为一种理论概括和总结,首先必然来自实实在在的体育实践活动,再通过体育实践检验完善的基础上,返回体育实践,指导人们的体育实践,推动体育实践发展。关于体育功能的认识,主要有以下几种观点。

体育的功能是指体育以其自身特点作用于人和社会所能产生的良好影响和效益。鲍冠文在《体育概论》一书中指出:"体育的功能是指体育在人的自我完善和社会发展过程中所表现出来的作用或价值。"周西宽在《体育基本理论教程》中指出:"体育功能是体育系统和社会系统相互作用于人、社会所具有的作用。"杨文轩等人在《体育概论》中指出:"体育功能是指体育这一文化现象对人和社会所能发挥的有利作用和效能。"分析不难发现,体育的功能主要是指体育对个体和社会所能发挥的作用和效能,具体功能如下。

(1) 强身健体功能。

经常参加体育运动,可以促进骨骼的生长发育,可以促进人体血液循环,加强新陈代谢,使骨的结构及性能发生变化。体育运动可以促进肌肉粗壮、结实、健美,还可以增强关节的灵活性和稳定性;体育运动可以改善和提高神经系统的反应能力,消除脑细胞疲劳,提高学习、工作效率,还可以预防和缓解神经衰弱;体育运动可以增强心脏血管机能,可以增大心室容积,可以增强血管壁弹性,预防心脑血管疾病的发生;体育运动可以加强呼吸机能,提高肺活量;适宜的体育运动对促进消化系统的发展有良好的作用。经常从事体育运动可增加人体能量物质的消耗,反射性地提高胃肠道的消化和吸收功能;体育锻炼能使人体内的脑啡肽含量增加,它能使人产生一种特殊的欣快感觉,这种欣快感对减轻忧愁、降低忧郁、焦虑,增强活力有积极的作用;适度的体育锻炼,还可以促进人体内分泌、内循环改善,提高人体自身免疫能力。

（2）健康心理功能。

体育运动可以发展人的认知能力,均衡性的肢体运动还可以使左右半球的大脑产生兴奋,促进人智力的发展;体育运动可以完善人的性格、气质,每个人的性格和气质都是迥异的,但随着运动次数的增多,人格心理就会得到适当的改变,在很大程度上人格特征会向外向型方向发展,紧张、焦虑程度降低,竞争力和创造性得到加强;坚持体育锻炼能够提高心理应激水平,使得人体在受到强烈的物理、化学、生物等作用或情绪发生变化时避免刺激对人体的损害,在遇到外界的强烈刺激时也能保持心理的平衡,使心理承受能力和健康水平都处于较高的状态。较高的心理应激水平可以使人更加从容地面对和克服困难,提升意志品质。

（3）人际交往功能。

参加体育运动,能够增加人与人之间的交流、打破自我封闭,特别是一些集体性的体育活动,必须通过合作完成某个活动,在活动中人与人之间的接触交流会使得原有的孤独感、抑郁感淡化乃至消失。同时,通过体育活动能够使人获得自信,从而改变参与者对生活的看法及自己的个性和行为方式。人们在体育活动中形成的合作、竞争、遵守规则的意识和行为,通常会迁移到日常社会生活、学习和工作中,有利于人们理解和遵守社会规范的意义及重要性,有利于形成尊重他人的行为习惯,从而促进人际关系的和谐发展。

（4）休闲娱乐功能。

体育具有休闲娱乐的功能主要有以下两个原因。一是体育活动始终关注人"自身自然"的发展。人们通过从事体育活动,能够有效地满足人体健康的基本需求,而身体健康状况对个人的生活满意度、幸福感、心情的愉悦程度都有着重要的影响。一般来说,一个人的身体健康水平越高,心情的愉悦程度也越高,反之则越低。二是体育活动存在大量的人与人的交往。体育活动作为一种娱乐方式,有大量的集体性活动内容。这些体育活动的参与过程也是参与者之间愉快地交往、分享快乐的过程。因此,体育是人类特有的一种休闲娱乐方式,它具有休闲娱乐的功能。重要的是,从满足人类需求的角度讲,体育的休闲娱乐功能是其他文化娱乐形式所不能够替代的。

（5）生命美学功能。

体育对人的生命之美有极大的激发和促成作用。体育通过各种运动形式对人的生命之美进行激发和磨炼,增强了人的生命力。体育运动能够全面发展体能,增强体能素质以及机体适应能力。这种改善的结果就是使人产生旺盛的生物生命力,直接表现就是人体外型的美。通过体育运动,人的身姿变得挺拔,胸背部肌肉的体积逐渐增加,腰腹间沉积的多余脂肪得以消除,胸、臀部变得丰满而富有曲线,人的体质、容貌、身材、皮肤、毛发等方面都出现令人悦目的形状和优美的姿态。同时,人的这种旺盛的生物生命力也表现在体育活动,特别是体育竞技中。现代体育运动项目,如艺术体操、花样滑冰、花样游泳等给人一种形体上的美;铅球、摔跤等运动项目则会让人体会到一种力的美。无论是形体的美还是力的美,其本质都是旺盛生命力的体现。因此,体育活动是人体生物生命力的展现场所,它本身就是人的生物生命之美的一种形式。体育激发和促进了人的生物生命之美,而生物生命之美也在体育活动中得到完美的展现。另外,体育作为一种社会文化,与生活方式密切相关。健康的生活方式对人的体质与精神都大有益处。体育通过增强人的体质增进人体的机能,加强人的生命活力,最大限度地促使人发挥生理、精神、情绪和社会潜力,改进生活方式。人们生活方式的改进使其生命质量得以提高,对自身的感受力得以增强,这在一定程度上增进了人的审美感受力,提升了人的审美境界。这是体育激发人的生物生命之美的另一层面的解释。

1.2　健　康　概　述

1.2.1　健康的定义

古往今来,无论哪个时代,何种民族,均将健康视为人生的第一需要。早在 2400 年前,医学之父苏格拉底就曾说,健康是人生最可贵的。马克思认为,健康是人的第一权利。世界卫生组织(WHO)曾指出,健康是基本人权,尽可能达到健康水平,是世界范围内的一项重要的社会性目标。可见,健康成为人类永恒的话题和共同追求的目标。随着社会的发展、科学技术的进步以及物质水平的提高,人类存在的许多种疾病得到了解除,人们的健康水平也在不断提高。但同时也带来了新的问题,即人们的生活虽然越来越舒适和方便,但身体活动的时间却愈来愈少。洗衣机、洗碗机、电视机等电器,只要人站着或坐着,动动手指,按下按钮就可以操控;上楼乘电梯,出门乘出租车等。所有这些都使人们身体活动的机会和日常生活中的体力活动大大减少。同时,由于食物构成的改善,人们从食物中摄取的营养越来越多,从而造成营养过剩。在这样的生活方式下,身体的机能难以得到充分的使用,久而久之,便会退化,各种"文明病"(如心脏病、高血压、糖尿病、肥胖症和癌症等)随之而生,这就是现代舒适生活的代价。常言道:"经常运动,百病难碰";"烈火炼真钢,运动保健康"。我们只有坚持身体锻炼,才能获得良好的体能,以抵抗疾病的侵袭和应对工作的压力,达到延年益寿的目的。

何谓健康?古往今来,人们对其有不同的解释。以往,由于受传统观念和世俗文化的影响,往往将健康单纯理解为"无病、无残、无伤"。早在古希腊时代,医生就相信健康是身体的完全平衡。在我国《辞海》中,将健康定义为"人体各器官系统发育良好,功能正常,体质健壮,精力充沛,并且具有劳动效能的状态。通常用人体测量、体格检查和各种生理指标来测量"。在美国也有类似的叙述,健康专家贝克尔认为,健康是"一个有机体或有机体的部分处于安宁状态,它的特征是机体有正常的功能,以及没有疾病"。

1. 健康三维观

随着社会的发展和科学技术的进步,人们完全突破了原先的思维模式,对健康的概念有了新的认识。1948 年,世界卫生组织对健康提出了一个明确和全面的定义:"健康是指在身体、心理和社会各方面都完美的状态,而不仅是没有疾病和虚弱"。从而使对健康的评价不仅基于医学生物学的范畴,而且扩大到心理和社会学的领域。由此可见,一个人只有在身体和心理上保持健康的状态,并具有良好的社会适应能力,才算得上真正的健康。

2. 健康四维观

1989 年,世界卫生组织在健康三维观的基础上又提出了"身体健康、心理健康、道德健康、社会适应良好"4 个方面的健康标准。从这一点可以看出,健康是人的发展的基本目标,一个人只有在生物、心理、社会和道德 4 个方面着手,才能有效地保证其健康幸福的生活,并提高生命质量。

3. 健康五要素

美利坚大学的国家健康中心提出了一个与健康三维观相似的健康定义,即个体只有身体、情绪、智力、精神和社会 5 个方面都健康(也称为健康五要素),才称得上真正的健康,或称之为完美状态。

(1)身体健康。

身体健康不仅指无病,而且还包括体能,后者是一种满足生活需要和有足够的能量完成各种活动、任务的能力。具备这种能力,就可以预防疾病,增进健康,提高生活质量。

(2)情绪健康。

情绪涉及我们对自己的感受和对他人的感受。情绪健康的主要标志是情绪的稳定性,所谓情绪稳定性是指个体应对日常生活中人际关系和环境压力的能力。

(3)智力健康。

智力健康指在长期的学习和生活中,人们的大脑始终保持活跃状态。有许多方法可以使大脑活跃敏捷,如听课、与朋友讨论问题和阅读报刊书籍等。努力学习和勤于思考还能使人们有成就感和满足感。

(4)精神健康。

精神健康对于不同宗教、文化和国籍的人意味着不同的内容,主要包括理解生活基本目的的能力,以及关心和尊重所有生命体的能力。

(5)社会健康。

社会健康指个体与他人及社会环境相互作用、具有和谐的人际关系和实现社会角色的能力。此能力将使人们在交往中有自信感和安全感,少生烦恼,心情舒畅。

4. 健康的 10 条标准

2000 年,世界卫生组织提出了健康的 10 条标准。

（1）有充沛的精力，能从容不迫地应付日常生活和工作压力而不感到紧张。

（2）处事乐观，态度积极，乐于承担责任，事无巨细，不挑剔。

（3）善于休息，睡眠良好。

（4）应变能力强，能适应外界环境的各种变化。

（5）能抵挡一般性的感冒和传染病。

（6）体重适当，身体匀称，站立时头、肩、臀的位置协调。

（7）反应敏锐，眼睛明亮，眼睑不发炎。

（8）头发有光泽，无头屑。

（9）牙齿清洁，无空洞，无痛感，无出血现象，齿龈颜色正常。

（10）肌肉和皮肤富有弹性，行走轻松自如。

5. 身心关系

不管是健康三维观、健康四维观、健康五要素，还是健康的 10 条标准，仔细分析不难发现，健康诸要素之间的关系实际上就是身心之间的关系。近年来的研究也表明，人的生理和心理之间存在着相互作用的关系。生理健康（即身体健康）有助于心理健康，例如，塔科（Turker）1990 年的研究显示，生理健康水平较高的被试者心理抑郁水平较低。同样，人体生理方面的疾病或异常情况也会引起心理或行为方面的病症。例如，由于病菌的侵入使得大脑中枢神经受到损伤，患者会神志不清，对空间、时间和人物的定向能力将大为减退，记忆、推理和计算能力出现明显下降。再如，甲状腺的主要功能是控制人体的新陈代谢，甲状腺素分泌过多、使得人体的新陈代谢速度加快，个体便会产生紧张反应，表现为肢体颤动、情绪激动、注意力难以集中、焦虑不安和失眠等。反之，当甲状腺素分泌不足时，使得新陈代谢的速度减慢，患者的心理活动趋于迟钝，具体表现为反应缓慢、记忆力减退，且有抑郁倾向。身体健康有助于心理健康，心理健康也同样影响着身体健康。古人云"怒伤肝，喜伤心，忧伤肺，恐伤肾，思伤脾"。身体健康与心理健康是相互影响、相互作用的，身体健康是心理健康的基础，心理健康有助于身体健康，只有这两方面保持和谐统一，才能真正达到健康状态。

1.2.2 影响健康的因素

世界卫生组织的资料显示：每个人的健康与长寿，60%取决于自身状况，15%取决于遗传，10%取决于社会因素，8%取决于医疗条件，7%取决于生活环境和地理气候条件的影响。对取决于人们自身状况的因素来说，影响人的健康与长寿的关键是每个人的生活方式和行为习惯。生活方式是指人们长期受一定文化、民族、经济、社会、风俗、家庭等影响而形成的一系列生活习惯、生活制度和生活意识。人类在漫长的发展过程中，虽然很早就认识到生活方式与健康有关，但由于人们一直认为危害人类生命的各种传染病是人类死亡的主要原因，从而忽视了生活方式对健康的影响。直到 19 世纪 60 年代后，人们才逐步发现生活方式在全部死因中的比重越来越大。例如，1976 年，美国年死亡人数中，50%与不良生活方式有关。可见，养成良好的生活习惯对于健康至关重要。

1.2.3 亚健康

现代医学将健康称作"第一状态",疾病称作"第二状态",将介于健康与疾病之间的生理功能低下的状态称作"第三状态",也称为"亚健康状态"或"灰色状态"。亚健康状态是指机体虽无明显疾病,却呈现出活力下降、适应能力不同程度减退的一种生理状态。专家认为,亚健康状态包括不良的心理行为、不振的精神面貌、对社会的不适应以及身体各部位的某种不适等。具体表现有情绪低落、心情烦躁、忧郁、焦虑、失眠、头晕、头痛、疲劳、慢性咽痛、淋巴结肿大、肌肉关节疼痛、反复感冒等一系列难以用某种疾病予以解释的症候群,而身体检查又无重大异常。亚健康对人体危害极大,那么应怎样走出亚健康状态呢?

1. 克服不良的生活习惯

吸烟、过度饮酒、高脂肪或过量饮食、缺少运动、睡眠不足、不吃早餐、经常熬夜等不良生活习惯,都会使身体由健康状态逐渐转变成亚健康状态,最后导致各种疾病的发生。

2. 调整好个人心态,适应瞬息万变的社会

当今社会瞬息万变,竞争激烈,工作、生活节奏加快,使人们的心理压力增加,精神负担增大。如果心理压力过大,会导致心理失衡,使神经系统功能失调,内分泌紊乱,正常的生理功能不能发挥出来,抵御疾病的能力也就明显下降,进而引起各种疾病。

3. 及时消除疲劳,努力提高身体素质

经常感到疲惫不堪是典型的"亚健康状态"。当代大学生紧张的学习、生活节奏会造成体力和脑力的疲劳状态。疲劳是人体一种生理性预警反应,长时间超负荷工作就会产生疲劳积累,长期下去必会引起疾病。

4. 有针对性地选用保健食品

从亚健康状态恢复到健康状态的关键在自己,要有自我保健意识,并能针对自己的亚健康状态分析原因,及时纠正。另外,有目的地服用一些适宜的保健食品,可以帮助人们消除亚健康状态。例如,由于不良的饮食习惯造成的高血脂、动脉粥样硬化,可配合服用深海鱼油、卵磷脂,对降低血脂、平稳血压有辅助治疗作用;工作紧张繁忙,经常处于疲劳状态时,可服用洋参含片缓解疲劳,增强身体的免疫力;经常睡不好的人可服用松果体素片睡个好觉来消除疲劳,保持每天的好心情。

1.2.4 文明健康的生活方式

现实生活中,许多人存在健康问题,重要的原因是没有正确、良好的生活方式,不良的生活方式是影响健康的重要因素之一;而良好的生活方式则是长寿的重要保证。现今社会,由于收入增多、交通发达、智能终端普及等原因,人们可以尽情地享受现代文明的成果,但是,不良的生活方式却在无情地蚕食着人们的健康。如吸烟、酗酒、暴饮暴食、过多摄入脂肪和糖等不健康的饮食生活方式,作息不规则的娱乐休闲、熬夜、睡眠不足、长时间看电视、玩电脑游戏成瘾、看手机刷微博等不健康的休息方式,缺乏锻炼或不运动等不健康的运动方式,夫妻间感情淡漠、对孩子不爱、对他人冷漠等不健康的情感生活方式,以自我为中心、孤独、抑郁、自私等不健康的心理活动,以及过多功利化、物质化等不健康的交友方式,导致了亚健康状态的产生和迅速蔓延。全球心血管疾病患者的迅速增加,就是亚健康状态越来越严重的直接后果之一。有学者指出,美国前 10 种死因疾病中,不良行为和生活方式在致病因素中占 70%,中国占 44.7%。美国通过 30 年的努力,使心血管疾病的死亡率下降了 50%,其中 2/3 是通过改善行为和生活方式取得的。1992 年,国际心脏保健会议提出的维多利亚心脏保健宣言指出:健康的四大基石是合理的膳食、适量的运动、戒烟和限制饮酒、心理健康。可见,行为和生活方式对健康具有举足轻重的意义。在生活节奏越来越快的今天,体育运动是放松紧张的精神、调整生活节奏、适应和接受紧张现代社会需求的重要手段。

1.3 体育锻炼与身心健康

科学技术的发展促进了人们生活水平的提高,改变了人们工作和休息的方式;同时,在生活和工作中,体力活动和体力支出日趋减少,给人们的健康带来了新的问题。

当今,计算机技术和网络技术的迅速发展,掀起了信息技术革命的浪潮,为人们的生活和工作提供了极大的便利。但一些人长时间在计算机上工作、娱乐和"网络漫游",又带来了有损健康的"计算机网络综合征";随着生活水平的改善,逐渐改变着人们的饮食结构,人们在享受丰富美食的同时,由于营养物质的过量摄取,能量消耗的不足,造成了肥胖、心血管疾病等现代"文明"病的蔓延,且发病年龄日趋提前。越来越多的迹象表明保持健康的重要性。而适宜的体育锻炼是保持健康、提高工作效率、保证生活质量的有效途径。体育锻炼对人体健康的促进作用是多方面的,如生理、心理、社会适应能力及创造力等。

1.3.1 体育锻炼与身体健康

体育锻炼是通过科学的身体活动形式给予人体各器官、系统一种良性刺激,促使身体的形态结构、生理机能等方面发生一系列适应性反应和变化,从而增强体质、增进健康。

1. 体育锻炼的健身功能

众多的文献资料显示:体育锻炼对促进人体发展,增强体质具有重要作用。体育锻炼的健身功能如下。

(1)科学的体育锻炼不仅有利于人体骨骼、肌肉的生长,而且还能改善血液循环系统、呼吸系统、消化系统、排泄系统的机能状况,有利于人体的生长发育,提高抗病能力,增强有机体的适应能力。

(2)体质的强弱受多种因素影响,体育锻炼是增强体质的最积极、有效的手段之一。

原国际医学联合会主席普罗科教授研究发现"不锻炼的人 30 岁起身体机能就开始下降,到 35 岁身体机能相当于最健康时的 2/3,而经常锻炼的人到四五十岁身体机能还相当稳定,当他 60 岁时,心血管系统的功能大约相当于二三十岁不锻炼的人。这也就是说经常锻炼的人比不锻炼的人要年轻 20～30 岁。"现任国际运动医学联合会主席霍尔曼教授指出：每天坚持跑步 10min,心脏可以年轻 20 岁。

（3）科学的体育锻炼能改善神经系统的调节功能,提高神经系统对人体活动时错综复杂变化的判断能力,并及时作出协调、准确、迅速的反应;使人体适应内外环境的变化、保持机体生命活动的正常进行。

2. 体育锻炼的健脑功能

随着科技的不断发展,从事脑力劳动的人不断增多。用脑过度会使脑细胞转入抑制状态。如不做调整,则会导致记忆力减退甚至神经官能症而严重影响健康。

脑力劳动的机能特点是呼吸表浅,血液循环慢,新陈代谢低下,肌肉活动量少,但大脑神经却处于高度兴奋状态。根据高级神经活动的负诱导规律,运动中枢兴奋可以使思维、记忆中枢得到休息。科学研究证明,体育锻炼对大脑中枢神经系统有良好的刺激作用。改善大脑的供氧状况可消除大脑疲劳、提高大脑的工作能力。体育锻炼还能使大脑皮质及时、准确地调动植物性神经系统;尽早地进入工作状态,使大脑反应快,自动化程度高,功能加强。其原因如下。

（1）体育锻炼能使脑细胞的数量和体积得到充分的发展。

（2）体育锻炼能完善大脑的传导系统。

（3）体育锻炼能改善大脑皮质的兴奋和抑制过程,促进条件反射的建立。

（4）体育锻炼能提高大脑皮层反应的灵活性和工作能力,有激活脑细胞的功能。

1.3.2　体育锻炼与心理健康

体育锻炼不仅对人的身体产生影响,而且会对人的心理产生影响。

1. 体育锻炼对心理发展的促进作用

对于一个健康的人来说,进行长期科学、适宜的体育锻炼,如有氧练习、力量和灵敏性练习,可以改善人的心理健康水平,还可以降低人的焦虑水平,并提高自我效率,发展积极的情绪。对于患有心理疾病的人来说,通过长期科学、适宜的体育锻炼能较大程度地改善心理状态。

（1）体育锻炼是控制人类社会进化的有效手段。

在社会日益都市化的今天,自然和社会、身与心、形与神的相互联系是社会的需求、时代的追求。几百万年以来,人类身体的发展基本上是一种自然发展,不被人类所控制,而社会的进步、科学的发展、使人类认识到人类进化是可以控制的。体育锻炼就是控制人类社会进化的一种有效手段,体育锻炼不仅是身体和心理的磨炼,更是一种愉悦的享受。它使人身体健康,心情舒畅,缩小了人类和社会发展的差距,使二者同向发展。

（2）体育锻炼是促进大学生个性、心理良性发展的重要途径。

大学生这一群体的文化背景、年龄特征、心理特征、社会角色特征决定了他们心理健康的自身特点。大学生具有较高的智力水平,富有活力,朝气蓬勃,他们在激烈的竞争和完善自我的奋斗中承受着巨大的压力。

体育锻炼对缓解压力,消除精神紧张具有重要意义;体育锻炼具有调节人体紧张情绪的作用,能够改善生理和心理状态,恢复体力和精力;体育锻炼能增进身体健康,使疲劳的身体得到积极的休息,让人精力充沛地投入学习和工作;体育锻炼可以陶冶性情、保持健康的心态,充分发挥个体的积极性、创造性和自主性,从而提高自信心和价值观,使个性在融洽的氛围中获得健康、和谐的发展;体育锻炼中的集体项目与竞赛活动可以培养人的团结、协作及集体主义精神。

2. 体育锻炼对心理疾患的预防和治疗

对于一个健康的人来说,长期进行体育锻炼可以促进心理健康,对于一个患心理疾病的人来说,这种效益会更明显。美国精神分析家哈内认为:许多心理变态是由于对环境的不良适应引起的,现代社会中,人们面临的挑战很多,心理上存在着许多方面的压力源。一是来自社会责任的压力;二是来自生活本身的压力;三是来自竞争的压力;四是来自整个社会不断加快的节奏所带来的压力,它迫使人们要改变原有的生活方式,加快生活节奏。人们的进取心越强,这种压力感也就越明显,这种压力若过于沉重,就会出现种种心理障碍。心理障碍进一步恶化,就会导致心理疾患,主要表现为身心疾患,如神经官能症和精神病等。长期进行体育锻炼是预防和治疗心理疾患的有效措施。

(1) 体育锻炼能治疗焦虑和抑郁。

焦虑和抑郁是普通人和精神病患者遇到的最常见的情绪困扰。焦虑患者常常无端地感到心烦意乱,惶惶不安,甚至产生恐惧感。它不是由具体事物引起的,患者往往找不到引起焦虑的具体对象和理由。随着焦虑的产生常常伴有心悸、头昏、恶心、手脚冰冷等症状,注意力不集中,正常学习和工作几乎不能进行等。

长期坚持的和一次性的有氧练习均可以有效地降低焦虑水平,体育锻炼坚持10周以上可以有效地降低焦虑。1991年,彼特鲁茨多等人(Petruzzselloatal,1991)进行的104项研究表明20min有氧练习可降低焦虑水平。体育锻炼降低了心率和血压,减轻了特定应激源对生理的影响,体育锻炼锻炼人的意志,增强人的心理坚韧性,降低焦虑反应。

抑郁症是一种在长期持续的精神刺激因素的作用下的精神病。一种情绪异常低落或过分忧伤、抑郁的情绪反应。研究表明,有氧锻炼或不强烈的身体锻炼有助于降低轻度和中度精神抑郁者的抑郁水平。体育锻炼甚至比放松练习和其他愉快的活动更能有效地降低抑郁。如果能与心理治疗相结合,比单纯进行体育锻炼能更有效地降低抑郁。体育锻炼既可降低特质性(长期、稳定的)抑郁,也可降低状态性(短期、活动的)抑郁;体育锻炼既可降低正常人的抑郁,又可降低精神病患者的抑郁。

(2) 体育锻炼促进性格、气质的形成和发展。

前文已经提到,体育运动可以完善人的性格、气质,虽然每个人的性格和气质迥异,但随着运动次数的增多,人格心理就会得到适当的改变,在很大程度上人格特征会向外向型方向发展,紧张、焦虑程度降低,竞争力和创造性得到加强。两千多年前,荀子曰"形具而神生",即精神要依赖于身体,有了身体才有精神。18世纪法国医生兼科学家拉美特里曾说:有多少种体质,就有多少种不同精神、不同性格和不同风习。心灵随着肉体的进展而进展,就像随着教育程度而进展一样。现代体育的发展进一步证实了前人的观点,它告诉我们:在创造健壮形体的同时,体育也在塑造着和谐的心灵和精神。体育锻炼可以锻炼意志,而有坚强的意志品质才能坚持锻炼,二者相辅相成、互相促进。体育锻炼是一种欢快的活动,它使人身体健康、心情舒畅,有利于塑造一个愉快、开朗、健康的心灵,促进个性气质的健康发展。

(3) 体育锻炼能培养对自我、家庭、集体、社会的责任感。

解剖自我,认识自我,迎接挑战,运动过程就是人的新价值的形成过程,而这种价值积累是其他任何社会教育活动所不可代替的,它具有一种培育人的特殊含义。体育锻炼丰富多样的形式使人乐于与他人交往,不仅接受自我,也能接受他人,悦纳他人,能认可别人存在的重要性和作用,同时也能为他人所理解、为他人和集体所接受,使人际关系协调和谐,家庭幸福美满。

体育锻炼使人和集体紧紧地融为一体,既能共同享受胜利的快乐,又能共同分担失败的痛苦,这种气氛能使人产生安全感,对自己的力量充满信心,正确对待生活、学习和工作中的各种困难和挑战,待人接物适当、灵活,对外界刺激不偏颇,能够与社会的步调合拍,也能和社会、集体融为一体。社会学家告诉我们:体育运动中传播、宣传的精神、原则、体育道德等,具有很高的社会理想价值。体育锻炼中树立公正、守法、民主、竞争、协作、团结、友谊、谦虚、诚实等道德观念,是社会不可缺少的规范文化,对于青少年乃至全体社会成员都具有教育意义。

1.4　体育锻炼的科学指导

1.4.1　体适能

体适能也称为体能(Physical Fitness),主要通过身体锻炼而获得。保持良好的体能可以使我们的身体更健康、精力更旺盛、生活更美好、寿命更长、生命更有价值。

每个人要获得健康都需要有一定的体能,但每个人所需的体能水平不尽相同,一个人良好的体能与其年龄、性别、体型、职业和生理上的缺陷(如糖尿病、哮喘病等)等因素有关。一般来说,个体对体能的要求与其活动的目的有关,例如,运动员必须不懈地花大力、流大汗去提高力量、耐力、柔韧和速度等体能,才能提高运动成绩;而普通人只需用一般性的身体活动来维持这些方面的体能,就可以增进健康。另外,即使对同一个人而言,不同的时间、不同的环境所需的体能水平也迥然不同。

良好体能的保持与长期的锻炼密不可分,如果一个人的锻炼半途而废,那么,他的体能水平就不能保持、甚至还会下降。身体锻炼是提高体能水平必不可少的重要途径,但需注意的是,良好的体能并不是完全靠身体锻炼就可以达到的,还与科学的饮食方法、良好的口腔卫生、足够时间的休息和放松等方面有关。

体能可分为两类:与健康有关的体能和与动作技能有关的体能。前者包括心肺耐力、柔韧性、肌肉力量、肌肉耐力、身体成分等,后者是指从事运动所需的速度、力量、灵敏性、协调性、平衡和反应等。

1. 与健康有关的体能

（1）心肺耐力。

心肺耐力指一个人持续身体活动的能力。心肺和血管的功能对于氧和营养物的分配、清除体内垃圾具有重要的作用，尤其是在进行有一定强度的活动时，良好的心肺功能则显得更加重要，心肺功能越强，走、跑、学习和工作就会越轻松，进行各种活动保持的时间也会越长。有研究表明：25～30 岁是提高心肺耐力的最佳年龄段。

（2）柔韧性。

柔韧性是指身体各个关节的活动幅度以及跨过关节的肌肉、肌腱、韧带、皮肤和其他组织的弹性和伸展能力，可以通过经常性的身体练习而得到提高。柔韧性是绝大多数的锻炼项目所必需的体能之一，对于提高身体活动水平、预防肌肉紧张以及保持良好的体态等具有重要作用。7～10 岁是学习舞蹈的最佳年龄段，此年龄段练习柔韧性，可以起到事半功倍的效果。

（3）肌肉力量。

肌肉力量是一块肌肉或肌肉群一次竭尽全力从事抵抗阻力的活动能力，所有的身体活动均需要使用力量。肌肉强有助于预防关节的扭伤、肌肉的疼痛和身体的疲劳。如果腹肌力量较差，往往会导致驼背现象。需注意的是，不应在强调某一肌肉群发展的同时而忽视其他肌肉群的发展，否则会影响身体的结构和形态。

（4）肌肉耐力。

肌肉耐力指一块肌肉或肌肉群在一段时间内重复进行肌肉收缩的能力，与肌肉力量密切相关。一个肌肉强壮和耐力好的人更易抵御疲劳的发生，因为这样的人只需花很少的力气就可以重复收缩肌肉。

（5）身体成分。

身体成分包括肌肉、骨骼、脂肪和其他。体能与体内脂肪比例之间的关系最为密切，脂肪过多者是不健康的，其在活动时比其他人需要消耗更多的能量，心肺功能的负担也更重，因此，心脏病和高血压发生的可能性更大。另外，肥胖也会使人的心理健康水平下降，故寿命就会缩短。要维持适宜的体内脂肪，就必须注意能量吸收和能量消耗之间的平衡，体育锻炼是控制脂肪增加的重要手段。

2. 与动作技能有关的体能

（1）速度。

速度指快速移动的能力，即在最短的时间内移动一定的距离，在许多竞技运动项目中，速度对于个人取得优异成绩至关重要。提高速度的最佳年龄段是 9～14 岁，10～12 岁是速度提高最快的年龄段。

（2）力量。

力量指短时间内克服阻力的能力。举重、推铅球、掷标枪等项目均能显示一个人的力量大小。提高力量的最佳年龄段是 13～17 岁，女子超过 20 岁，男子超过 25 岁，力量的增加速度开始减慢。

（3）灵敏性。

灵敏性指在活动过程中，既快速又准确地变化身体移动方向的能力。灵敏性在很大程度上依赖于神经肌肉的协调性和反应时间，可以通过提高这两方面的能力来改善人的灵敏性。12～15 岁是发展灵敏性的最佳年龄段。

（4）神经肌肉协调性。

神经肌肉协调性主要反映一个人的视觉、听觉和平衡觉与熟练的动作技能相结合的能力。在球类运动中，这种体能成分显得尤为重要。

（5）平衡。

平衡指当运动或静止站立时保持身体稳定性的能力。滑冰、滑雪、体操、舞蹈等项目对于提高平衡能力是很好的运动，闭目单足站立、抓耳旋转等练习也能提高人体的平衡能力。

（6）反应时。

反应时指对某些外部刺激做出生理反应的时间。反应快速是许多项目优秀运动员的特征，特别是在短跑的起跑阶段，反应时的作用更大。

1.4.2　体育锻炼应遵循的原则

体育锻炼可以增进健康、提高身体的运动素质和基本活动能力，并能够防治疾病。但是，并不是只要参加体育锻炼，就一定会获得良好效果。如果锻炼内容、练习强度和练习方法等选择或运用不当，反而有害健康。科学的体育锻炼原则是体育锻炼过程中客观规律的反映，是人们成功经验的总结和概括，也是人们参加体育锻炼所必须遵循的准则，它包括从实际出发原则、循序渐进原则、持之以恒原则、全面锻炼原则。

1. 从实际出发原则

从实际出发原则是指锻炼身体应从自身的实际情况和外界环境条件的实际出发，确定锻炼目的、选择适宜的运动项目、合理地安排运动时间和运动负荷。这是增强身体素质及提高运动水平必须遵循的原则。

（1）从自身的实际出发。

由于性别、年龄、体质和健康状况的差异，体育锻炼要从自己的实际情况出发，有目的地选择和确定运动项目、练习方法，合理地安排锻炼的时间和运动负荷。在每次锻炼前，都要评估自己当时的健康状况，使运动项目的难度和强度不要超过自己身体的承受能力。违反人体发展这一基本规律，只会损害身体健康。

（2）从外界环境条件的实际出发。

参加体育锻炼时，一方面要根据自身的实际情况；另一方面，还要从季节、气候、场地、器材等外界条件的实际情况出发，按照科学锻炼的方法，合理选择运动项目、练习时间、运动负荷，才能收到良好的锻炼效果。如在冬季应着重发展耐力和力量素质，在春秋两季应重点进行技术性的项目，在炎热的夏天，游泳是比较理想的运动项目。在运动时不要在阳光下运动太长时间;在力量训练前,要仔细检查器械,避免伤害事故的发生。

2. 循序渐进原则

循序渐进原则主要是指在安排锻炼内容、难度、时间及负荷等方面要根据人体发展规律和超量负荷原理,有计划、有步骤地逐步提高要求。使人体在不断适应的同时,体质逐步得到增强。

(1)运动负荷的循序渐进。

进行体育锻炼时,当机体对一定运动负荷产生适应之后,这种负荷对机体的刺激会变小,此时,可以适当增加练习时间和练习次数,让机体产生新的适应。但运动负荷的增加要由小到大,逐步提高。体育锻炼的开始阶段或中断锻炼后恢复锻炼时,强度宜小,时间宜短,不要急于求成。

(2)练习内容上的循序渐进。

练习内容要由简到繁,在动作要求上应由易到难,逐步加大难度。应首先考虑简单易行,容易收到锻炼效果的项目和内容。在每次练习时,也应先从动作简单、强度不大的内容开始练习,然后逐渐增加动作难度和运动负荷。体育锻炼只有遵循人体生理、心理发展的基本规律,根据自己身体健康状况,科学地安排适宜的运动负荷和练习内容,才能收到良好的锻炼效果。

3. 持之以恒原则

锻炼身体要有连续性和系统性,只有经常参加体育锻炼,安排适合自己兴趣、爱好的运动项目,科学地制订健身计划,才能不断有效地增强体质。科学实验表明:不经常参加体育锻炼或中断体育锻炼的人,会使原有的身体机能、素质和运动技术水平明显下降。中断锻炼身体时间越长,消失越明显。

掌握一项运动技术也需要持之以恒。人的大脑中有大量的神经突触,必须通过固定形式的重复练习对这些突触连续进行某种刺激,才能在大脑中形成一整套固定形式的反应,即动力定型。动力定型建立后,运动者就能习惯性地、熟练地完成一整套练习。如果不能坚持练习,已形成的条件反射就不能及时得到强化而慢慢消退,动作记忆就不牢固。

4. 全面锻炼原则

全面锻炼原则是指通过体育锻炼使身体形态、机能、身体素质和心理品质都得到全面而和谐的发展。

人体是一个有机的统一体,各个器官和系统的机能都是相互联系和相互影响的。因此,体育锻炼选择的练习内容和方法应力求全面影响身体,使各种身体素质和身体各器官系统的机能得到全面发展。练习内容和练习手段的选择不能过于单一,因为每种练习内容或练习手段对身体的影响都具有局限性,练习内容和练习手段应多样、丰富,应避免长期局限于只锻炼身体某部位或只发展某种身体素质的练习。在锻炼中可以以某一项为主,辅以其他锻炼内容。如健美爱好者应在进行肌肉力量练习的同时,可增加一些发展有氧耐力和柔韧素质的练习,使身体得到全面的锻炼。

上述四个锻炼身体的基本原则是相互联系、相互促进的,在参加体育锻炼时,只有全面坚持执行科学锻炼身体的原则,才能使身体得到全面发展,不断提高健康水平。

1.4.3　运动处方

运动对机体是一种应激源,它可以使机体生理参数发生明显的变化。运动对机体有好的作用,也有不良的作用,如同药物一样,不同剂量和服用方法对疾病的作用效果不同;而不同负荷和练习方法的运动对人体的锻炼效果也不一样。适宜运动可增强体力、提高机体的防御能力,预防和治疗疾病。1960 年,世界卫生组织正式采用了"运动处方"这一概念,并在国际上得到认可。

1. 运动处方的概念

运动处方是根据个体的健康、体力状况以及心血管功能状态,用处方的形式规定适当的运动种类和运动负荷,并指出运动中的注意事项。它是指导人们有目的、有计划地进行科学锻炼的一种方法。

2. 运动处方的分类

(1) 临床治疗运动处方。

针对患者的运动处方,以治疗疾病,提高康复医疗效果。

(2) 健身运动处方。

针对健康人的运动处方,以增强体质,提高健康水平。

(3) 竞技训练运动处方。

针对运动员的运动处方,以提高身体素质和运动技术水平。

3. 制订运动处方的基本原则

(1) 个体化原则。

应根据不同人群的健康状况及客观条件制订运动处方。

(2) 以全身耐力为基础原则。

耐力的关键在于运动时氧气的供应是否充足,氧气是人体消化食物产生热量所不可缺少的物质。一般所说体力好即指全身耐力强,它是同心血管及全身所有器官系统(包括肌肉)的健康分不开的。因此,运动处方锻炼项目的安排,应以提高人体心肺功能,增长耐力为目的。

(3) 有效负荷强度原则。

为了提高全身耐力水平,必须达到改善心血管和呼吸系统功能的有效强度,这就是靶心率(THR)范围。超过上限可能出现危险,低于下限则会影响健身效果,这一负荷强度称为有效(安全)负荷强度。

(4) 运动效果的特异性原则。

由于运动种类和方法有所不同,运动时身体的生理反应也不同,即运动效果的特异性。运用运动处方健身,应明确自己的锻炼目的,知道用什么方法和手段训练身体的哪一部分,只有按科学的锻炼程序,才能产生有益的生理学变化。

（5）及时调整原则。

再好的运动处方，也不一定适合所有人，一个安全有效的处方应该是由自己制订的，而且应在实施过程中，不断地进行调整。一般情况下，通过8周锻炼就能收到效果，如果心脏功能提高，靶心率也应提高，若再按原处方规定的运动强度锻炼，则效果不大。

4. 运动处方的基本种类

（1）运动种类。

应根据运动处方的制订目的来选择运动种类。另外，锻炼者的体力、运动水平、运动设施及有无指导者等均会对运动种类的选择产生影响。运动种类主要包括：①全身运动、局部运动；②有氧运动、无氧运动；③持续运动、间歇运动；④动力性运动、静力性运动；⑤单人运动、双人运动、多人运动。前4项运动种类均以第一项为佳，健身者可酌情选择。

（2）运动强度。

运动强度是运动处方设计中重要的组成部分，不同个体的运动能力是有差异的，需要通过监测来确定运动强度是否适宜。一般人的运动强度不应超过最大强度的80％和低于50％，一般在60％～70％。而心脏病人的运动强度应为最大强度的40％～60％。运动强度可根据心率（HR）、最大吸氧量（VO_2max）的百分数和自觉疲劳程度（RPE）来确定。

① 用心率确定运动强度：实验发现，心率在一定的范围内（110～170 次/分钟）与运动强度之间存在正相关关系，因此心率可以作为控制运动强度的一个指标。但由于个体差异，完成同样的运动强度心率并不相同，所以用最大心率百分数作为衡量标准比较准确。最大心率（HRmax）是指达到最大运动强度时的心率，最大心率随年龄逐渐增长而减少。最大心率一般可用 220 减去年龄来推算。

进行有氧运动时的心率范围，相当于本人最大心率的 65％～85％，当人体逐渐增加工作强度，心率超过 85％以后，就会从有氧代谢供能转为无氧代谢供能，而这个转折点或临界点就称为无氧阈。训练有素的运动员其无氧阈可达个人最大心率的 85％～95％，而一般人进行有氧运动的心率则应控制在本人最大心率的 60％～75％较为合适，即 120～160 次/分钟左右。通常把心率作为指标设定的运动强度称为心率强度，以心率强度设定的心率数称为"靶心率"或"目标心率"（THR）。

计算有氧运动的靶心率可用下列方法：

靶心率＝（最大心率—安静时心率）×（0.6～0.8）＋安静时心率。

对于一般儿童、中老年人应采用最低运动心率：

靶心率＝0.5（最大心率—安静时心率）＋安静时心率。

② 用最大吸氧量的百分数表示运动强度：最大吸氧量是指运动中每分钟由人体呼吸系统吸入，并由循环系统运输到肌肉而被肌肉所利用的最大氧量，其单位是（ml/ kg · min）。最大吸氧量的 50％～70％是最合适的运动强度范围，小于最大吸氧量 70％的持续运动血液中乳酸含量不增高，大于 80％最大吸氧量的运动具有一定的不安全因素，小于50％最大吸氧量的运动对老年人和心脏病人有较好的效果。

③ 用自觉疲劳程度确定运动强度：自觉疲劳程度是一种主观评价运动强度的方法，于 20 世纪 50 年代末由 Gunnar Borg 提出（1998 年），目前广泛应用于竞技体育、大众健身和康复医疗等领域，并成为心理学中监控运动强度的常用指标。RPE 通常采用 10 级测试指标来监控运动强度，从 0～10 级强度逐渐增强。

（3）运动持续时间。

运动产生的效应是运动强度和时间的乘积。近年来，低强度的锻炼被认为可取得与较高强度锻炼相似的结果，靶心率的低限已降到最大心率的 60％或最大吸氧量 50％时的水平；20～60min 的耐力性运动（强度保持在靶心率之内），对循环和呼吸系统刺激较充分，易于提高心肺耐力水平，且不易引起关节损伤；高强度活动有潜在危险，对平时体力活动很少的人和有症状的病人是不现实的。所以根据个体的身体条件，决定必要的运动时间，是运动处方的要点。

（4）运动频率。

由于运动效果的蓄积作用，适宜的运动频度以每周 3～4 次为宜。一周运动一次时，运动效果不蓄积，肌肉酸痛和疲劳每次都发生，运动后 1～3 天身体不适，且易发生伤病；一周运动 2 次，肌肉酸痛和疲劳减轻，效果一点一点蓄积，但不显著；而当每周锻炼多于 3 次时，最大吸氧量增加逐渐趋于平和，锻炼次数增加到 5 次以上时，最大吸氧量提高就很小。当然，以健身为目的进行锻炼时，应采用次日不残留疲劳的小运动负荷，可以坚持每天炼，也可以选择适合自己情况的锻炼次数，关键是养成运动习惯和使运动生活化。

（5）注意事项。

按照运动处方进行锻炼时，应注意运动的持续性、节律性和有氧性，尽量进行有大肌肉群参与的全身性运动；应指出禁忌的运动项目和易发生危险的动作；提出运动中自我观察指标及出现异常时停止运动的标准；每次锻炼前、后都要做好充分的准备活动和整理活动，及时修正运动处方中不适合自己的部分。

1.4.4　一次体育锻炼的科学安排

体育锻炼实际是以每天为单元进行的，一般情况下，每天进行一次体育活动。一次体育活动，一般都要经过准备活动、运动强度逐渐增加、保持相对稳定的、足够的锻炼时间、身体疲劳与恢复等阶段。因此，体育锻炼者应学会科学地安排每次锻炼，以获得理想的健身效果。

1. 充分的准备活动

在每次体育锻炼前都要进行充分的准备活动，通过准备活动既可以提高锻炼效果，又可以减少运动损伤。准备活动分为一般性的和专项性的。 一般性准备活动指在正式练习前所进行的活动量较小的全身性体育锻炼，运动形式主要是慢跑，同时可以做一些伸展性体操和牵引性练习，主要目的是使身体各器官活动充分，为即将开始的体育锻炼做好准备，活动时间一般为 5～10min。如果天气冷，准备活动时间可以长一些，天气热，准备活动时间可以短一些。如果活动的形式是散步，则可以不做准备活动。专项性准备活动主要指那些与活动项目相似的准备活动内容，如踢足球前的传接球、射门技术前的踢腿、压腿等。专项活动的时间不要太长,但活动的质量要高。准备活动不仅使身体机能进入最佳状态,而且也能使心理活动达到最佳水平,准备活动结束时,应保持身体和心理的全身心投入。

2. 运动强度逐渐增加

在正式进行一次体育锻炼时,活动量也要遵循循序渐进的原则,不要一开始就突然增加运动强度,这样会使身体出现一系列不适反应。这是因为人体的各器官都有一定的惰性,在运动开始后的一段时间有一个逐步提高的过程。由于内脏器官的生理惰性比运动器官的惰性大,所以活动一开始,肌肉能进行大强度活动,但内脏器官的活动并不能立即进入最佳状态,从而造成内脏器官与运动器官的不协调,出现各种不适症状。因此,活动开始后,运动强度要逐渐增加。

3. 足够的锻炼时间

以健身为主要目的的体育锻炼,应当以有氧运动形式为主,因此,运动强度不要过大,但要保证足够的锻炼时间。在体育锻炼中,运动强度并不是主要的,而运动时间是影响锻炼效果的重要因素。因此,体育锻炼者在安排锻炼时间时,应注意以下几个问题。

(1)为了保证基本的锻炼效果,每天锻炼的时间应保证在半小时以上。

在运动强度与运动时间之间出现矛盾时,应首先考虑运动时间,如果每天锻炼时间不能保证半小时的话,即使运动强度增加,健身效果也不明显。

(2)可以采用每次锻炼 10min,每天锻炼几次的方式。

如果锻炼者的工作、学习较忙,每天无法抽出半小时的时间进行身体锻炼,也可以采用化整为零的办法,也就是每次锻炼 10min,每天锻炼几次,这样也能起到健身的效果。

(3)每天锻炼一小时为最佳。

保证足够的锻炼时间不是说每次锻炼的时间越长越好,不管从事什么强度的体育锻炼,即使是散步这种小强度的体育锻炼也不要超过两小时,一般情况下,每天锻炼一小时效果最佳。

4. 身体疲劳与恢复

人体在进行一段时间的体育锻炼后,必然会产生疲劳,疲劳是一种正常的生理现象,是人所具有的一种自控信号。任何体育锻炼都会产生疲劳,人体通过体育锻炼产生疲劳,能形成身体机能的超量恢复。但是,疲劳的不断积累也可能造成身体的过度疲劳,如果不按警告立即采取措施,那么人体就会积劳成疾,对机体产生不利影响。一般来说,可以用主观感觉来判定疲劳。如果锻炼后虽然工作能力下降,但却感到身体轻松、舒畅,食欲和睡眠情况较好,并有一种舒服的疲劳感,说明这种疲劳是体育锻炼的正常反应。如果体育锻炼后,感到头昏、恶心、胸闷、食欲减退,身体明显疲劳,甚至厌恶体育锻炼,说明身体疲劳程度较重,应及时调整活动量或停止锻炼。体育锻炼后尽快地消除疲劳可以缩短身体恢复时间,有效地提高锻炼效果。常见的消除疲劳的手段如下。

(1)足够的睡眠。

在体育锻炼后,要保证足够的睡眠,比不运动时睡眠的时间要长;否则,虽然很努力地进行体育锻炼,但收效甚微。

（2）整理性活动。

在体育锻炼后可采用一些整理性活动,对促进身体机能的恢复有明显的作用。整理性活动主要包括一些小强度慢跑、伸展性练习、按摩等手段。

（3）营养补充。

运动中能源物质的消耗是产生疲劳的原因之一。一般来讲,力量练习后补充蛋白质,耐力练习后补充淀粉,而水果和蔬菜是各种体育锻炼后都应补充的。

（4）温水浴。

运动后进行温水浴可以加速全身的血液循环,促进新陈代谢,加速疲劳的消除和体力的恢复,温水浴的水温以 40℃ 为宜,每次时间在 10～15min,最长不超过 20min。

（5）其他。

在体育锻炼后还可以采用其他一些手段促进疲劳的消除,如听轻音乐等,这些看似平常的方法对身体机能的恢复都有不可低估的作用。

第2章 体育运动保健

2.1 运动损伤概述

运动损伤的发生往往与体育运动项目及技、战术动作特点密切相关,同时也与训练水平、运动环境和条件等因素有关;对运动损伤的概念、分类原因及预防原则进行了解,有助于运动损伤的治疗和康复,同时为合理安排患者的体育锻炼提供科学依据和实践指导。

2.1.1 运动损伤的定义

运动损伤是指人体在体育运动过程中所发生的以软组织损伤为主的各种伤害。其中与运动项目特点有关联的慢性损伤,又称为运动技术病。

2.1.2 运动损伤的产生原因

1. 运动损伤的原因

(1) 缺乏运动损伤预防常识。

运动损伤的发生,常与体育运动参加者对预防运动损伤的认识不足,思想上麻痹大意及缺乏专业的预防知识有关。所以,在运动前、运动中和运动后都要做好安全防护,以避免运动损伤的出现。

(2) 准备活动不合理。

为了快速进入最佳运动状态,运动者都应该进行科学规范的准备活动。缺乏准备活动或准备活动不合理,都容易造成运动损伤。在准备活动问题上常存在如下问题。

① 不做准备活动或准备活动不充分。在身体相关系统没有得到充分动员的情况下,就投入高强度的运动。由于身体的协调性不足,肌肉的弹性和伸展性较差,关节的灵活性也不能满足运动的需要,因而容易发生损伤。

② 缺乏专项准备活动。准备活动的内容与正式运动的内容衔接不好,特别是运动中负担较重部位或有运动损伤隐患部位的功能没有得到充分改善,因休息而消退的条件反射性联系尚未恢复。

③ 准备活动的强度和负荷量安排不当。开始做准备活动时,用力过猛、速度过快,违反了循序渐进的原则和功能活动的规律,容易引起肌肉拉伤和关节扭伤;或身体已经出现疲劳,在参加正式运动时,身体的功能水平已经有所下降,此时完成高难度的动作就容易发生损伤。

④ 准备活动距正式运动的时间过长。准备活动所产生的生理作用已经减弱或消失,

失去其活动的生理价值。

（3）技术动作错误。

初学者学习新技术动作过程中因技术动作不合理、不规范而容易造成运动损伤。

（4）运动量过大。

运动量没有循序渐进而是突然增大，尤其是局部负担量过大，很容易造成急性损伤，也是慢性损伤的主要原因。

（5）组织方法不当。

在教学或训练中，不遵守循序渐进、系统性和个别对待的原则以及比赛的编排不合理；在组织方法方面，如学生过多，教师又缺乏正确的示范和耐心细致的教导，缺乏保护和自我保护，组织性、纪律性较差，以及比赛日程安排不当，比赛场地和时间任意更改，允许有病或身体条件不合格的人参加比赛等都可成为受伤的原因。

（6）运动参加者的生理功能或心理状态不良。

运动参加者处于身体疲劳、受伤初愈、女生处于生理期等状态下参加剧烈运动或练习较难的动作很容易发生损伤。另外，心理状态与损伤的发生也有密切关系。例如，心情不舒畅，情绪不高，对训练和比赛缺乏自觉性和积极性，注意力不集中，急躁、胆怯、犹豫等，都容易导致动作失常而引起损伤。某些青少年缺乏锻炼的知识和经验，争强好胜，不顾客观条件，盲目地参加有一定危险性的动作，也容易发生运动损伤。

（7）动作粗野或违反规则。

在比赛中不遵守比赛规则，或在教学训练中相互逗闹、动作粗野、故意犯规等是造成损伤的重要原因。

（8）场地、器材设备、服装不符合要求及气候不良。

运动场地不平，有小碎石或杂物；跑道太硬或太滑；沙坑没掘松或有小石头，坑沿高出地面，踏跳板与地面不平齐；器械维护不良或年久失修，表面不光滑或有裂缝；器械安装不牢固或安放位置不妥当；器械的高低、大小或重量不符合锻炼者的年龄、性别特点；光线不足、能见度差；缺乏必要的防护用具（如护腕、护踝、护腰等）；运动时的服装和鞋袜不符合运动卫生。

2. 潜在因素

运动损伤发生的原因除了基本原因以外，还与人体某些部位的解剖、生理特点和运动项目本身的技、战术特点有关。在教学训练安排不当、局部负担过重等直接原因作用下，导致局部解剖、生理特点与专项技、战术的特殊要求不相适应，从而导致运动损伤的发生。

2.1.3　运动损伤的预防

1. 加强安全教育

平时要注意加强防伤观念的教育，无论是健身运动还是在体育教学、训练和比赛中，都要认真贯彻"预防为主"的方针。应对社会体育指导员、体育教师、教练员和运动参加者，加强运动损伤预防知识的普及，克服麻痹思想，使其养成良好的体育道德风尚。儿童、青少年运动经验不足,思想麻痹,缺少防伤意识;运动中好胜心强,从事力所不及的运动动作,导致运动损伤的发生。女生在体育运动中,有胆小、害羞、畏难等情绪,做动作时表现为恐惧、犹豫或紧张等,也容易导致运动损伤。上述这些情况都应在预防工作中引起重视。

2. 认真做好准备活动和整理活动

在正式运动或比赛之前,应充分做好准备活动。准备活动的目的是提高中枢神经系统的兴奋性和克服自主神经的惰性。通过全身各关节、肌肉的活动加速全身的血液循环,使肌肉组织得到充分的血液供应,增强肌肉的力量和弹性,并恢复技术动作的条件反射,为正式活动做好充分的准备。进行准备活动应注意以下几个方面的要求。

(1) 一般的准备活动要做得充分,使身体明显发热,并微微出汗。

(2) 专项准备活动一定要有针对性,与后面的正式活动建立有机的联系。

(3) 准备活动的内容与负荷应依据正式活动的内容、个人身体机能状况、当时的气象条件等多方面因素而定。

(4) 易伤部位的准备活动要加强,一般需要加大局部活动的比重。

(5) 损伤康复期,损伤局部的准备活动要慎重,动作要和缓,幅度、主力度、速度要循序渐进。

(6) 在运动中,间歇时间较长时,应在运动前再次做好准备活动。

(7) 准备活动结束与正式活动的间隔时间,一般以 1～4min 为宜。

(8) 在准备活动中进行适当的肌肉力量练习(针对易伤的肌肉),对于提高肌肉温度、改善肌肉功能很有益处。此外,在准备活动中加入一些肌肉伸展性的练习,对预防肌肉拉伤有积极效果。除了要做好准备活动,还要注意运动后的放松练习。其中,肌肉的拉伸练习对放松局部肌肉,防止肌肉僵硬和肌内劳损都有良好的作用。对于负荷大的关节,运动后可适当采用冷疗的方法,使局部组织尽快降温,对防止某些慢性损伤有一定的作用。

3. 合理安排运动负荷

运动负荷安排不足,不能出现生理性的"超量恢复",达不到促进人体运动能力提高的目的。运动负荷安排过大,超出了人体所能承受的能力,不仅运动系统的局部负荷过重,还会导致中枢神经系统疲劳,致使全身机能下降,协调能力降低,注意力、警觉反应都减弱,从而容易发生损伤。为了减少因此发生的损伤,体育运动指导者和参加者都应严格遵守体育运动的基本原则,根据年龄、健康状况、训练水平和运动项目的特点,个别对待,循序渐进,合理安排运动负荷。

4. 正确掌握技术动作

运动技术错误将直接造成运动损伤,反复进行错误动作的练习,不但运动成绩不会提高,还会造成局部过度负荷引起损伤的不断发生。因此,应注意在动作形成阶段,不断调整动作的节奏和结构,使之合理化,避免运动损伤的发生。

5. 加强易伤部位练习

要根据运动项目的特点,加强对易伤部位和相对薄弱部位肌肉的练习,提高其机能,可以积极地预防运动损伤。另外,对于患有陈旧性损伤的部位应加强其功能练习,使之能够维持应有的生理功能,以利于预防重复性损伤。

6. 合理安排教学、训练和比赛

教师要认真钻研教材,充分备课,应对教学训练中的重点、难点以及容易发生损伤的动作做到心中有数。事先要采取相应的预防措施,遵守循序渐进和个别对待的原则。学习技术动作应从易到难,由简单到复杂,从分解动作到整体动作来进行。

7. 加强运动中保护帮助及合理使用护具

在从事某些容易造成损伤的运动项目时,要根据运动的内容和运动者的具体情况,采取合理的保护和帮助。尤其在学习新技术动作时更应注意。教师应将正确的保护与自我保护方法传授给学生。

另外,合理使用运动护具和保护带可以有效减少运动损伤的发生。特别是在对抗性较强的运动项目中显得尤为重要。例如,足球、搏击等都需要专业护具的保护。护具的选择一定要符合专项特点,并进行及时的淘汰和更新,以达到最佳的防护效果。

8. 加强医务监督

对于体育运动参加者,应定期进行体格检查。参加重大比赛的前后,要进行身体补充检查,以观察体育锻炼、比赛前后的身体机能变化。对体检不合格者,则不允许参加比赛。伤病初愈的人参加体育活动或训练时,应取得医生的同意,并做好自我监督。

2.2 运动损伤的处理

2.2.1 软组织损伤的处理

软组织损伤指软组织或骨骼肌受到直接或间接暴力,或长期慢性劳损引起的一大类创伤综合征。根据其皮肤黏膜是否完整,分为开放性软组织损伤和闭合性软组织损伤两大类。开放性软组织损伤的共同点是有血液或组织液流出或渗出现象,如擦伤、刺伤、撕裂伤等;闭合性软组织损伤的特点是局部皮肤或黏膜完整,无裂口与外界相通,损伤时的出血积聚在组织内。

1. 开放性软组织损伤概述

开放性软组织损伤是指受伤部位皮肤或黏膜的完整性遭到破坏,破裂伤口与外界相通,常有组织液渗出或有血液自裂口流出。体育运动中常见的开放性软组织损伤有擦伤、撕裂伤、刺伤和切割伤。

(1)擦伤。

擦伤是皮肤受到外力摩擦所致。摔倒时,皮肤擦过粗糙面可造成典型的擦伤,皮肤的表皮真皮层被破坏,创面往往面积较大,创口较浅、皮肤有擦痕,皮肤组织被擦破有散布的小出血点或有组织液渗出。

(2)撕裂伤。

皮肤受到钝力直接打击时,出现不规则的皮肤裂口,可达深筋膜浅面,有时可合并肌肉组织挫伤或断裂、出血。撕裂伤中以头面部皮肤撕裂伤最为多见,如篮球运动中,眉弓被对方肘碰撞而引起眉际皮肤撕裂等。

（3）刺伤和切割伤。

刺伤:如田径运动中被钉鞋或标枪刺伤,击剑运动护身以外部位被剑击中等。伤口不大但有时却很深,深处重要器官组织也可能被刺伤,异物折断于伤口内很常见。

切割伤:快速运动的肢体遇到锐利的物体时,造成皮肤和皮下软组织或黏膜裂开。例如,冬季滑冰刀切伤,这种伤口边缘较裂伤整齐,腕和手指部割伤常可累及深部的肌腱、血管、神经,出血较多。此外,还可以根据开放性损伤的处理时间将其分为污染创伤和感染创伤。污染创伤指一般开放性损伤,在 6～8h 内虽有细菌污染,但炎症尚未发展与蔓延,经过良好的清创缝合可以将开放创伤转变为闭合创伤。感染创伤指创伤时间较长,超过 6～8h,又没有经过清创或预防性的抗生素治疗,细菌性炎症已发展蔓延以至伤口化脓。

2. 开放性软组织损伤的处理原则

开放性软组织损伤的处理原则是及时止血和处理创口,预防感染,先止血然后再处理伤口。

在进行止血和创口处理、预防感染时要因伤情而定:伤口较小时,消毒处理后,粘胶或创可贴黏合即可;伤口较大时,则需止血,若有必要需缝合伤口;伤情和污染较重时,注射破伤风抗毒素（破伤风抗毒血清 TAT）,并给以抗生素治疗。

3. 常见开放性软组织损伤的处理方法

（1）擦伤的处理。

擦伤是外伤中最轻,又较为常见的一种。针对创口较浅、面积较小的擦伤,可用生理盐水洗净创口,创口周围用 75% 的酒精消毒,局部擦试 PVP 碘溶液,一般无须包扎,让其暴露在空气中待干后即可,也可覆以无菌纱布。针对关节附近的擦伤,一般不用暴露疗法,因为干裂易影响关节运动,一旦发生感染,也易累及关节。因此,关节附近的擦伤经消毒处理后,多采用消炎软膏或多种抗菌软膏涂抹,并用无菌敷料覆盖包扎。在擦伤中,最严重的一种是刺花,指摔倒时石、煤、砂屑等镶擦入皮肤中形成的擦伤。其创伤面积较大,急救时先要用生理盐水冲洗干净,必要时可用已消毒的硬毛刷子将异物刷净,创口用双氧水冲洗、创口周围用 75% 酒精消毒,然后使用凡士林纱布覆盖,或涂上消炎软膏或消炎粉后再用无菌敷料覆盖并包扎。若创口较深、污染较重时,应注射破伤风抗毒血清,并给以抗生素治疗。若伤口感染,应每日或隔日换药。

（2）撕裂伤、刺伤与切割伤的处理。

撕裂伤、刺伤与切割伤这三种创伤皮肤都有不同程度规则或不规则的裂口,虽然各有特征,但病理变化却大致相同。处理时主要是早期清洁创面、缝合及预防破伤风。若撕裂的伤口比较小,切口的创面整齐、清洁,其创面长度在 2cm 以内,先用 2% 的碘酒在伤口周围消毒,再用 75% 的酒精处理后将伤口对和好,用粘膏粘或无菌纱布盖住伤口加压止血,4～7 天即可除去敷料,伤口便可愈合。发生在面部的撕裂伤,为了继续比赛,可用生理盐水冲洗,用肾上腺素液棉球压迫止血,再用粘胶封合,或者用创可贴粘膏固定。如果被生锈的铁钉或脏的竹枝等刺伤感染,因刺伤的伤口小而深,这种伤口应先用冷开水和过氧化氢冲洗,除去异物,再进行消毒包扎。若出血量比较多,应立即进行临时止血,马上送医院做进一步处理,并注射破伤风抗毒血清,给予抗生素治疗。

4. 闭合性软组织损伤概述

闭合性软组织损伤的恢复缓慢,若处理不当,常可留下不同程度的功能障碍。为了做到处理正确,对其病理变化和修复过程应有一定了解。这种损伤的病理变化过程,可分为急性软组织损伤和慢性软组织损伤两大类。

(1)急性软组织损伤。

急性软组织损伤常因一次较大暴力作用所致,发病较急,病程较短,病理变化和临床症状及体征都较明显。病理变化为组织损伤出血、炎症反应及肿胀、肉芽组织形成、疤痕形成四个阶段。

(2)慢性软组织损伤。

由于急性软组织损伤处理不当而转变为慢性软组织损伤,或因局部长期负荷过度引起组织劳损,即由微细的小损伤逐渐积累而成。

5. 闭合性软组织损伤的处理方法

(1)急性软组织损伤的处理方法。

组织撕裂或断裂后出现血肿和水肿,发生反应性炎症。表现为损伤局部的红、肿、热、痛和功能障碍。处理原则是止血、防肿、镇痛及减轻炎症。处理方法可根据具体情况选用一种或数种方法并用。冷敷、加压包扎并抬高伤肢,这种方法应在伤后立刻使用,具有止血、止痛、防止或减轻肿胀的作用。若伤后疼痛较剧烈可服用止痛剂。如局部红肿显著,可同时服用清热、活血、化瘀的中药。

受伤后局部肿胀开始吸收,肉芽组织已经形成,坏死组织逐渐被清除,组织正在修复。治疗原则以活血、化瘀、促进组织吸收为主。急性炎症已逐渐消退,但仍有坏血和肿胀。因此,该期的处理原则主要是改善局部的血液和淋巴循环,促进组织的新陈代谢,加速瘀血和渗出液的吸收及坏死组织的清除,促进再生修复,防止粘连形成。治疗方法有理疗、按摩、针灸、痛点药物注射、外贴或外敷活血化瘀、生新的中草药等。

(2)慢性软组织损伤的处理方法。

改善伤部的血液循环,促进组织的新陈代谢,合理地安排局部的负担量。治疗方法与急性损伤的中、后期大致相同,应将功能康复锻炼和治疗紧密地结合起来。

2.2.2　运动损伤的急救处理

1. 急救的概述

运动损伤的急救是指在运动现场对受伤的人员进行紧急处理,属于损伤救治过程中一个非常重要的环节。急救处理的正确与否直接关系到患者的生存率与致残率。因而,无论何种急性损伤,做好现场急救都是十分重要的。急救人员必须准确地把运动员从现场抢救出来，分秒必争地采取紧急措施，并安全地将伤员送到医疗单位。

（1）急救的目的。

急救是指对意外或突然发生的伤病事故进行紧急的临时性处理。其目的是保护伤员的生命安全、避免再度损伤、防止伤口感染、减轻痛苦、预防并发症，并为伤病员的转运和进一步治疗创造条件。

（2）急救工作内容。

设置急救点，在固定场地训练或比赛时，应就近设置急救点。急救点的工作可由医务工作者和保健员共同负责。

急救物质的准备，根据运动项目的特点、损伤发生情况，做必要的急救物质准备，如冷敷用品和大的压迫棉垫、粘胶和缝合包、绷带和三角巾、止血带及常用的急救药物等。

（3）现场的具体急救工作。

初步诊断：收集病史，首先了解伤情，迅速加以分析，确定损伤性质、部位、范围，以便进一步重点检查。询问的内容包括：受伤经过、受伤时间、受伤原因、受伤动作、伤员的自我感觉等；就地检查，包括全身状况观察和局部检查。检查要点如下：①有无呼吸道阻塞、呼吸困难、呼吸异常等现象；②有无休克，检查时若发现呼吸急促，脉搏细弱，血压下降，面色苍白，四肢发凉出汗，提示有休克发生，应先抢救；③有无伤口、外出血及内出血；④有无颅脑损伤，凡神志不清的伤者，出现瞳孔改变、耳鼻道出血、眼结膜瘀血以及神经系统症状者，应疑有颅脑损伤；⑤有无脚腹部损伤；⑥有无脊髓周围神经损伤及肢体瘫痪等；⑦有无肢体肿胀、疼痛、畸形及功能丧失等，以确定骨与关节损伤。

初步急救处理：根据以上检查结果作出诊断后，应迅速按不同情况进行初步急救处理。

2. 出血的急救

血液是维持生命的重要物质，成年人的血量约占体重的 8%，即 4000～5000ml，如出血量达总血量的 20%（800～1000ml）时，会出现乏力、头晕、口渴、脸色苍白、心跳加快、血压下降等全身不适症状。若出血量达总血量的 30%（1200～1500ml），可出现休克，甚至危及生命。出血伤员的急救，只要稍拖延几分钟就会造成无法弥补的危害。因此，外伤出血是最需要急救的危重症之一。

（1）出血的分类。

血液从损伤的血管外流称为出血。出血分为外出血和内出血两种。外出血指血液从皮肤创口处向体外流出，是运动损伤中较为常见的一种。外出血按受伤血管不同，可分为动脉出血、静脉出血和毛细血管出血。内出血指血液从损伤的血管内流出后向皮下组织、肌肉、体腔（包括颅腔、胸腔、腹腔和关节腔）及胃肠和呼吸器官内注入。内出血也分为三种，组织内出血、体腔出血和管腔出血。体育课中常见的出血以外出血居多。

动脉出血：血色鲜红，血液自伤口的近心端呈间歇性、喷射状流出，出血速度快，出血量多，危险性大，常因失血过多而出现急性贫血，以致血压下降，呼吸、心跳中枢麻痹，从而引起呼吸、心跳停止。

静脉出血：血色暗红,血液自伤口的远心端呈持续性、缓慢地向外流出,危险性小于动脉出血。

毛细血管出血：血色介于动脉血和静脉血之间,血液在创面上星点状渗出并逐渐融合成片,最后渗满整个伤口,常常能自行凝固,一般没有危险性。

（2）止血的方法。

现场急救常用的止血方法有多种,使用时可根据具体情况选用一种,也可以把几种止血法结合一起应用,以达到最快、最有效、最安全的止血目的。下面介绍几种外出血常用的止血方法。

① 冷敷法：冷敷可使血管收缩,减少局部充血,降低组织温度,抑制神经的感觉,因而有止血、止痛、防肿的作用,常用于急性闭合性软组织损伤。冷敷一般用冷水或冰袋敷于损伤局部,常与加压包扎止血法和抬高伤肢法同时使用。

② 加压包扎止血法：有创口的可先用无菌纱布覆盖压迫伤口,再用三角巾或绸带用力包扎,包扎范围应比伤口稍大,在没有无菌纱布时,可使用消毒卫生巾、餐巾等替代。这是目前最常用的一种止血方法,此法适用于小静脉和毛细血管出血的止血。

③ 抬高伤肢法：将受伤肢体抬高至心脏,使出血部位压力降低,此法适用于四肢小静脉或毛细血管出血的止血。常在绷带加压包扎后使用,在其他情况下仅为一种辅助方法。

④ 加垫屈肢止血法：前臂、手和小腿、足出血时,如果没有骨折和关节损伤,可将棉垫或绷带卷放在肘或膝关节窝上,屈曲小腿或前臂,再用绷带作 8 字形缠好。

⑤ 直接指压止血法：手指指腹直接压迫出血动脉的近心端。为了避免感染,宜用消毒敷料、清洁的手帕或清洁纸巾盖在伤口处,再进行指压止血。

3. 关节脱位的急救

凡相连两骨之间失去正常的连接关系,称为关节脱位。关节脱位时,由于暴力作用往往伴有关节囊及关节周围软组织的损伤,严重者还可伤及神经、血管或伴有骨折。关节复位的原则是使脱位的关节端,按原来脱位的途径退回原处。严禁动作粗暴和反复复位,以免加重损伤,造成骨折或血管、神经的损伤。实施复位的时间越早,越易复位,效果也越好。

关节复位成功的标志是关节被动活动恢复正常,骨性标志复原,X 线检查显示已复位。复位后将关节固定在稳定的位置上,固定期间要加强功能锻炼。没有整复条件时,应立即用夹板和绷带在脱位所形成的姿势下固定伤肢,保持病员安静,尽快送医院处理。

体育运动中最常见的关节脱位是肩关节前脱位和肘关节后脱位。

（1）肩关节前脱位。

损伤机制：在运动过程中,只要在跌倒时,肩关节处于上臂外展位,用手或肘部着地,都有可能发生肩关节前脱位。这种姿势使肱骨头移向肩胛盂的前下方,一旦外力过大,肱骨头就会自肩胛盂脱出。此外,上臂在外展位突然过度背伸或过度外旋时都可能发生肩关节前脱位。

症状与诊断：一般有跌倒时手或肘部着地的受伤史;肩关节疼痛及运动障碍;肩关节

周围明显压痛;上臂固定于外展 25°～30°角;由于关节周围软组织损伤后,组织内血管撕裂出血和反应性炎症出现,关节脱位后不久即出现明显的肿胀;肩部变平,呈角肩,又称为方肩畸形;Dugas 征阳性,即患侧手不能触到健侧的肩部,肘关节内侧不能靠于胸前壁;触诊时可发现肩峰下有四陷,锁骨下或喙突下可摸到肱骨头;X 射线检查,可进一步了解受伤关节局部的变化,如脱位的方向、程度及是否合并骨折等。

急救固定方法:取三角巾两条,分别折成宽带,一条悬挂前臂,另一条绕过伤肢上臂,在健侧腋下打结。

整复方法:采用 Kocher 法或牵引整复法,整复后用绷带将前臂固定于胸壁,直至关节囊及周围软组织愈合后,再开始活动。固定时间依肩关节损伤的情况及年龄而不同,一般为 3 周。由于这种损伤常继发肩关节习惯性脱位,近年来不少医生主张,优秀运动员伤后应立即进行手术将撕裂组织修补。

(2) 肘关节后脱位。

损伤机制:任何外力只要使肘关节过伸或外展致使肘关节内侧副韧带断裂,都能引起肘关节后脱位。如跌倒时肘关节过伸,尺骨鹰嘴又猛烈冲击肱骨鹰嘴窝,使肱骨下端前移,尺骨鹰嘴后移,引起典型的肘关节后脱位。

症状与诊断:肘关节后脱位时,肘关节保持在半屈曲位,屈伸限制,上肢缩短,肘前三角部膨出,前后径加大,局部肿胀。触诊可发现肘后三角的关系发生改变,鹰嘴远移至肘后上方。

急救固定方法:用铁丝夹板弯成合适的角度,置于肘后,用绷带缠稳,再用小悬臂带挂起前臂。如无铁丝夹板,可直接用大悬臂带包扎固定。

整复方法:采用单人或双人手法复位,一般称为"牵引屈肘法"。

4. 心肺复苏

心肺复苏是针对呼吸、心脏停止所采用的抢救措施,即以人工呼吸代病员的自主呼吸,以心脏按压形成暂时的人工循环,并诱发心脏的自主搏动。因此,临床上将两者合称为心肺复苏术。人工呼吸和胸外心脏按压是心肺复苏初期最主要的急救措施。

(1) 人工呼吸。

人工呼吸是借助人工方法来维持机体的气体交换,以改善病员乏氧状态,并排出二氧化碳,为恢复病员自主呼吸创造条件。人工呼吸的方法很多,现介绍最常用的口对口人工呼吸法,此法简单有效。

操作方法:使病员仰卧,松开领口、裤带和胸腹部衣服,清除口腔内异物,把患者口腔打开,盖上一块纱布。急救者一手掌侧置于患者前额,使其头部后仰,拇指和食指捏住患者鼻孔,以免气体外溢。另一手托起患者下颌,掌根部轻压环状软骨,使其间接压迫食道,以防吹入的空气进入胃内。然后深吸一口气,张嘴,用双唇包绕封住患者的嘴外缘,并紧贴住向里吹气,吹气完后立即放开鼻孔。待患者呼气时,一并吸入新鲜空气,准备下一次吹气,如此反复进行。吹气要深而快,每次吹气量在 800～1200ml 或每次吹气时观察患者胸部上抬即可。开始应连续两次吹气,以后每隔 5s 吹 1 次气,相当于以 12～16 次/分钟频率进行,直到患者恢复自主呼吸为止。

(2) 胸外心脏按压。

此法是通过按压胸骨下端而间接地压迫左右心室腔,使血流流入主动脉和肺动脉,从而建立有效的大小循环,为心脏自主节律的恢复创造条件。胸外心脏按压时,收缩压可达13.3kPa(100mmHg),平均动脉压为 5.3kPa(40 mmHg)。颈动脉血流仅为正常的 1/4～1/3,这是支持大脑活动的最小循环血量。因此,进行胸外心脏按压时,患者应平卧,最好头低脚高位,背部垫木板,以增加脑的血流供应。

操作方法:使患者仰卧于硬板床或地上,急救者以一手掌根部置于患者胸骨的中、下1/3 交界处,另一手交叉重叠于其手背上,肘关节伸直,充分利用上半身的重量和肩、臂部肌肉的力量,有节奏地、带有冲击性地垂直按压胸骨,使之下陷 5～6cm(儿童相对要轻些)。每次按压后随即抬手,使胸部复位,以利于心脏舒张。其速率为 100～120 次/分钟,如有条件,应尽早除颤。操作中,如能摸到颈动脉或股动脉搏动,上肢血压收缩压达 8kPa(60mmHg)以上,口唇、甲床颜色较前红润或者呼吸逐渐恢复,瞳孔缩小,则为按压有效,应操作至自主心跳出现为止。对呼吸、心跳均停止的伤者,应同时进行上述两种急救措施。单人心肺复苏时,每按压胸部 15 次,吹气 2 次,即 15∶2。最好由两人配合进行,一人做人工呼吸、一人做胸外心脏按压。进行双人心肺复苏时,每按压 5 次,吹气 1 次,即 5∶1。进行心肺复苏时,急救一经开始,就要连续进行,不能间断,直到伤员恢复自主呼吸、心跳或确诊死亡为止。在抢救的同时,应迅速派人请医生来处理。

2.2.3 常见运动损伤的处理

1. 肌肉拉伤

肌肉拉伤是指由于肌肉突然猛烈收缩或被动牵伸,超过了肌肉本身所能承担的限度而引起的肌肉组织急性损伤。体育运动中常见的肌肉拉伤部位有腘绳肌、大腿内收肌、腰背肌和小腿三头肌等。

当准备活动不充分、注意力不集中、局部肌肉张力过高或温度较低时易发生肌肉拉伤。肌肉拉伤可分为主动拉伤和被动拉伤两种:主动拉伤是指肌肉突然猛烈收缩,其收缩力超过了肌肉本身的承受能力而发生的肌肉损伤。

(1) 腘绳肌拉伤。

原因与机制:当准备活动不充分、腘绳肌疲劳或局部温度较低时,从事剧烈的跑跳运动容易拉伤腘绳肌。例如,跳远运动中,髋关节用力向后蹬伸也容易拉伤腘绳肌。

诊断与处理:有明确的受伤动作,多为大腿向前摆动时被动牵拉所致。拉伤同时可能有组织断裂感或局部被击打感。患者受伤后,抬腿或跨步时腘绳肌有明显的疼痛,适当休息后,减轻局部压痛明显,断裂严重者触诊局部可以有凹陷,因疼痛造成行走困难。因血肿和继发的炎性反应,损伤局部肿胀逐渐加重,48～72h 后才逐渐缓解。损伤组织较表浅时,局部皮肤还可以出现瘀斑。俯卧位屈膝抗阻试验,在腘绳肌损伤部位会出现明显疼痛。

伤后应立即停止运动,局部进行加压包扎和冷敷,患者休息时最好仰卧位,伸直膝关节,并把患者小腿垫高,以保证受伤肌肉处于拉长状态,并减少肌肉粘连。48～72h后可进行局部按摩和电针治疗。封闭疗法对该伤也有较好的疗效。肌肉断裂明显者应考虑早期手术缝合。

预防与伤后锻炼:当症状减轻后可开始运动,并逐渐增加运动量及运动强度。康复运动中要注意受伤肌肉的反复拉伸练习。每次拉伸前要进行热身运动。

为了减少肌肉拉伤的发生,在剧烈运动前,要做好充分的准备活动,使身体发热。同时,要注意运动肌肉的拉伸练习:正确掌握跑、跳、投的技术要领;遵循体育运动的基本原则,防止局部肌肉过度疲劳;注意锻炼环境的温度、湿度和运动场地情况,运动间隙要注意身体的保暖。另外,运动后合理进行肌肉放松对预防肌肉急性拉伤也有重要意义。

(2) 小腿三头肌拉伤。

原因与机制:当小腿三头肌过度疲劳、僵硬或准备活动不足时,用力踏跳或做后蹬动作,小腿三头肌突然猛烈收缩容易被拉伤。此外,在高处跳下,脚尖着地瞬间也可能被拉伤。

诊断与处理:有明确的受伤动作,多数在损伤时局部有组织断裂感或被击打感;患者受伤后,踝关节后蹬或踏跳动作有明显的疼痛,局部压痛明显,断裂严重者触诊局部可有凹陷,因疼痛引起行走困难;因血肿和继发的炎性反应,损伤局部肿胀逐渐加重,48～72h后才逐渐缓解。损伤组织有浅表疼痛的,局部皮肤还可以出现瘀斑;踝关节屈曲抗阻试验,在小腿三头肌损伤部位出现明显疼痛。

伤后患者休息时最好采取仰卧位,并把患侧膝关节伸直,踝关节背屈,以减少受伤肌肉粘连。其他处理同腘绳肌拉伤。

预防与伤后锻炼按照腘绳肌拉伤方法处理。

2. 关节韧带损伤

关节韧带可以维持关节在正常范围内的活动,防止超范围运动,同时还可以保护其他组织,如关节囊、肌腱等。关节活动超过生理范围时,可导致关节韧带损伤。运动中常见关节切带损伤的部位有指间关节切带、肘关节尺侧副韧带、膝关节内侧副韧带和踝关节外侧副韧带等。

(1) 膝关节内侧副韧带损伤。

原因与机制:人体重心失稳、冲撞、技术动作错误等原因易导致膝关节内侧副韧带损伤,在篮球、足球等对抗运动中容易发生。有些患者可以合并半月板或脂肪垫损伤。损伤严重者可以发生韧带完全断裂,出现膝关节松动。

诊断与处理:有明确的受伤动作;损伤后膝关节内侧疼痛、压痛,膝关节活动时疼痛加重,继而出现局部肿胀。损伤严重者引发膝关节整体肿胀;膝关节强迫外翻可使损伤的韧带出现疼痛,如果膝关节外翻活动范围明显增大者则考虑韧带完全断裂。韧带损伤后应立即进行压迫止血和冷敷踝关节强迫内翻试验处理。休息30min后,去掉临时包扎,进行强迫内翻试验检查,如果出现关节松动则提示韧带完全断裂。对于关节韧带轻度损伤,则重新进行加压包扎,局部制动并抬高伤肢进行休息。2～3 天后可拆除包扎,进行局部按摩电针、理疗或封闭等治疗。中药对关节韧带损伤也有较好的疗效。对于韧带完全断裂、合并关节积液或关节半脱位者,则应尽早到医院处理。一般关节韧带损伤康复的时间为 6～8 周,如果超过这个时间还有踝关节疼痛不适或反复出现踝关节扭伤则应考虑关节半脱位的可能。

预防与伤后锻炼:损伤 48～72h 后进行伤后锻炼,为了保持正确的行走步态,早期锻炼可利用双拐以减轻疼痛。锻炼中局部也可以采用贴扎支持带加固。对于关节积液明显或合并其他损伤的患者,必要时采取医学处理方法,并严格遵照医嘱进行锻炼。

为了减少关节内侧副韧带损伤,运动场要平整,光滑度符合运动项目要求;充分进行准备活动,文明比赛,掌握正确的技术动作;积极治疗膝关节等各种病症。对于膝关节失稳的患者应采用护膝加固。

（2）踝关节外侧副韧带损伤。

原因与机制:运动场地不平、落地时踩到他人脚上、下台阶时踩空等原因易导致踝关节外侧副韧带损伤。有些患者还可能合并跗骨韧带损伤。损伤严重者可以发生韧带完全断裂,同时合并踝关节半脱位或撕脱骨折。

诊断与处理:有明确的受伤动作;损伤后外踝处疼痛、压痛,踝关节活动时疼痛加重,继而出现局部肿胀,距腓前韧带损伤者可合并关节积液,引发踝关节整体肿胀;踝关节强迫内翻试验可使损伤的韧带出现牵拉疼痛,如果踝关节内翻活动范围明显增大者则考虑韧带完全断裂。处理同膝关节外侧副韧带损伤。

预防与伤后锻炼:损伤 48～72h 后进行伤后锻炼。为了保持正确的行走步态,维持良好的本体感觉,早期锻炼可以利用双拐、悬吊车或在水中进行,以减轻踝关节的负荷,防止出现错误动作。锻炼中,局部也可以采用贴扎支持带加固。随着症状好转,逐渐恢复正常运动,但需要注意保持正确的运动模式,利用平衡垫等辅助练习对维持踝关节稳定性有一定作用。

为了减少踝关节韧带损伤的发生,首先应注意运动场地要平整、运动鞋要合适,若踝关节松弛可以选择合适的护踝加固。

3. 腱鞘炎

腱鞘是由两层纤轴膜构成的长形道,其内层覆盖于肌腱的表面,外层附着于肌腱周围的韧带和骨面上,两层之间有滑液,可以减少肌腱活动时的摩擦和防止肌腱被拉紧时向侧方的滑移。肌肉反复收缩容易造成腱鞘两层纤维膜间发生过度摩擦,引起腱鞘水肿、增生等损伤性炎症反应。此伤在局部受凉和滑液分泌不足的情况下活动更易发生。相关肌肉因受凉或疲劳引起的肌紧张也增加腱鞘炎发生的概率。

腱鞘主要存在于活动比较多的手足等部位。其发病部位与运动项目密切相关,其中以桡骨茎突部腱鞘、手足屈肌腱鞘、肱二头肌长头肌肌腱腱鞘等部位损伤较为常见。

（1）指屈肌腱鞘炎。

原因与机制:在体育运动或生活中,如果出现反复屈指或抓握动作时,指屈肌过度运动造成肌肉紧张疲劳和肌张力增高,或直接引起腱鞘结构的反复磨损,多会引发腱鞘炎。例如,射击运动员反复扣动扳机引起食指屈肌腱鞘炎,洗衣服时反复抓握动作引起拇长屈肌腱鞘炎。

诊断与处理:损伤前有反复或持续用力抓握动作,症状逐渐加重;重复抓握动作时,损伤部位局部疼痛,随着症状的加重,疼痛可向周围扩散;拇长屈肌腱鞘炎压痛点多出现在大鱼际中部或掌指关节位置,其他指屈肌腱压痛点多出现在掌指关节掌侧面。同时,大多可在相关屈肌的肌上触诊到紧张且压痛敏感的肌束。损伤严重、病程较长者可在局部触及小结节并有剧烈压痛;可因疼痛出现明显的抓提困难。病变严重者,因腱鞘水肿和增生在相关肌肉活动时发生"弹响"或"绞锁"现象。

发病初期,炎症反应不明显者,应通过针刺和拉伸等治疗技术放松拇长屈肌或其他指屈肌,减少拇指的抓握动作。局部封闭对该伤早期有较好的治疗作用。理疗、中药外敷、按摩、针灸对该伤也有一定疗效。对于久治不愈的患者可采取手术治疗。

预防与伤后锻炼:减少手部受凉和反复的抓握运动,降低相关屈肌的张力,是预防指屈肌腱鞘炎的主要措施。指屈肌的保暖和拉伸练习对预防腱鞘炎的发生和促进腱鞘炎的康复有很好的作用。一旦出现早期症状,应停止手指活动,最好实施固定处理。

伤后锻炼应循序渐进,锻炼前后和锻炼过程应反复进行指屈肌拉伸、热疗等放松肌肉的操作。

(2) 肱二头肌长头肌肌腱腱鞘炎。

原因与机制:在体育运动或生活中,如果出现反复进行投掷、拉拽上肢或肩部的前后挥动动作时,造成肱二头肌紧张疲劳和张力增高,或运动中腱鞘结构的反复磨损,都会引发肱二头肌长头肌肌腱腱鞘炎。例如,拔河比赛时肱头持续紧张状态下反复收缩,举重运动中上臂反复过度上举外展,长时间搬抬重物或反复投掷物体等,都易引起肱二头肌长头肌肌腱腱鞘炎。

诊断与处理:损伤前往往有典型的反复投掷,拉曳上肢或肩部的前后挥动动作,症状逐渐加重;重复上述动作时,肩部前侧出现疼痛,随着症状的加重,疼痛可向周围扩散,相关肌肉活动时疼痛剧烈;肩部结节间沟处压痛明显,损伤严重者可触诊到肿胀的条索。同时,大多可在肱二头肌肌腹触诊到紧张且压痛敏感的肌束;因疼痛影响投掷、拉曳和肩部的前后挥动动作,损伤严重者也会影响大幅度前后摆臂动作。

当肱二头肌长头肌出现压痛后,首先寻找肱二头肌肌腹部位紧张且压痛感敏感的肌纤维条索,在压痛部位进行针刺,并辅以肱二头肌的牵拉,以降低肌肉的张力,减轻肌腱的紧张性疼痛。对于炎症明显者,应悬吊上肢,禁止肱二头肌的活动,局部封闭对该伤早期有较好的治疗作用。理疗、中药外敷、按摩、针灸对该伤也有一定疗效。对于久治不愈的患者可采取手术治疗。

预防与伤后锻炼:减少上臂受凉和反复投掷、拉曳上肢和肩部的前后挥动动作、降低肱二头肌的紧张度,是预防肱二头肌长头肌肌腱腱鞘炎的主要措施。一旦出现早期症状,应停止屈肘和肩关节前屈等运动,最好悬吊上肢以减少肱二头肌的活动。

肱二头肌拉伸练习对预防肌腱腱鞘炎的发生和促进肌腱腱鞘炎的康复有良好作用。伤后锻炼应循序渐进,锻炼前后和锻炼过程中都应反复进行肱二头肌拉伸或热疗等放松肌肉操作。

4. 关节软骨损伤

(1)腕三角软骨盘损伤。

原因与机制:腕背伸位受到过大的冲击和旋转力时,可引起腕三角软骨盘的过度挤压或研磨,容易引发三角软骨盘损伤,同时也可以合并下尺桡关节韧带损伤和腕关节半脱位。此伤多见于体操、排球、网球、拳击等运动项目,也可在摔倒手掌撑地时发生。

诊断与处理:多有明确的损伤动作;腕关节后伸受限,撑地时疼痛,局部压痛。合并其他损伤的压痛范围较广泛;陈旧性腕关节痛和功能障碍。排除骨折后应考虑下尺桡关节和关节半脱位。

急性伤应固定 3～4 周,可配合外用中药、理疗等。急性期过后如仍有症状,可以配合泼尼松局部注射。对于长时间无法治愈的患者,要考虑尺桡关节和胞关节半脱位、骨折、软骨位或韧带撕裂等,应采取关节整复或手术治疗。

预防与伤后锻炼:做好准备活动,提高腕部肌肉的力量,在进行有损伤风险的体育运动时,可以佩戴护腕加以保护。腕三角软骨损伤的病程较长,伤后锻炼要循序渐进。在术治愈前进行运动时,需用 5～6cm 宽的布带缠紧腕部,限制活动范围,以减轻症状和避免再度伤害。

(2)半月板损伤。

原因与机制:起跳伸膝加旋转或落地时膝关节屈曲加旋转的动作,股骨和胫骨平台之间产生剧烈的研磨,并对半月板产生前后的力,易造成半月板急性伤。例如,跳马落地不稳,足球运动中的转身突然启动,篮球运动中落地时伴有转身等。另外,长期从事以半蹲状态为主的运动,易产生半月板劳损,例如,篮球或排球运动的半蹲位防守。

诊断与处理:多数患者有明显的膝关节扭伤史。伤后膝关节立即发生剧烈痛,关节肿胀,屈伸功能受限;损伤严重者膝关节时有弹响或"绞锁"。关节间隙挤压痛对诊断半月板伤有重要临床意义。膝关节强迫外翻试验、麦氏征等均呈阳性体征,必要时可做核磁和关节镜检查。

急性伤后,应及时进行局部加压包扎固定和冷敷,2～3 天后可进行局部理疗针刺等处理。关节积液严重的,应尽早抽取积液,注射抗炎药物,并用棉花夹板加压包扎固定2～3 周。症状严重,经常绞锁妨碍运动者应考虑手术治疗。对于慢性半月板损伤,可以采用痛点针刺或局部封闭的方法治疗。

预防与伤后锻炼:运动前做好准备活动,提高身体的协调性;运动中掌握自我保护方法,身体疲劳时不应参加剧烈运动;加强下肢肌肉力量训练,提高膝关节的稳定性;遵守比赛规则,文明比赛;运动场地要符合体育卫生要求。

伤后锻炼要循序渐进,严格遵照医嘱。康复过程中,要加强关节相关肌肉力量,并加强关节稳定性训练。对于反复发生绞锁的患者建议及早进行手术治疗。

5. 疲劳性骨膜炎

（1）胫腓骨疲劳性骨膜炎。

原因与机制：长时间的走、跑、跳运动，导致地面的应力和小腿肌肉反复牵拉，以及持续性的肌肉紧张，都是诱发此伤的主要原因。多见于篮球和足球运动中。

诊断与处理：有过度跑跳史，症状渐起。胫腓骨疼痛，轻者运动后疼痛，休息后减轻；重者运动时疼痛，运动后加重，并有跛行，个别病例有夜痛。局部压痛明显，可有结节，结节处压痛更敏感，并以胫腓骨下半段为多见。

早期轻症病例，用弹力绷带将小腿包扎，减少下肢的跑跳运动，并放松小腿周围相关肌肉，2～3周症状自行消失。症状较重者，下肢应完全休息，抬高患肢。同时，可以进行局部封闭、针灸和按摩等治疗。

预防与伤后锻炼：遵守循序渐进的训练原则。特别是体重较大且下肢无力的运动者，更应控制下肢的运动负荷。禁止突然加大下肢的运动量，避免长时间做过分集中的跑、跳、后置或支撑胫骨疲劳性等练习。做好准备活动和运动后的放松练习，其中，小腿肌肉的静立拉伸对防止胫腓骨疲劳性骨膜炎有较好的效果。

（2）跖骨疲劳性骨膜炎。

原因与机制：一般认为跖骨疲劳性骨膜炎是因长时间的走、跑、跳运动，导致踝屈肌或足底肌紧张或疲劳无力，过度牵扯骨膜或使跖骨失去保护所致。多见于长距离跑、竞走和体操运动中。

诊断与处理：有过度走、跑、跳史，症状逐渐加重，重复上述运动时疼痛，前脚掌置地时疼痛明显。压痛出现在跖骨或骨间隙软组织，严重者可引起足背部肿胀和疲劳性骨折。

骨膜损伤后、应停止引发疼痛的足部运动，放松相关肌肉，采用冲击波、超声波治疗有一定效果。

预防与伤后锻炼：减少长时间的走、跑、跳运动是预防跖骨疲劳性骨膜炎的关键。运动要循序渐进，增加趾屈肌和足底跖骨间肌的力量。运动后注意放松相关肌肉。选择合适的运动鞋，对于有扁平足的患者应该积极进行矫正待寒痛消失后，再逐渐增加运动量，同时注意运动后相关肌肉的放松。

2.3 常见运动性疾病的预防与处理

2.3.1 延迟性肌肉酸痛

1. 延迟性肌肉酸痛的生理机制

运动时肌肉组织的缺血、缺氧、ATP不足、代谢产物堆积及氧自由基是引起延迟性肌肉酸痛的主要原因。因为运动时机体缺血、缺氧、能耗增加导致ATP供应不足，进而引起酶系失活，ATP依赖性离子泵功能下降，细胞内Ca^{2+}、Na^+、K^+异常，线粒体内Ca^{2+}的堆积会抑制线粒体的呼吸，增加无氧耗能，引发恶性循环，最终导致细胞坏死并产生延迟性肌肉酸痛。

2. 预防

根据延迟性肌肉酸痛产生的机制,在平常情况下,经常训练者和无训练者在从事各种各样的肌肉收缩形式中都可能产生延迟性肌肉酸痛。因此,有以下建议:

(1) 对无训练基础者。无训练基础者,应进行一定的基础测验或者体能评估,根据测验或评估的结果,有针对性地制订适合的运动处方,指导全程训练时应以循序渐进为原则,不可操之过急。运动前应进行充分的热身活动。

(2) 对有训练基础者。有训练基础者,在运动时要制订出适合自己的科学合理的训练计划和方法,仍要遵循循序渐进原则,运动前进行充分的热身活动。训练的内容要多种多样,可借助各种小工具进行。最后但却是极其重要的一个环节是训练结束之后的拉伸及放松练习应严格执行。

3. 治疗

(1) 物理治疗。

身体练习法。在进行大强度的训练后,身体疲乏,可继续做一些放松的动作练习,如瑜伽中的某些动作。

热疗法。热疗法可以促进细胞的代谢和反射性反应,促进结缔组织恢复和血液循环,增加组织的延展性,改善关节的活动范围。普通热疗法,将毛巾用热水浸透,置于酸痛肌肉部位,无热感时要及时更换。每次敷 15min 以上,每天 2~3 次。

冷疗法。冷疗法可以降低身体组织温度,减少肿胀,使血管收缩,达到止痛的效果。常用在急性损伤后的 24~48h 内,包括冷敷、冰水按摩等疗法。

神经电刺激疗法。神经电刺激疗法主要是运用电极对运动单位施加刺激,使肌肉被动收缩。用直流电和感应电,将双极置于肌肉酸痛部位通电 7~10min。

电磁场疗法。将带有电磁场特性的双层织品 Farabloc 包扎在延迟性肌肉酸痛(DOMS)受试者大腿周围,测试结果显示:这种疗法可降低血液中丙二醛脱氢酶、肌酸磷酸激酶、肌红蛋白、白细胞和中性白细胞的水平,缓解疼痛,减少肌肉力量下降。

按摩疗法。采用揉捏手法,四指并拢,大拇指分开,成钳形,掌心和各指贴近酸痛部位,四指和拇指略微向上用力提,沿与肌肉生长相反的方向作左右或上下旋转式移动。

针灸疗法。针灸疗法是中医治疗 DOMS 的手段之一,主要是使肌肉放松和镇痛。采用中国传统医学针刺疗法,选择肌肉的最痛点,斜刺针,留针时不提插旋转,待针感消失时出针。

刮痧疗法。相比较按摩,手法简单易学,便于操作,见效快。

(2) 药物治疗。

服用消炎药物。用消炎药可以减轻肌肉酸痛的症状,如阿司匹林、氟比洛芬酯等。每日服用 VC100mg,持续服用 30 天可防止和减轻肌肉酸痛。

服用营养补剂。适当服用蛋白质类的营养补剂,如支链氨基酸等,以维持肌肉结构,减轻延迟性肌肉酸痛的症状,促进身体机能恢复。

2.3.2 运动性腹痛

运动性腹痛是运动中常见症状之一,在中长距离跑步运动项目中发生率较高,原因较复杂。

1. 原因与发病机理

(1) 运动引起的腹痛。

身体对运动的适应能力差,精神紧张导致植物性神经功能紊乱,呼吸肌、平滑肌痉挛而发生腹痛。

① 运动前准备活动不充分。

运动前,身体各脏器都处在安静或休眠状态,在准备活动不充分时,突然参加比赛或运动强度突然增加到极限强度,身体各组织器官在血供和神经支配上都不能迅速提高到相应水平,导致神经系统、呼吸系统(剧烈运动急促呼吸引发胸膜腔内压剧烈升高)、循环系统(心肌收缩力不能满足运动需要,引发心腔内压增加)等功能紊乱,下腔静脉回流受阻等出现腹痛。

② 胃肠功能紊乱。

进食后马上剧烈运动,胃部没有排空,运动进一步加剧胃的负担,运动时胃蠕动快,腹内压升高,胃部受到牵拉而引发腹痛;运动中进食较冷饮料也可以刺激胃肠痉挛的发生,导致腹痛。

③ 机体内环境稳态遭到破坏。

高温。高温环境中剧烈运动往往使体液大量丧失,使机体内水、钾、镁等电解质丢失,体内代谢失衡,引发肌肉痉挛,出现腹部疼痛。

低温。高寒地区比赛、滑冰、滑雪或进食大量冷饮都会引起机体内环境稳态破坏。在低温环境中,人体温度为 36~37℃,而周围温度可能在零下 20~30℃,人体内外温差过大,导致运动时因呼吸急促、肺活量增大等情况吸入大量冷空气,呼吸肌及平滑肌痉挛,引发腹痛。

④ 运动性伤害。

运动量过大。运动量过大导致呼吸节奏破坏,摄氧量下降,体内缺氧严重,呼吸肌与膈肌疲劳,出现腹痛。

外伤。腹肌拉伤或运动中冲撞(球类项目)易引发腹部外伤,常见腹壁单纯性挫伤,严重时可发生腹腔脏器损伤。

(2) 腹内疾病。

许多腹内疾病会引发疼痛,如急性胃炎、急性胆囊炎、急性胰腺炎、急性阑尾炎、急性腹膜炎、急性胃肠穿孔、急性肠胃扭转或梗阻、胆道蛔虫症、胆结石、尿路结石和腹腔脏器破裂等。

(3) 腹外疾病。

心绞痛、心肌梗死、大叶性肺炎也会出现上腹痛,铅中毒、尿毒症及低血糖等均可引起痉挛性下腹痛。

2. 征象与体征

早期均表现为上腹痛,无法维持预定运动负荷。胀痛常见肝脾痛;痉挛性疼痛常见胃肠痉挛及结石病;持续性痛常见损伤;阑尾炎呈现为转移性右下腹痛、腰大肌试验阳性;胆囊炎通过膈神经的联系常引起右肩痛;腹腔外脏器疾病特点是无明显腹部压痛及板状腹等急腹症表现。

3. 现场处理

(1)运动中出现腹痛,应立即减慢运动速度并降低运动强度,缓慢深呼吸,调整呼吸与动作的节奏,用手按压痛部,一般疼痛即可减轻。如无效或疼痛剧烈时,则应停止运动,同时,可针刺或点掐内关、足三里、中脘穴。

(2)运动中如出现受伤导致腹痛,应迅速检查伤情,排除脏器损伤,采取急救措施后迅速就医。

(3)及时补充运动饮料,如因温度过低应积极保暖,如中暑应采取相应措施。

4. 预防

(1)注意运动前饮食结构及时间间隔。运动前不宜过食和过度饮水;慎食易产气食物,如豆薯类食品及碳酸饮料;也不宜在饥饿状态下进行运动,应在进食 1～2h 后进行运动。

(2)运动前要做充分的准备活动,使内脏血供、氧供均能迅速提升到运动所需的状态,防止由于下腔静脉压过大引发的肝脏瘀血等准备活动不充分导致的急性腹痛发生。

(3)注意防寒及避暑,夏季运动出汗时要保证体液的补充,防止发生电解质失衡性腹痛,局部按摩腹直肌,做背伸运动拉长腹直肌可缓解腹痛。

(4)运动中调整呼吸节律,尽可能用鼻呼吸而不要张嘴呼吸,防止冷空气刺激呼吸肌痉而引发的腹痛。

(5)应积极提高身体素质,防止因运动水平过低导致过度紧张而引发腹痛。

2.3.3　运动性昏厥

运动性昏厥是指在运动的过程中由于脑血流暂时降低或血液中化学物质变化所致意识短暂紊乱和意识丧失。昏厥也是过度紧张的一种表现形式。

1. 原因与发病机理

精神心理状态不佳,由于神经反射引起的急性外周组织血管扩张,血压下降,一时性脑缺血。

(1)重力性休克。疾跑后突然停止而引起的晕厥,肌肉泵作用停止,大量血液聚集下肢,回心血量骤减,脑供血不足。胸内压和肺内压增高,吸气后憋气,使胸内压和肺内压增高,回心血量下降,输出量下降,脑缺血。

(2)直立性血压过低。由于体位突然变化,长时间站立不动、久蹲后突然起立或长时间卧床后突然起立,会导致自主神经功能失调,血液重新分配反应力下降,回心血量骤减和动脉血压下降。血液中化学成分改变,低血糖,脑组织对葡萄糖摄取减少,氧利用减少。

（3）心源性晕厥。冠状动脉供血不足,引起心肌缺血缺氧;激烈运动引发心律失常;冠状动脉因免感性增强或儿茶酚胺分泌增多而痉挛引起心肌缺血。

昏倒前:全身软弱无力、头晕、耳鸣、眼前发黑;有冷汗及强烈的饥饿感(低血者)。

昏倒后:面色苍白,手足发凉;脉率快而细弱;血压下降或正常、呼吸加快或减弱一般昏倒数秒,长者1～2h。

清醒后:有头晕、全身乏力等症状。

2. 处理方法

患者平卧,头部稍低,松开衣领、腰带;做双下皮向心性重推摩、揉捏,以加速血液回流,必要时嗅浓氨水或点掐人中、合谷等穴位1～2min;若有呕吐现象,将头部转向一侧,清醒后饮热糖水一杯和维生素B1、维生素C等。当神志不清或有呕吐时,均不应进食药物、食物及饮料等,注意休息。

3. 病因治疗

低血糖性晕厥者:注射50％葡萄糖。低碳酸血症者:减慢呼吸深度和频率。心源性晕厥者:先吸氧,现场急救后安全转运医院。中暑:物理降温,静脉注射5％葡萄糖。

4. 预防

定期体检;增强体质,坚持科学训练,避免过度紧张;久蹲后要慢慢站起,若有晕厥先兆,应立即俯身低头或平卧;疾跑后应继续慢跑一段,并做深呼吸,逐渐停下来;避免在高温、高湿和大风环境下长时间训练和比赛;饥饿或空腹时不宜参加运动;长距离运动时要及时补糖、盐、水;剧烈运动后应休息半小时后淋浴。体育教师、运动员和教练员应有预防和简单处理运动中发生晕厥的技能。

2.3.4　肌肉痉挛

肌肉痉挛俗称抽筋,是肌肉发生不自主强制收缩的一种现象。最易发生痉挛的肌肉为小腿腓肠肌,其次是足底的屈肌。常见高发运动项目为游泳和足球。

1. 原因与发病机理

由于寒冷刺激、电解质丢失过多、肌肉舒缩失调、疲劳都会引起肌肉痉挛。

2. 症状

肌肉痉挛常发生在运动中或睡觉时。痉挛的肌肉僵硬,疼痛难忍;所涉及的关节暂时屈伸受限,当痉挛缓解后,局部仍有酸痛不适感。

3. 处理对策

反向牵引痉挛肌肉,如小腿腓肠肌痉挛时,让患者取仰卧位或坐位,膝关节伸直,脚背用力往上翘至最大幅度,并固定在此位置,一般坚持在30s即可消除痉挛。然后保持脚背上翘约5min以巩固疗效。当屈拇指、屈指趾肌痉挛时,可用力将足和足趾背伸直。牵引时切忌用力过猛,以免造成肌肉拉伤。牵引配合局部按摩。当游泳时发生肌肉痉挛时,首先不要惊慌,如果自己无法处理或缓解,要立即呼救。痉挛缓解后,应慢慢游到岸边,以免再次发生痉挛。肌肉痉挛缓解后,不宜继续运动,应针对原因进行治疗。如补充盐分和水分,注意保暖,并按摩、理疗或热敷痉挛的肌肉;如经常发生肌肉痉挛,可能与缺钙有关(尤其是中老年人),应考虑适当补钙。

4. 预防

加强体育锻炼,提高身体耐寒力和耐久力。运动前必须充分做好准备活动,对容易发生痉挛的肌肉,运动前应适当按摩。冬季运动要注意保暖,夏季运动出汗过多时,要及时补充水分、盐和维生素 B1。游泳下水前,应用冷水淋湿全身,使身体对冷水的刺激有所适应。当水温较低时,游泳时间不宜太长。疲劳和饥饿时不要进行剧烈运动。应学会肌肉放松的办法。

2.3.5 低血糖症

正常人空腹全血血糖浓度为 $3.9\sim6.1$mmol/L($70\sim110$mg/dl),血浆血糖为 $3.9\sim6.9$mmol/L($70\sim125$mg/dl),若血糖浓度低于 2.78mmol/L(50mg/dl)时就会出现一系列临床症状,称为低血糖症。

1. 产生原因

长时间剧烈运动,体内血糖人量消耗和减少。

运动前或运动时饥饿,体内糖原储备不足,运动时没有及时补充糖。训练或比赛前补充糖过多。精神过于紧张,巨大的精神波动以及患病等情况,都有可能导致低血糖症。

2. 症状和体征

低血糖昏迷常有体温降低;交感神经活动加强、肾上腺素释放增多;脉快、神经质、颤抖、无力、面色苍白、出冷汗、眩晕、心悸、饥饿感等现象。

3. 处理方法

病症确诊后,应使病人平卧、注意保暖。神志清醒者口服热糖水或进食少量流质食物,一般短时间内症状消失。

症状较重者或出现昏迷者,应迅速静脉注射 50% 葡萄糖 $50\sim100$ml,同时针刺或点掐人中、涌泉、合谷等穴位,并迅速请医生来处理。

用热水泡(或敷)双下肢或按摩双下肢,以促进下肢的血液循环。

4. 预防

对平时缺乏锻炼、患病未愈或初愈者,不允许他们参加长时间的激烈运动。参加长时间运动项目赛前应适当补充糖(标准为 1g/千克体重),运动中适当补充含糖饮料。

第二篇　体育实践篇

第3章 球类运动——秀出技巧 突显合作

3.1 篮球运动概述

3.1.1 篮球的起源与发展

篮球起源于美国马萨诸塞州,1891 年 12 月 21 日由詹姆斯·奈史密斯创造,是奥运会核心比赛项目,是以手为中心的身体对抗性体育运动。当时,由于在寒冷的冬季,人们缺乏室内进行体育活动的球类竞赛项目,奈史密斯便从工人和儿童用球向"桃筐"投准的游戏中得到启发,将两只桃筐分别钉在健身房内两端看台的栏杆上,桃篮口水平向上,距地面 10 英尺(1 英尺＝0.3048m),以足球为比赛工具向篮内投掷,入篮得 1 分,按得分多少决定胜负。因为这项游戏最初使用的是桃筐和球,遂取名为篮球。1893 年,铁质球篮取代了桃篮并挂上了线网。1895 年,篮筐开始固定在 4×6 英尺的篮板上并逐渐深入场内,到了 1913 年,由于每次投篮命中后都需要将球从篮筐内捞出,太麻烦,于是人们将篮网底部剪开,形成了近似现代的篮板和球篮。因篮球运动本身特有的魅力,深受人们喜爱,所以很快在全世界传播开来。1895 年,篮球运动传入我国天津。1932 年,成立了国际业余篮球联合会,简称国际篮联。1936 年,男子篮球运动成为奥运会正式比赛项目;1976年,第 21 届奥运会增加了女子篮球项目。1992 年,第 25 届奥运会向职业篮球球员敞开了大门。篮球运动在中国广为普及,深受广大青少年喜爱。

1. 篮球运动的特点与价值

篮球运动是最受人们喜爱的运动项目之一。之所以在全世界范围内得到如此广泛的发展,是由于它有以下特点和价值。首先,篮球运动具有较强的集体性。它要求每个运动员在比赛中必须做到齐心协力,密切配合,这样才能达到战胜对方的目的。其次,篮球比赛的技战术具有复杂性和对抗性,可以培养运动员的顽强意志品质。同时,因为现代篮球比赛在时间和空间上的争夺越来越激烈,要求运动员要掌握协调多样的技术动作,所以还需要具备随机应变的能力,如突然改变方向,突然改变速度,时而疾跑,时而急停,时而起跳等。因此,通过篮球运动的教学、训练和比赛,能提高运动员各感受器官的功能,对提高神经中枢的灵活性及其协调支配各器官的能力,改善内脏器官的功能,都有着良好的作用。

2. 篮球运动的教学功能

在体育教学中,篮球就是一项集体对抗的球类游戏项目。它的特点是集体性、对抗性、趣味性。除了具有一般运动项目的锻炼价值外,篮球运动复杂多变的比赛过程,能提高神经系统的灵活性,进而提高大脑的分析综合能力和应变能力。竞争对抗的游戏形式,能提高学生参与的兴趣,培养学生的体育情感,以及学生顽强拼搏的精神,提高学生的自信心和心理自我调控能力。比赛中的集体配合,可以培养学生的团队精神,提高学生正确处理人际关系的能力。篮球技能的掌握可以增加运动经验的积累,能为今后学习其他运动项目提供一定的帮助。

大学体育是高等教育的重要组成部分,篮球教学是实现体育教育目的的基本途径之一。通过篮球课的学习,全面锻炼学生的身体,有效地增强体质、增进健康,让大学生确立终身体育观。培养终身体育能力,掌握体育科学的基本知识,培养、提高学生在体育锻炼中自我组织、自我管理、自我评价、自我监督的能力,增强自我完善身体的能力,对大学生进行思想品德教育,培养拼搏竞争的进取精神,发展大学生篮球体育才能,提高运动技术水平,使他们成为全面发展的高级专门人才。

3.1.2 篮球运动基本技术

1. 移动

移动是篮球比赛中为了改变位置、方向、速度和争取高度采用的各种脚步动作的通称。

(1)起动。

起动是队员在球场上由静止状态变为运动状态的一种动作,是获得位移初速度的方法。

动作要领:向前起动是用后脚的前脚掌短促有力地蹬地,重心前移,上体前倾,迅速向前迈步。起动后的前两三步要短促而迅速。向侧起动是用异侧脚的前脚掌用力蹬地,同时上体迅速向起动方向侧转并前倾,重心跟随移动,迅速向跑动方向迈步。步法同向前起动。

(2)变向跑。

变向跑是队员在跑动中突然改变方向的一种脚步动作。

动作要领:以右向左变向跑为例,队员跑动中最后一步用右脚的前脚掌制动。同时脚向内侧蹬地、屈膝、脚尖稍向内扣、腰部随之左转、重心左移,上体稍前倾,同时左脚向左前方跨出一小步,右脚再迅速向左腿的侧前方跨出一大步。

(3)侧身跑。

跑动时为了观察场上情况并随时准备接侧耳后方传来的球而经常采用的跑动方法。

动作要领:脚尖和膝盖对着跑动方向,头和腰部向球的方向扭转,侧肩,上体和两臂放松,随时观察场上情况。

(4)急停。

急停是队员在跑动中突然制动速度的一种动作方法,是衔接其他技术动作和摆脱对手的有效方法。急停包括跨步急停和跳步急停。

① 跨步急停。动作要领:急停时的第一步跨出稍大,脚跟先着地,前脚脚掌撑地,脚尖由向前方转为向侧前方,同时重心下降,并先落在后脚上,身体稍向后坐,以减缓向前的冲力。第二步着地时,前脚脚掌内侧用力蹬地,脚尖稍向内转,两膝弯曲并内收,上体稍前

倾,重心落在两脚之间。两臂屈肘张开,帮助控制身体平衡。

②跳步急停。动作要领:队员在跑动时用单脚起跳,两脚同时落地(略比肩宽),前脚掌用力蹬地,两膝迅速弯曲,重心下降。两臂屈肘张开,保持身体平衡。

(5)转身。

转身是一脚做中枢脚,另一脚蹬地向不同方向随之转动(向前或向后)来改变身体原来方向的动作。

动作要领:两膝微屈,上体稍向前倾,转身时重心移向中枢脚,中枢脚以前脚掌为轴用力碾地,另一脚前脚掌内侧蹬地,腰部扭转带动上体随着移动脚转动过程中,向前或向后来改变身体原来的方向。身体重心要在一个水平面上,不能上下起伏。

(6)滑步。

滑步是队员防守时移动的主要步法。滑步一般分为侧滑步和前、后滑步。

①侧滑步:两脚左右开立,两臂张开。向左侧滑步时,右脚前脚掌内侧用力蹬地的同时,左脚向左跨出一步,右脚在左脚落地的同时紧随滑动,重心保持在两脚之间。向右侧滑步时动作相反。动作要点:蹬、跨、滑。

②前、后滑步:前、后滑步的动作方法和要点与侧滑步相仿,只是方向不同。

2. 传、接球

(1)双手胸前传球。

双手胸前传接球是篮球运动中应用最广泛的传接球方式,是各种传接球技术的基础。

动作要领:持球时两手五指自然分开,拇指相对成八字形(见图 3-1-1),用指根以上部位握球的侧后方,手心空出,两肘自然弯曲于体侧,将球置于胸前。肩、臂、腕肌肉放松,两眼注视传球目标,身体成基本姿势。传球时,后脚蹬地,身体重心前移,同时两臂前伸(见图 3-1-2),手腕由下向上翻转,同时拇指用力下压,食、中指用力弹拨,将球传出(见图 3-1-3)。

图　3-1-1　　　　　　图　3-1-2　　　　　　图　3-1-3

(2)单手肩上传球。

动作要领:(以右手为例)双手胸前握球,两脚前后站立,左脚在前,左肩对传球方向,将球引至右肩,右手执球,肘关节外展,右手腕后仰,指根以上托球,掌心空出,重心落在右脚上。传球时,右脚蹬地,转体,前臂迅速向前挥摆,手腕前屈,通过拇指、食指、中指拨球,将球传出(见图 3-1-4)。球出手后身体重心随之移到左脚上(见图 3-1-5)。

图 3-1-4   图 3-1-5

（3）单手胸前传球。

动作要领：持球手法与单手肩上传球同（以右手传球为例），将球由胸前引到体前右侧耳（见图3-1-6），传球时振动前臂、手腕急速前扣，并向内翻，同时食指、中指、无名指用力拨球，将球传出（见图3-1-7）。

图 3-1-6   图 3-1-7

（4）双手头上传球。

动作要领：双手持球举于头上，两肘稍屈，持球手法与双手胸前传球相同，传球时小臂前挥，手腕前扣外翻的同时（见图3-1-8），拇指、食指、中指用力拨球（见图3-1-9）。传球距离较远时，加脚蹬地，腰腹用力，全身协调发力，将球传出（见图3-1-10）。

图 3-1-8   图 3-1-9

图　3-1-10

（5）双手胸前接球。

动作要领：面向传球队友抬头、屈膝，手指张开，持球于胸腹之间，两肘微向外，伸臂向外推球时，向前跨一步，球出手时手指向上、向前推，弹动手腕使球回旋，出手后掌心向下，保持跟随动作。接球时，两眼注视来球，两臂伸出迎球，手指自然分开，两拇指成"八字"形，手指向前上方，两手成一个半圆形。当手指触球后，两臂随球后引缓冲来球的力量，两手握球于胸腹之间（见图 3-1-11）。

双手胸前传接球

接球时，眼睛注视球，肩臂放松，手臂半屈迎向球，手指自然分开、放松。当手指触球时手臂立即随球后引缓冲来球力量，将球握于胸前，保持身体平衡，并做好投篮、传球、突破的准备。双手胸前传接球见图 3-1-12。

图　3-1-11

图　3-1-12

（6）传接球技术的练习方法。

二人一组，相对站立，做各种传接球练习。

三人一组成等边三角形站立，相距 3～5m，采用各种方法传球。

二人一组，一人原地向另一人前、后、左、右方向传球，另一人移动接球。

全场二人行进间传接球练习。

3. 运球的基本技术

（1）高运球。

多用于快速运球，提高运球高度加大反弹距离，与快速奔跑相结合。

动作要领：膝微屈，上体稍前倾，目视前方，手按球的后半部（见

高运球

图 3-1-13），球落点在人的侧前方（根据速度快慢、决定运球距离远近），球的反弹高度在腰胸之间（见图 3-1-14），手脚要协调配合，这种运球身体重心较高、便于观察场上情况。

图　3-1-13　　　　　　　　　　　　　　图　3-1-14

（2）低运球。

当运球接近防守队员或防守队员来抢球时，运球队员应改用低运球突破对手，用身体保护球，并善于运用假动作摆脱防守。

动作要领：两脚前后开立，两膝弯曲，上体稍前倾，抬头看前方（见图 3-1-15），重心落在前脚掌上，手腕放松，手掌与地面平行，五指自然分开。用手指和指根按、拍球，手心空出，以肘关节为轴，前臂做上下伸压动作，结合手指、手腕缓冲球向上反弹力量，以控制球的高度和落点，一般运球落点应为运球手同侧脚的外侧稍前。运球高度在膝关节以下，为了保护球，运球者应该使球、自己和防守者三者保持一条线，不运球的手臂要抬起（见图 3-1-16）。行进间低运球，向前时要拍球的后半部；向左变向时拍球的右半部；向右侧则反之。

图　3-1-15　　　　　　　　　　　　　　图　3-1-16

（3）运球急停急起。

动作要领：运球急停要领与不持球急停相同。运球急停时，手拍按球的上方稍靠前，使球与地面成垂直反弹，用异侧臂和身体保护球（见图 3-1-17）。起动时，后脚前脚掌偏内侧用力蹬地，上体前倾，重心前移，同时拍按球的后上方，利用起动速度，超越对手（见图 3-1-18）。

图　3-1-17　　　　　　　　　　　　　　图　3-1-18

（4）体前变向运球。

动作要领：运球队员要从对手右侧突破时，先向对手左侧快速运球，当对手向左侧转移身体重心准备堵截时，运球队员突然变换运球的方向，用右手按拍球的右侧上方（见图 3-1-19），并靠近身体向左侧送拍球，使球的落点靠近左脚，向身体左侧反弹（见图 3-1-20），同时，右脚向左前方跨步，上体左转侧肩，以臂、腿、上体保护球（见图 3-1-21），换左手按拍球左侧上方，从对手右侧运球突破（见图 3-1-22）。

图　3-1-19　　　　　　　　　　　　　　图　3-1-20

图　3-1-21　　　　　　　　　　　　　　图　3-1-22

（5）运球后转身。

动作要领：（以右手运球为例）当对手逼近自己的右侧时，左脚上步置于对手两腿之间，左脚为轴脚，左脚脚内侧蹬地（见图 3-1-23），同时，后转身将球拉引向自己身体左侧，用身体背部挡住对手，左脚迅速上步加速

运球后转身

（见图 3-1-24）。依据场上情况左手与右手均可以运球以从对手右侧突破（见图 3-1-25）。

动作要点：上步快，转体稳，转引变向球近身。

图　3-1-23

图　3-1-24

图　3-1-25

4. 投篮的基本技术

（1）原地双手胸前投篮。

动作要领：双手握球在胸部以上（高度在肩部附近），握球手法与双手胸前传球相同，肘关节自然下垂，上体稍前倾，两脚前后或左右站立，两膝微屈，重心落在两脚之间，目视投篮目标（见图 3-1-26）。准备投篮时，两脚的前脚掌蹬地，腰腹伸展，同时两臂向前上方伸出，两臂即将伸直时两手腕同时外翻，拇指向前压送，指端拨球，以拇指、食指、中指的力量将球投出（见图 3-1-27），最后腿、腰、臂自然伸直（见图 3-1-28）。

原地双手胸前投篮

图　3-1-26

图　3-1-27

图　3-1-28

（2）原地单手肩上投篮。

动作要领：（以右手为例）右手五指自然分开（手心空出），指根以上部位触球，向后屈腕，屈肘持球于肩上耳部左右，肘内收，前臂与地面接近垂直，左手扶球的左侧，右脚稍前，左脚稍后，重心放在两脚之间，两膝微屈，目视投篮目标（见图 3-1-29）。投篮时，两脚前脚掌用力蹬地，伸展腰腹，抬肘，手臂上伸（见图 3-1-30），即将伸直时，手腕用力前屈，手指拨球，球最后以中指和食指的指端投出（见图 3-1-31）。球出手后，腿、腰、臂自然伸直（见图 3-1-32）。

原地单手肩上投篮

图　3-1-29

图　3-1-30

图　3-1-31

图　3-1-32

（3）行进间投篮。

① 行进间单手高手投篮。

动作要领：（以右手为例）右脚跨出一大步，在落地前接球（见图 3-1-33），右脚落地后左脚向前跨一小步(缓冲向前的水平冲力),并用力蹬地向上起跳,同时举球于肩上(或头部以上)(见图 3-1-34)。当身体至最高点时,前臂向前上方伸展,右臂即将伸直时手腕前屈,食、中指用力拨球,通过指端将球拨出,出手要柔和(见图 3-1-35)。

图　3-1-33　　　　　　　　　　　　　　　图　3-1-34

图　3-1-35

② 行进间单手低手投篮。

动作要领:(以右手投篮为例)右脚跨出一大步(见图 3-1-36),在落地前接球,左脚紧接跨出,步幅稍小,不要减速(见图 3-1-37),有力蹬地向前上方起跳,同时双手持球移至体右侧耳上举,左手离球,右手掌心向上托球,向球篮方向伸出(见图 3-1-38),接着向上屈腕,食指、中指、无名指向上拨球投出(见图 3-1-39)。

图　3-1-36　　　　　　　　　　　　　　　图　3-1-37

图 3-1-38   图 3-1-39

（4）原地跳起单手肩上投篮。

原地跳起单手肩上投篮简称跳投，是跳起在空中完成投篮的动作，具有突然性强、出手快、出手点高、不易防守的特点。

动作要领：（以右手为例）两手持球于胸前，两脚前后或左右自然站立，两腿微屈，重心在两脚之间（见图 3-1-40）。起跳时两腿迅速屈膝，前脚掌用力蹬地向上起跳，同时迅速举球于头侧上方（起跳和举球动作要协调一致），用右手托球，手腕后屈，左手扶球。当身体接近最高点时（见图 3-1-41），左手离球，右臂伸向前上方，前臂即将伸直时，手腕用力前屈，食、中指拨球，通过指端将球投出，手臂向出球方向自然伸直。落地时屈膝缓冲，保持身体重心稳定（见图 3-1-42）。

图 3-1-40   图 3-1-41

图 3-1-42

（5）运球、接球急停跳起投篮。

运球急停或接球急停跳起投篮时，可采用跳步或跨步急停的动作方法，停步同时双手随起跳持球上举，当身体至最高点时辅助手离球投篮臂向前上方伸直，手腕前屈，食、中指用力拨球将球投出。

（6）传接球接行进间低手投篮。

传接球接行进间低手投篮是篮球比赛中应用比较广泛的一项组合技术。由于它的技术特点是投篮动作柔和、稳定，出手点在身体前上方，所以一般在快速奔跑中或身体前方没有防守人时使用。此技术动作在所有行进间投篮技术中，是命中率较高的一种投篮形式。与运球接行进间投篮相比，在衔接部分有一定难度。在教学中应注意动作的技术特点。

（7）运球接行进间单手肩上投篮。

运球接行进间单手肩上投篮是一项运球与行进间投篮组合的动作。学会此组合动作对学生参加比赛会有很大帮助，因为此组合动作解决了个人移动和投篮问题，甚至可以用此动作跳在空中传球给同伴。此组合动作关键在于两动作的衔接与在空中平衡的控制。

运球接行进间
单手肩上投篮

动作要点：跨步拿球双脚要腾空，跳起投篮时要控制住身体平衡，投篮出手动作连贯柔和。

5. 持球突破

持球突破是持球队员运用脚步动作与运球技术相结合，达到超越对手的一种进攻技术。

（1）交叉步持球突破。

以右脚做中枢脚为例，两脚左右开立，两膝弯曲，两手持球于胸腹间。突破时，左脚前脚掌内侧用力蹬地，上体向右转移，左肩向前下压，左脚向右侧前方跨出，在右脚离地前，运球在左脚的右侧前方，右脚迅速蹬地跨步超越对手。

动作要点：转体、侧肩、加速。

（2）顺步持球突破。

顺步持球突破也称同侧步持球突破。以左脚做中枢脚为例，两脚左右开立，两膝弯曲，两手持球于胸腹间。突破时，右脚向右前方跨出一步，同时向右转体侧肩，重心前移，右手运球，左脚前脚掌用力蹬地，向右前方跨出。

动作要点：转体、侧肩、加速。

6. 防守对手

防守对手，是指队员在防守时，为了阻挠和破坏对手的进攻，达到夺球反攻的目的所采取的各种专门动作方法的总称。

比赛中，对无球队员的防守大部分是在移动中进行的。在移动防守过程中，经常采取的移动步法有各种滑步、撤步、上步、转身、侧身跑等，并且都是在随时变化中运用，其目的为积极抢占有利位置，不让对手在有威胁的位置上接到球。

防守有球队员,进攻队员一旦接到球,防守者要及时调整与对手的位置和距离。根据对手不同的进攻位置和特点,采用有所侧重的防守方法。

（1）防投篮。

一只手轻贴对手身体,另一只手抬起,扰乱对手的投球注意力,必要时跳起盖帽,但不要轻易起跳,以免被对方假动作欺骗。

（2）防突破。

身体保持好重心,稍微与对手拉开距离,一手向前平伸,全力注意对手的移动,及时封住对手的突破路线。

（3）防运球。

与防守突破一样,当防守时多前后移动,做抢球的动作,给对手压力。

7. 抢球、打球、断球

抢球、打球、断球是攻击性很强的防守技术,是积极防守战术的基础。

（1）抢球:抢球是攻击性防守的重要技术之一,在对方动作迟缓、精神不集中或球保护不好的情况下,防守者都可以大胆地抢球。

动作要领:抢球时要突然上步,靠近对手,同时伸出右臂,右手迅速按在球上方（对方的两手之间）,左手立即控制住球的下方,右手下按球并将球向对方怀内旋转,左手用力协助转动。当球在对方手中转动时,右手加速做向回拉球动作,使球脱开对方双手,将球抢到手。

（2）打球:当队员持球、运球、投篮时,防守队员都可以出其不意地突然打球,也可以在集体防守的配合过程中,通过堵截、夹击、关门等方法打掉持球队员手中的球。

（3）断球分为横断球和纵断球两种。

横断球动作要领:要准确判断对方传球意图和球的飞行路线,要与对手有一定距离,使其同伴感到可以传球。准备断球时要降低重心,与传球人、接球人保持一定角度,位置要靠近传球一侧。注意观察持球队员的动作,当持球者传球出手时,迅速向来球方向起跳。充分伸展腰腹和手臂,截获来球后立即收腹、双脚落地,保持平衡,及时与运球、传球相接。

纵断球动作要领:以从对手右侧断球为例。纵断球时,右脚应向右前方（从对手侧后绕出断球时）或右侧前方（从对手身后绕出断球时）跨出,左腿从侧面绕过对手,同时右脚用力蹬地（或两脚蹬地）,侧身向来球方向迅速跃出,两臂伸直将球断获。其他动作要领同横断球。

8. 抢篮板球

比赛中双方队员争抢投篮未中的球所采用的技术统称为抢篮板球技术。

（1）抢进攻篮板球:当同队队员投篮出手后,及时判断球反弹的方向和落点,快速起动抢占有利位置,或利用假动作绕到对手的面前,用单脚或双脚起跳,在最高点时进行补篮或抢球。落地时缓冲并保护球。

（2）抢防守篮板球:在抢防守篮板球时,保持正确的站立姿势,两膝弯曲,上体稍前倾,重心放在两脚之间,两肘外展以便占据较大的空间,正确判断球的反弹方向,并注意对手的动向。一般运用上步、撤步、转身、侧跨步等步法抢占有利的位置,把进攻队员挡在身后。起跳时用力蹬地,摆臂提腰,跳至最高点时用双手或单手抢球。如难以抢到球,可用点拨球的方法在空中将球点传给同伴。落地时,侧对进攻方向,及时传球发动快攻。

3.1.3 篮球运动基本战术

1. 进攻战术基础配合

(1) 传切配合。

传切配合是队员之间利用传球和切入技术所组成的简单配合。它包括一传一切和空切两种。传切配合是一种最基本的、简单易行的战术配合,在竞赛中经常采用。

一传一切配合:是指持球队员传球后摆脱防守,向球篮方向切入接回传球投篮的配合。

空切配合:是指无球队员掌握时机,摆脱对手,切入篮下接球投篮或做其他战术配合。

(2) 突分配合。

突分配合是指持球队员突破对手后,遇到对方补防时,及时将球传给进攻时机最好的同伴进行攻击的一种配合方法。

(3) 掩护配合。

前掩护:是掩护队员站在同伴防守者前面,用身体挡住防守者向前移动的路线,使同伴借机摆脱防守的一种配合方法。

侧掩护:是掩护队员站在同伴防守者侧面,用身体挡住防守者的移动路线,使同伴借机摆脱防守的一种配合方法。

后掩护:是掩护队员站在同伴防守者身后,挡住他的移动路线,使同伴借机摆脱防守的配合方法。

(4) 策应配合。

策应配合是进攻队员背对或侧对球篮接球后,以他作为枢纽,配合同伴的切入或掩护,形成的一种里应外合的配合方法。

2. 防守战术基础配合

(1)"关门配合":是两个防守队员协同防守突破的配合方法。当进攻队员运球突破时,防守突破的队员向侧后方移动挡住其移动路线,临近突破一侧的防守队员应及时快速向突破队员的前进方向移动,与突破的队员靠拢,像两扇门一样关起来,堵住进攻者的前进路线。

(2) 夹击配合:是两个防守队员积极防守一个进攻队员的配合,是一种积极主动、具有强烈攻击性的防守配合。夹击配合的方法分为三种:底角夹击、对中锋队员的夹击和中场夹击。

(3) 补防配合:是防守队员当同伴出现漏防时立即放弃自己的对手,去补防那个威胁最大的进攻队员,而漏人的防守队员及时换防的一种协同防守方法。补防时,动作要迅速、果断,其他队员也要注意观察突破队员的分球意图,以便及时抢占有利位置,争取断球。

易犯错误:防守队员没有随时观察场上进攻队员的行动;补防队员的行动不果断,不及时;漏人的防守队员没能及时换防。

(4) 挤过配合:是破坏掩护配合的方法之一。防守队员在对方掩护队员接近自己时,要迅速向前跨出一步,靠近对手,从两个进攻队员之间侧身挤过,继续防守自己的对手。防守掩护的队应及早提醒同伴并后撤一步,以备补防。

挤过配合的要求:挤过时要贴近进攻队员,上前抢步要快,防守掩护者的队员要提醒同伴,并选择协防的有利位置,密切注意两个进攻队员的行动,及时做好补防准备。

(5) 穿过配合:在篮球战术中,穿过配合战术是破坏掩护配合战术积极有效的方法之一。穿过配合战术是防守队员从自己的同伴与进攻队员之间穿过去,继续防守自己的防守对手的配合方法。

(6) 绕过配合:是破坏掩护的一种方法。当进攻队员掩护时,防守掩护者的队员贴近对手,让同伴从自己的身后绕过,继续防守自己的对手。

(7) 交换配合:是破坏掩护配合的一种方法。进攻队员利用掩护已经摆脱防守时,防守掩护的队员及时发出换防的信号,与同伴互换各自的对手,在适当的时候换防原来的对手。

3. 防守快攻战术

(1) 防守快攻的方法。

提高进攻的成功率;积极拼抢前场篮板球;封堵快攻第一传与截断接应;逐步退守中,堵中间卡两边;提高以少防多的能力。

(2) 防守快攻的练习方法。

三对三,抢得篮板球一方迅速发动快攻,另一方马上组织封一传,堵接应;半场一守二攻,二守三攻,练习以少防多能力;全场三守三攻,守方一人抢篮板球,一人接应,一人快下,三人成三角(中间稍后)向前推进;全场五攻五守,守方利用抢篮板球、断球等手段,积极发动快攻,要求场上队员全部参加快攻,失去控制球的一方要全力防守,破坏对方的快攻。

4. 半场人盯人防守战术

(1) 半场人盯人防守的方法。

这种方法分为半场松动人盯人防守的方法和半场紧逼人盯人防守的方法。

(2) 半场人盯人防守练习方法。

进攻队以一种阵型落位后,采取只传球不移动、只移动不传球、既移动又传球三种行动,练习防守者在不同情况下的选位能力;半场五攻五守,攻方只传球,防守方盯人抢断,抢到球后守方转为攻方。

(3) 进攻半场人盯人防守战术。

进攻半场人盯人防守战术配合方法:选用合理的落位阵型,扬己之长,攻彼之短;移动进攻,进攻队员遵循有目的、有配合的连续移动和球的不断转移的原则,灵活运用各种基础配合进攻;综合进攻,由传切、突分、掩护、策应等配合组成整体进攻战术配合;过中锋进攻,以中锋为枢纽,与四名外围队员相互密切配合,共同创造有利的进攻机会。

进攻半场人盯人防守战术的练习方法:结合进攻战术阵型,练习传切、掩护、策应配合;半场五攻五守。

3.1.4 篮球运动竞赛规则简介

1. 主要规则与裁判法

篮球运动竞赛规则是篮球运动竞赛必须遵循的唯一法规性文件;篮球裁判法是指导篮球裁判员工作的方法。本节介绍了篮球裁判员执裁的基本方法,主要目的是使学生初步了解篮球运动竞赛的主要规则与裁判方法,更为全面、深刻地观赏和评价篮球比赛。目前,国际比赛和国内比赛及各类篮球裁判员晋级考试均按 2004 年的规则执行。

2. 篮球运动竞赛的主要规则

(1) 篮球比赛。

篮球比赛由两个队参加,每队出场 5 名队员。每队的目标是将球投入对方球篮得分,并阻止对方队得分。在比赛时间结束时得分较多的队,将是比赛的胜者。

(2) 球场尺寸。

篮球比赛场地应是一块平坦、坚实且无障碍物的表面。其尺寸是长 28m、宽 15m,从界线的内沿丈量,线宽为 5cm。国家联合会有权批准使用长 26m、宽 14m 的现有比赛场地举办篮球比赛。

(3) 球队的组成。

每个队参加比赛的球队成员不超过 12 名。教练员 1 名,如球队需要可增加 1 名助理教练员。在比赛时间内,当一名球员在场上并有资格参赛时是队员,当一名队员不在场上但有资格参赛时是替补队员。当队员已发生了 5 次犯规,并不再有资格参赛时是一名被逐出的队员。比赛服各队应统一,使用 4~15 的规定号码。

3. 比赛通则

(1) 比赛时间。

比赛由 4 节组成,每节 10min。第 1、2 节为上半时,第 3、4 节为下半时。如在第 4 节比赛时间终了时比分相等,则需要进行一个或多个 5min 的决胜期来继续比赛,直到决出比赛的胜负。在第 1 节和第 2 节之间,第 3 节和第 4 节之间以及每一决胜期之前应有 2min 的休息时间。半场休息时间为 15min。

(2) 比赛开始和结束。

在秩序册中命名的××队(主队)应拥有对着比赛场地的记录台左侧的球队席和它的本方球篮。下半时(第 3 节)交换球篮。

比赛开始:第 1 节从中圈跳球开始进行比赛。抢到第一个球的球队,就拥有第 1、4 节比赛的发球权,2、3 节发球权归对手。加时赛需重新跳球决定发球权。

结束比赛：计时钟信号响时，一节比赛或决胜期比赛应结束。

（3）暂停。

比赛中只有教练员或助理教练员有权请求中断比赛，获取要登记的暂停。每队在上半时的任何时间可准予两次暂停；下半时的任何时间可准予 3 次暂停；每一决胜期可准予 1 次暂停；未用完的暂停不得挪用；每次要登记的暂停时间持续为 1min。

（4）替换。

比赛中只有替补队员有权请求中断比赛要求替换。每场比赛每队替换的次数和人次不限。在第 4 节的后 2min 或每一决胜期的后 2min 内，投篮得分时，不允许得分队替换队员。队员在场上发生第 5 次犯规、受伤和被取消比赛资格时必须替换。

（5）比赛因弃权和缺少队员告负。

比赛前 15min，球队不到场或不够 5 名队员上场，视为弃权，判对方获胜，比分计为 2∶0，弃权队在名次排列中得 0 分；比赛中，如果一个队在场上比赛的队员少于 2 名，判该队告负，此时，如获胜队领先，则比赛停止时的比分有效；反之，比分记录为 2∶0，缺少队员的队在名次排列中得 1 分。

4. 违例及其罚则

违例是违反规则的行为。

（1）违例两次运球或非法运球。

运球：持球队员在原地或移动中，用单手连续按拍借助地面反弹起来的球的技术。球在一手或双手之中停留的一刹那运球即停止。不能翻腕运球携带球，不能双手同时拍球，不能两次运球。

漏接：运球开始或结束时，队员偶然失去球，接着又恢复控制球。漏接不是运球。"三不碰"可以再次接触球。

（2）持球移动违例走步。

中枢脚的确定。第一种情况：队员双脚着地原地接球，可用任一脚作为中枢脚，一脚抬起的一刹那，另一脚就成为中枢脚。第二种情况：队员接到球时双脚离开地面。①双脚同时落地，任一脚都可作为中枢脚；②两脚先后落地，先触及地面的脚是中枢脚；③一脚落地又跳起并双脚同时落地，哪只脚都不能成为中枢脚。

判定持球移动，确定中枢脚后，队员在传球或投篮中可抬起中枢脚，但在球离手前不准落回地面；队员开始运球时，在球离手前不准抬起中枢脚。两只脚都不能作为中枢脚时，如队员传球或投篮，可抬起一脚或双脚，但在球离手前不准落回地面，又如运球，在球离手前两只脚都不可以抬起。

（3）球回后场违例。

三个必备条件：控制球队才能出现球回后场；必须是控制球队使球从前场进入后场；必须是控制球队的队员在后场首先触球。

（4）球回后场违例的几种情况。

队员从前场跳起，在空中直接从中圈跳球中获得控制球，并一脚或双脚落回后场；队员在前场跳起于空中获球后落在后场;队员从后场起跳,在空中接住同队队员从前场传来的球后落在前场;队员骑跨中线时接前场来球等。

(5)不算球回后场违例的情况。

被防守队员断回后场的球,可以被双方任一球队重新获得;运球队员在中线附近由后场向前场做后转身运球,即使身体接触了前场地面但球运在后场地面上,继续向前运球;在前场投篮出手后球弹回后场。

(6)球出界与掷界外球违例。

当球触及界外队员或任何其他人员、界线上或界线外的地面或任何物体、篮板的支柱或背面时即为球出界。

(7)时间类的违例。

3s违例:在比赛计时钟已经启动、某队在场上控制活球时,该队队员在对方限制区内不得停留超过连续3s。队员在限制区内停留接近3s时,可允许他向篮下运球投篮。连续投抢不受3s规则限制。队员准备离开限制区时或当处于限制区内的队员正在做投篮动作且球正在离手或已离手时不算3s例。

5s违例:罚球队员在裁判员递交球后5s没有投篮出手;掷界外球的队员在裁判员递交球后或已将球放在他可处理球的地点后5s没有将球掷入场内;持球队员被严密防守,在5s内没有传、投、滚或运球时。

8s违例:进攻队员在后场控制活球时,该队没有在8s内使球进入前场。

24s违例:当一名队员在场上控制一个活球时,该队必须在24s内完成投篮。必须满足下列条件才构成一次投篮:24s装置鸣响之前球必须离手;球离手后在24s装置鸣响前必须触及篮圈。当在24s接近结束时投篮,球已离手在空中飞行时24s装置鸣响,如球进入球篮,此球为投中。如果球触及篮圈但未进入球篮,球仍是活球,没有违例发生并且比赛不中断应继续进行。

下列情况24s从中断处连续计算:球出界仍由原控制球队掷界外球;裁判员中止比赛以保护受伤队员。

(8)干扰球违例。

在投篮的时候,当球在飞行中下落并完全在篮圈水平面上时,进攻或防守队员均不能触球。

当球在球篮中时,防守队员不得触球或球篮。

当球触及篮圈时,攻守队员都不得触及球篮或篮板,但可以触球。进攻队员违例,投中无效;防守队员违例,球即使没中也要判攻方得分。

(9)脚踢球与拳击球。

故意踢球、用拳击球或用腿的任何部分拦阻球为违例,脚或腿偶然碰球不算违例。

(10)跳球(交替拥有)。

交替拥有规则是以掷球入界而不是以跳球来使球进入比赛的方法。在非每半时和决胜期开始的跳球情况中,双方球队将交替在最靠近出现下一次跳球情况的地点跳球。

3.1.5 篮球选项课考核评价标准

1. 第一学期篮球课程成绩计算

课程成绩(100 分)=体育专项考试成绩(20 分)+四项体能测试成绩(40 分)+学生平时成绩(40 分=上课出勤率、学习态度等 10 分+线上课程学习 10 分+课外体育锻炼 20 分)

2. 第二学期、第三学期、第四学期篮球课程成绩计算

课程成绩(100 分)=体育专项考试成绩(40 分)+四项体能测试成绩(20 分)+学生平时成绩(40 分=上课出勤率、学习态度等 10 分+线上课程学习 10 分+课外体育锻炼 20 分)

3. 篮球课程各测试项目及评分标准

(1) 篮球专项考试项目和标准。

第一学期标准:全场绕障碍物计时跑篮(10 分)。要求:按规定路线跑篮,并行进间上篮命中(不中篮需补中),如表 3-1-1 所示。

表 3-1-1　第一学期篮球考核评价标准

	10 分	9 分	8 分	7 分	6 分	5 分	4 分	3 分	2 分
男	20″5	21″	21″5	22″	22″5	23″	23″5	24″	25″
女	28″5	29″	29″5	30″	30″5	31″	31″5	32″	32″5

定点投篮 5 个(每球 2 分,共 10 分)。要求:男生在罚球线,女生在罚球线前 1m。

第二学期、第三学期、第四学期标准:全场绕障碍物计时跑篮(20 分)。要求:按规定路线跑篮,并行进间上篮命中(不中篮需补中),如表 3-1-2 所示。

表 3-1-2　第二学期、第三学期、第四学期篮球考核评价标准

	20 分	19 分	18 分	17 分	16 分	15 分	14 分	13 分	12 分
男	20″5	21″	21″5	22″	22″5	23″	23″5	24″	25″
女	28″5	29″	29″5	30″	30″5	31″	31″5	32″	32″5

定点投篮 5 个(每球 4 分,共 20 分)。要求:男生在罚球线,女生在罚球线前 1m。

(2) 四项体能测试项目和标准。

男生:50m 跑、1000m 跑、立定跳远、引体向上。

女生:50m 跑、800m 跑、立定跳远、1min 仰卧起坐。

评分标准:严格执行教育部印发的《国家学生体质健康标准(2014 年修订)》。

体能测试项目成绩:四单项平均得分。第一学期,每项 10 分;第二学期、第三学期和第四学期,每项 5 分。

(3) 学生平时成绩和标准。

上课出勤率:请假、迟到、早退一次扣 1 分,旷课一次扣 2 分。

学习态度、课后作业等:教师根据学生平时上课的表现和作业完成情况来进行评定。

线上课程学习：由学校公体部制定统一的评价标准。

课外体育锻炼：由学校公体部制定统一的评价标准。具体评价按照当年学校文件来执行。

3.2　气　排　球

3.2.1　气排球运动概述

1. 气排球运动的起源与发展

气排球运动是从排球运动衍生出来的一个新型运动项目。气排球运动实质上是减重、减速、降低网高、缩小场地、规则简单、趣味性强的一项适合于不同年龄人群的健身运动，体现出很强的健身性、竞技性、观赏性和娱乐性。

气排球运动是 1984 年由内蒙古呼和浩特集宁铁路分局职工首创的。最初的活动是组织离退休职工采用气球替代排球进行集体活动，由于气球质量轻、容易爆的局限，人们从打一个气球变成把两个气球套在一起打，后来改成儿童软塑球，随后又参照排球规则制定了简单的比赛规则，并将这种活动取名为"气排球"。1989 年，国家成立了气排球运动推广小组，提出在全国范围内推动气排球运动的快速发展，要求把气排球运动发展成为全民健身和文化娱乐的基本构成单元，并提议将重点放在工厂企业和学校社区。1991 年 10月，在北京举行的全国铁路老年体育工作会议决定在全国铁路系统老年人中推广气排球。火车头老年体协依据排球规则，编写了第一本《气排球竞赛规则》并在上海特制了比赛用的气排球。1992 年 3 月，在石家庄举办了第一期全国铁路系统气排球学习班，同年 11月，在武汉举行了首届全国铁路系统老年人气排球比赛，共有 7 支男队和 6 支女队参赛。1993 年 3 月，火车头老年人气排球协会在北京正式成立，同年 7 月，全国铁路系统第二届老年人气排球赛在齐齐哈尔和锦州举行。从此，一年一届的老年气排球赛在全路形成。1994 年 10 月末至 11 月初，全国铁路系统第三届老年人气排球赛在济南和蚌埠举行。2003 年 10 月，依据国家体育总局有关领导指示，排球管理中心发文，委托浙江省老体协修订了《老年人气排球竞赛规则》，这是国家体育总局排管中心首次介入气排球项目指导工作，以进一步指导和规范气排球比赛。同年 11 月 13—15 日，浙江省丽水市举办了华东地区首届老年人气排球邀请赛，有来自江苏、安徽、福建、浙江以及中国火车头等男女各8 支队伍参加比赛。这也是第一次由非铁路系统承办的规模较大的气排球比赛，标志着气排球运动的推广普及取得了实质性的进展，气排球不再局限于铁路系统推广，正逐渐面向全社会推广。2004 年 10 月，浙江省丽水市举办了全国首届老年人气排球比赛，这使得气排球运动的影响力进一步提升，确立了气排球运动在全民健身中的地位。2005 年7 月，中国老年人体育协会制定了《老年人气排球竞赛规则》，进一步规范和指导气排球比赛，同时气排球运动得到了进一步推广与发展。2013 年，中国排球协会制定了《气排球竞赛规则》，为气排球活动在全国范围内的开展与推广，进行了规范、统一的指导和推动。经过多年的推广普及，气排球运动发展迅速，势头强劲，受到越来越多人的欢迎和关注。特别是在不同年龄人群的健身活动内容中,气排球运动以其独特的魅力逐渐占据了重要地位。

气排球运动因其独特魅力吸引着大量不同年龄、不同职业的人参与其中,其发展前景十分乐观。

（1）参与对象持续扩大。

气排球虽然发起于老年人,但它并不只适合老年人,气排球正逐渐成为中青年人所热爱的体育运动。气排球圆周大、轻便,活动容易组织,方便参加,得到了各个年龄段排球爱好者的青睐。

（2）竞技性逐步增强。

气排球起源于娱乐活动,主要是为了锻炼身体、娱乐休闲,但随着气排球运动的不断发展,气排球的比赛规则、比赛程序等都向国际赛事看齐,各类比赛的组织更加正规,各级参赛队都十分重视气排球比赛,期望获得较好的成绩。因此,技术训练更加严格,战术筹备更加精密,比赛场面更加精彩,水平逐步上升,这些也表明气排球运动正逐步增强其竞技性,向竞技型运动过渡。

（3）形式丰富多彩。

气排球运动形式多样,可以隔网比赛,也可以围圈嬉戏。击球手法多种多样,战术可简可繁,可以根据不同的需求组织不同的比赛。它还可以自行规定比赛规则,使比赛更具观赏性和趣味性。研究气排球运动的特点,能够衍生出其他形式的气排球运动,如比赛人数改变、击球次数改变、比赛场地增大等变化,会更加丰富气排球的活动形式。

2. 气排球运动的特点

（1）形式多样,老少皆宜。

气排球运动的形式多种多样。气排球运动按参加人数分类有五人制（老年组）气排球、四人制气排球和二人制气排球等;按参加对象分类有老年人气排球、中年人气排球和青少年气排球等;按活动场地分类有室内气排球、沙滩气排球和草地气排球等;按活动用球分类有大号气排球、中号气排球和小号气排球等。气排球运动对场地设备的要求简单,主要的规则容易掌握。既可在室内也可在室外进行;既可在球场上也可在一般空地、沙滩和草地上进行;既可以激烈地拼搏也可以和缓地对抗。气排球运动参加人员可多可少,运动量可大可小,适合于不同年龄、性别、体质和训练程度的人在不同环境条件下进行活动。

（2）技术全面,享受技巧。

各项气排球技术在运用中较难进行严格的攻防区分,要求技术动作既有攻击性,又有准确性。发、垫、传、捧、扣、拦 6 项气排球技术的组合使比赛中的每一次触球都会给参与者不同的感觉和刺激,而对于整场比赛的睿智运筹和每一刻的激情发挥,可令人体会到整体与细节、理性与感性的美妙组合。气排球比赛中每个队员都要进行位置轮转,即要求任何位置上的队员都能攻善守,这决定了每个队员必须全面、熟练地掌握气排球各项技术。气排球比赛特有的击球规则以及每队击球次数的规定等特点,要求所有的击球动作必须清晰、短促。气排球技术可称为"瞬间"技术,由于球在手中只有瞬间停留,而且动作转换很快,完成动作过程中还包含了跑、跳、移转、挥、击等各种技巧动作。气排球技术的运用,均是以拦截在空中飞行的球的方式来进行击球，更多的是人找球，而又在各种方位、各种时间、各种姿势与各种条件下要完成动作，因此必须具有纯熟细腻的技术能力和内力控制的技巧。

（3）集体协作，默契攻防。

隔网攻防是气排球比赛的基本内容和形式，气排球比赛组成战术需要人员分工明确、方位地点准确、时间空间合适及时、技术运用合理、环节组成紧凑不误的同时，更需要场上队员不墨守成规，善于他变我变，为取胜主动变，个人与全队配合，灵活运用技战术。攻时的技战术与组织形式都具有进攻的特点，也具有防的内容和任务；而守时则具有防守的特点，也具有攻的内容和任务。不能单一偏废，要攻中有防、防中有攻、相互转化、互相制约。

（4）变化无穷，乐趣横生。

气排球比赛的情况瞬息万变，双方的攻防转换始终是在多回合地对抗中进行的，夺取1分往往需要经过多个回合的交锋，体现了多变性。而在那些复杂、变化与困难的条件下完成每一次攻防配合，每一个攻防动作的出色完成，不仅是一个回合任务的结束，还带来一次成功的喜悦与为更出色迎接下一回合配合的更高的情绪，全队为此协力共享。气排球运动的变化性带来了情趣性，引得人们欢悦并为之跃跃欲试。如果我们用平静的心去观看比赛，无论所钟情的球队是输是赢，都会享受到这项运动带来的快乐。

3. 气排球的主要健身功能

气排球运动既是一项技巧性很高的运动，也是一项促进身体全面发展的运动。参加气排球运动，除了利用其健身外，还可增强自己身体各方面的素质。气排球技术又称为"瞬间"技术，由于球在手中只有瞬间的停留，而且动作转换很快，完成动作过程中还包含了跑、跳、移、转、击等各种技巧动作，尤其是跳起后的空中扣球和拦网动作，包括腾空、摆臂、缓冲和不断地置伸等。参与者通过练习不仅能提高力量、速度、灵敏度、耐力等素质，同时还促进对时间掌握、节奏把握，并迅速作出敏锐和精确的判断。气排球运动以其不断地对抗及竞争过程中成功的鼓舞和失败的磨炼，培养了参与者良好的心理相容性和高度的内聚力。经常进行气排球活动的人可以表现出较强的自制、快乐、超我、坚韧、自信、合群和从容不迫的心理调节能力，以及机智、果断、团结协作等心理品质。

3.2.2　气排球运动基本技术

1. 垫球

垫球是用手臂入球的下部，利用来球的反弹力向上击球的技术动作，主要用于接发球、接扣球、接拦回球，有时也用来组织进攻。完成动作时，以正确的动作定型，强调含胸夹臂，小臂外翻，手腕下压，使小臂形成平面，能保持人与球之间恰当的距离，做到协调用力、迎球及时、用力适度、蹬送明显，手臂角度随来球而变化，以达到控制球力度的目的。

垫球

正面双手垫球：分为抱拳式和叠掌式两种。

抱拳式：双手抱拳互握，两拇指平行向前[见图 3-2-1（a）]。

叠掌式：双手掌跟靠近，两手手指重叠互握，两拇指平行朝前[见图 3-2-1(b)]。

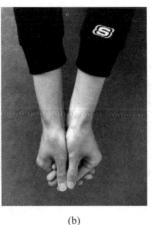

(a)　　　　　　　　　(b)

图　3-2-1

击球部位：腕关节以上 10cm 左右处的桡骨内侧平面上。

垫球的动作方法如下。

准备姿势：一般来说，接发球的垫球多采用半蹲姿势。根据来球，随时调整姿势的高低，以适应接球的需要；接扣球的防守时垫球多采用深蹲姿势准备。不论采用哪种姿势，其要求是能保证垫击时身体的稳定性和能迅速向各个方向移动。身体的稳定性是保证控制性的问题，迅速移动是解决落点接近球的问题。所以垫球准备姿势要重点强调的就是"三超过"，保证身体重心落于两脚之间的前脚掌上。"三超过"为头超肩、肩超膝、膝超脚尖。

判断球：第一要观察击球动作的距离。第二要看准击球的方向、角度，判断准力量、速度、飘晃的性能。第三要根据来球的性能，决定采用的动作和解决的主要方法手段。总的来说，用移动解决不同落点，用摆臂速度和身体控制解决来球的速度，用正确的击球动作解决来球的力量和飘晃。具体说，当来球力量不大，速度不快，没有飘晃时，要以控制力量为主；当来球有力量、速度快和飘晃时，要以控制飘晃为主。

移动：要求横移后迅速跨步，身体对准垫击出球方位。

取位：为拦截来球并对准符合战术需要的垫击出球的方位，争取以双臂进行正面垫球，其理想要求是将双臂置于两腿之间。

手臂动作：手臂击球时，是用腕关节以上桡骨内侧的前臂平面部位，借身体的支撑来承受力量的打击。垫击动作要以肩关节为轴，并控制适宜的手臂击打角度。一般来说，落地角度小，手臂角度也小；落地角度大，手臂扬的角度也大。

垫击球时的用力：垫击力量是由来球的反弹力、身体的支撑反作用力和蹬伸动作的推送力构成的。分析其作用，主要是控制身体支撑反作用力和调整支撑反作用力，以便借助球的冲力获得一刹那的反作用及肌肉调节力而构成击球力击球。

正面双手垫球具体动作见图 3-2-2。

(a)   (b)   (c)

图　3-2-2

2. 发球

发球是气排球比赛进攻的开始,是得分的技术手段,是破坏对方进攻战术、干扰其进攻意图的重要武器,是动摇对方阵脚的威慑力量,也是减轻本方防守压力并为反攻创造有利条件的前奏序曲。发球是气排球技术中唯一不受他人牵制,独立完成的技术。

发球

(1)正面下手发球(见图 3-2-3)。

准备姿势:面对球网,两脚前后开立,左脚在前(以右手发球为例,下同),两膝微屈;上体稍前倾,重心偏后脚。

抛球:左手持球于腹前,将球轻轻抛起在体前右侧,离手高约 20cm,在抛球同时右臂伸直,以肩为轴向后摆动。

挥臂击球:借右脚蹬地的力量,身体重心随着右手向前摆动击球而移至前脚;在腹前以全手掌、掌根或虎口击球中下方。

(a)   (b)   (c)

图　3-2-3

（2）侧面下手发球（见图 3-2-4）。

准备姿势：左肩对网，两脚左右开立，约与肩同宽，两膝微屈，上体稍前倾，重心落在两脚之间。

抛球：左手将球平稳抛送至胸前，距身体约一臂距离，离手高约 30～40cm，在抛球同时，右臂摆至右侧后下方。

挥臂击球：右脚蹬地，身体利用蹬地的力量左转，同时带动右臂向前上方摆动，腹前用手掌跟或虎口击球的后下方，身体重心随挥臂击球而随之移向左脚。

　　　（a）　　　　　　　　　（b）　　　　　　　　　（c）

图　3-2-4

（3）上手飘球（见图 3-2-5）。

上手飘球是常用的一种发球方法。

准备姿势：面对球网站立，两脚前后自然分开，左手持球于胸前，注视对方。

抛球：左手用托送动作，将球平稳地抛在额前上方约一臂的高度。抛球的同时击球臂屈臂由体前举到肩上，肘略向前与肩平完成击球准备。

　　　（a）　　　　　　　　　（b）　　　　　　　　　（c）

图　3-2-5

挥臂击球：击球时，右脚蹬地，上体向左转动发力，带动手臂挥动，挥动时手臂伸直，用掌根坚硬部位击球的中下部，不屈腕。在击球前手臂要突然加速发力。手臂的挥动轨迹在击球前的一段过程中保持直线运动。击球的瞬间，五指并拢，手腕后仰并保持紧张。击到球时手臂挥击突停，作用力通过球体重心。击球后迅速入场。

（4）上手大力发球（见图3-2-6）。

准备姿势：队员面对球网，两脚自然开立，左脚在前，左手托球于身前。左脚在前，身体自然右转。

抛球：左手用抬臂和手掌的平托上送，利用手指将球加以旋转抛于右肩的前上方，高度适中。同时，右臂抬起，屈肘后引，肘与肩平，上体稍向右侧转动，抬头，挺胸，展腹，身体重心移向左脚。

挥臂击球：利用蹬地，使上体向左转动，同时收腹，带动手臂挥动。在右肩上方伸直手臂，用全手掌击球的中下部。击球时，前臂、手腕迅速主动甩击，使击出的球向前旋转飞行。击球后随着身体重心前移，迅速进场。

(a)   (b)   (c)

图　3-2-6

（5）勾手大力发球（见图3-2-7）。

勾手大力发球是指采用勾手发球的形式，充分运用全身的爆发力，发出力量大、速度快、弧度低、旋转强的球。

准备姿势：身体侧面对网，两脚自然开立，左手持球于胸前。

抛球：左手将球抛在左肩前上方约一臂高度。抛球的同时，两腿弯曲，上体顺势向右倾斜，并稍向右转，右臂随着向右侧后方摆动，身体重心移向击球臂同侧的支撑脚上。

挥臂击球：击球时，利用右脚蹬地、转体动作发力，带动右臂做直臂弧形挥动，同时身体重心由右脚移至左脚。手臂在伸直的最高点，在右肩的前上方以全手掌击球的中下部。击球时手指自然张开吻合球，手指手腕主动做推压动作使球产生强烈上旋。击球后随着身体重心前移，迅速进场。

(a)　　　　　　　　(b)　　　　　　　　(c)

图　3-2-7

3. 捧球

捧球是气排球创新的击球技术动作。由于气排球质量轻、球体质地柔软而且富有弹性,在空中飞行时容易受到气流影响,速度变化大且方向易变,因此只有通过加大击球面积来克服控球稳定性差的状况。在长期的实践过程中,气排球的参与者们发明了捧球技术动作,有效地解决了击球时球体稳定性的问题。

捧球

(1) 双手托捧。

动作方法:接球前,两脚开列与肩同宽,成半蹲或稍蹲姿势站立。两肘弯曲,两手掌根相对,保持一只手五指分开,掌心朝上;另一只手五指分开,掌心向着来球方向的手形,位于体前(见图 3-2-8)。在接触来球的瞬间,一只手托在球的下部,另一只手同时触球的后中下部,两前臂同时上抬,利用手腕手指触球形成的弹力将球捧起(见图 3-2-9)。

图　3-2-8

(a)   (b)   (c)

图　3-2-9

（2）双手平捧。

动作方法：两脚开列，成半蹲姿势。两肘弯曲，上臂与前臂夹角大于 90°，两手平行成一个平面，位于腹前。来球时，前臂前伸，掌心向上，五指分开，手指呈半紧张状态，两手形成一个平面（见图 3-2-10）。击球瞬间，两手插入球底部，捧住来球，前臂上抬，自下而上全手掌击球的后下部，利用手腕手指触球形成的弹力将球捧起（见图 3-2-11）。

图　3-2-10

(a)   (b)   (c)

图　3-2-11

（3）单手捧球。

单手捧球技术是指处理在身体侧前方且速度平稳的来球的实用技术。

动作方法：两脚开列，成高重心姿势。单臂置于腰腹前，五指自然张开，形成一个平面，掌心朝上（见图 3-2-12）。击球瞬间，上臂与前臂的夹角大于 90°，前臂主动引球，置球于手掌心上。击球位置可在腹部以下，靠手指手腕力量捧住并弹击来球（见图 3-2-13）。

图　3-2-12

(a)　　　　　　　　　　(b)　　　　　　　　　　(c)

图　3-2-13

4. 传球

传球是重要的辅助技术。针对对方防守的具体部署和防守情况，根据本方确定的战术方法，将球准确地传到能够避开对方拦网的进攻位置上，保证进攻战术的效果。

传球

正面传球的手型（见图 3-2-14）：两手自然张开成半球状，手腕稍后仰，两拇指相对接近成"一"字形，两手间有一定距离，以拇指内侧，食指全部、中指的二、三指关节触球的后下部，无名指和小指在两侧辅助控制传球方向。传球的手型要注意手腕的后仰程度要随出球方向而不同，还要注意手指手腕的紧张程度要适宜。

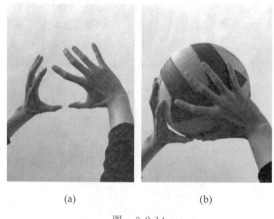

图　3-2-14

击球点：应随着出球方向而有所不同。击球点应在额的前上方和头顶上，这是最基本的击球点。击球点在脸前，便于向前做低平弧度的传球。

具体动作方法如下。（见图 3-2-15）。

准备姿势：要组成多变的进攻战术，以半蹲姿势为佳。并根据来球高低，随时调整姿势的高低以适应传球的需要。

移动和取位：从判断看，当来球有明显不到位情况时，应迅速以最简便、最有效的步法移动上去接近球，如距离仅一步就不能用两步或其他多余步法接近球。取位时身体正对的传球方向，要使身体保持有利传球的位置。

传球的用力：传球用力的来源是下肢的蹬伸或腰腹发力。传球的动作是下肢蹬伸或腰腹发力与伸臂迎送球的动作同时进行，并借助手指手腕力量将球弹击出去。

图　3-2-15

3.2.3　气排球运动基本战术

气排球运动发展 30 多年来,随着内涵、形式、规则等方面的日益完善和运动实践的不断深入,其战术形式产生了根本性的变化。气排球战术包括个人战术和集体战术两大类,扎实的基本功和娴熟的技能技巧是气排球战术的基础。而个人战术与集体战术也是相辅相成、相得益彰的两方面。

1. 气排球战术

气排球战术是指队员在比赛中根据气排球运动的客观规律、彼此双方的具体情况和临场的发展变化,合理运用技术和有效配合所采取的有组织、有目的和有预见性的行动。

2. 阵容配备

阵容配备是合理使用队员、有效组织本队力量的一种战术组织形式,是参赛队根据比赛任务、本队战术组织的特点及队员自身的身体情况,有针对性地、合理地安排出场队员及位置分工,充分地调配力量,科学组合人员的筹划过程。气排球比赛中阵容配备的基本形式有"四一"配备、"三二"配备及其他配备。

3. 交换位置

交换位置是为了最大限度地发挥每个队员的特长,调动一切积极因素,加强攻防力量,弥补阵容配备上的某些缺陷,在规则允许的条件下,以交换场上队员的位置来组织有效的战术。交换位置的方法包括前排队员之间的换位、后排队员之间的换位、前后排队员之间的换位,不管哪一种换位,均要既防止"位置错误"犯规,又考虑缩短换位距离,换位时,队员之间要注意配合行动,防止互相干扰,做到相互弥补。

4. 个人战术和集体战术

个人战术是队员在比赛中根据临场情况的变化,有目的、有针对性地运用个人技术动作。集体战术是指两个或两个以上队员之间有组织、有目的地集体协同配合。个人战术是集体战术的组成部分,集体战术是个人战术的综合体现,二者之间是局部和全局的关系。

5. 进攻战术与防守战术

气排球比赛中为了使球在对方场区落地或造成对方失误而采取的一切有组织、有目的的合法行动,都称为进攻战术。反之,为了不使球落在本方场区的一切合法行动,称为防守战术。进攻是争取得分、取得胜利的主要手段。防守不仅是减少失分的一个重要方面,也是得分的基础,除发球外,每发动一次进攻都是在防守的基础上进行的,因此,可以说没有防守就没有进攻。进攻水平提高,必然会促进防守水平随之提高,而防守水平的提高,反过来又刺激进攻战术的发展,因此,在比赛中必须贯彻攻防兼备的指导思想。

6. 快攻战术与强攻战术

快攻战术是运用各种快球和以快球为掩护的各种战术变化,目的是为了出其不意攻其不备,以突破对方防守。强攻战术是凭借队员的身高和弹跳优势,利用扣球的力量和技巧,以个人强攻来突破对方防守的战术变化。快攻与强攻都是进攻的重要手段。

3.2.4 气排球运动竞赛规则简介

气排球比赛是两队在由球网分开的场地上进行比赛的集体项目。它可以有多种比赛方法，以适应各种不同性质比赛的需求。比赛的目的，是各队遵照规则，将球击过球网，使其落在对方场区的地面上，而阻止落在本方场区的地面上。比赛由发球开始，发球队员击球使其从网上规定的过网区飞至对区。比赛由此连续进行，直至球落地、出界或某一队不能合法地将球击回。比赛采用每球得分制，当某队胜一球时，即得一分，同时获得发球权，并且队员按顺时针方向轮转一个位置。

1. 比赛场地

比赛场区为长 12m、宽 6m 的长方形。中线连接两条边线的中点。中线的中心线将比赛场区分为两个长 6m，宽 6m 的相等的场区。每个场区各画一条距离中线中心线 2m 的进攻线。男子比赛球网高度 2.1m、女子比赛球网高度 1.9m。场地要求地面必须平坦、水平、划一。

2. 球

球为圆形，由柔软的高密度合成革材质制成。颜色为彩色。球的圆周长为 72～78cm，质量为 120～140g，气压为 0.15～0.18kg/cm²。

3. 比赛方法

比赛采用每球得分制，即胜一球得一分。比赛采用三局两胜制，先胜两局的队为胜一场。当比分为 1∶1 平局时，进行决胜局（第三局）的比赛。第 1、2 局先得 21 分同时超过对方 2 分为胜一局，当比分 20∶20 时，比赛继续进行至某队领先 2 分（22∶20，23∶21 ……）为胜一局。决胜局，先得 15 分同时超过对方 2 分的队获胜，当比分为 14∶14 时，比赛继续进行至某队领先 2 分（16∶14，17∶15……）为胜一局。决胜局中某队得 8 分时双方队员交换场地进行比赛，比赛按照交换时的阵容继续进行。

某队得 1 分，同时得发球权后，所有队员必须按顺时针方向轮转一个位置，由前排右（2 号位）队员轮换至 1 号位发球。

比赛中队员与球的任何触及都视为击球，每队最多击球三次（拦网触球除外），一名队员不得连续击球两次，球必须被击出，不可接住或抛出。比赛过程中在任何情况下都不得触网。比赛不间断进行，直至球落地、出界或某队犯规。

4. 场上位置

四人制比赛队员位置：靠近球网 2 号位（右）、3 号位（左）两名队员为前排队员，另外两名队员 1 号位（右）、4 号位（左）为后排队员。1 号位队员与 2 号位队员同列，3 号位队员与 4 号位队员同列。

五人制比赛队员位置：靠近球网 2 号位（右）、3 号位（中）、4 号位（左）三名队员为前排队员，另外两名队员 1 号位（右）、5 号位（左）为后排队员。1 号位队员与 2 号位队员同列，4 号位队员与 5 号位队员同列。

5. 比赛的间断

正常的比赛间断有"暂停"和"换人"。每局比赛中，每队最多请求两次暂停和 4 人次

（四人制）或 5 人次（五人制）换人。

3.2.5　气排球选项课考核评价标准

1. 课程考核方式与成绩评定

（1）考核类别：技术考试。

（2）考核形式：随堂考试。

2. 第一学期气排球课程成绩计算

课程成绩（100 分）＝体育专项考试成绩（20 分）＋四项体能测试成绩（40 分）＋学生平时成绩（40 分＝上课出勤率、学习态度等 10 分＋线上课程学习 10 分＋课外体育锻炼 20 分）

3. 第二学期、第三学期、第四学期气排球课程成绩计算

课程成绩（100 分）＝体育专项考试成绩（40 分）＋四项体能测试成绩（20 分）＋学生平时成绩（40 分＝上课出勤率、学习态度等 10 分＋线上课程学习 10 分＋课外体育锻炼 20 分）

4. 气排球课程各测试项目及评分标准

（1）体育专项考试项目。

专项技术考核内容：发球和垫球。

专项技术评分标准：

发球考试第一学期成绩占总成绩的 5％，第二学期、第三学期、第四学期成绩占总成绩的 10％。

垫球考试第一学期成绩占总成绩的 15％，第二学期、第三学期、第四学期成绩占总成绩的 30％。

垫球考试中分为技评和达标两部分，其中技评第一学期成绩 5 分，第二学期、第三学期、第四学期成绩 10 分；达标第一学期成绩 10 分，第二学期、第三学期、第四学期成绩 20 分。

（2）四项体能测试项目和标准。

男生：50m 跑、1000m 跑、立定跳远、引体向上。

女生：50m 跑、800m 跑、立定跳远、1min 仰卧起坐。

评分标准：严格执行教育部印发的《国家学生体质健康标准（2014 年修订）》。

体能测试项目成绩：四单项平均得分。第一学期，每项 10 分；第二学期、第三学期和第四学期，每项 5 分。

（3）学生平时成绩和标准。

上课出勤率：请假、迟到、早退一次扣 1 分，旷课一次扣 2 分。

学习态度、课后作业等：教师根据学生平时上课的表现和作业完成情况来进行评定。

线上课程学习：由学校公体部制定统一的评价标准。

课外体育锻炼：由学校公体部制定统一的评价标准。具体评价按照当年学校文件来执行。

3.3　足　　球

3.3.1　足球运动概述

有可靠史料证明我国古代足球活动最早可追溯到战国年代，"蹴鞠"一词就源于《战国策·齐策》。随着经济的发展和生产技术的进步,两汉、唐、宋时期蹴鞠活动在场地、规则和技艺上更是得到长足的发展。到了元代、清代,统治者对汉族传统文化的限制,以及足球活动过度追求技巧表演,使足球沦为宫廷贵族消遣娱乐的手段,失去了直接对抗、练武、锻炼意志的特点,降低了足球活动的社会功能,以致清代中叶以后,古代足球运动出现衰落。

近代,我国足球运动是在北京、上海、广州等教会学校开展的基础上逐步推向社会的,也出现了像李惠堂这样的代表性人物。1915—1934年,中国获得了远东运动的九连冠,并于1936年、1948年两次入围奥运会,中国足球在亚洲逐渐发展壮大。然而在抗战期间,全国足球运动的开展受到严重破坏,国际交往也完全停止。新中国成立后,随着国家经济状况的好转,足球运动又恢复发展起来。但1966—1976年,我国的足球运动再受重创,全国各级别足球竞赛及国际交往连同足球教学、训练、科研等全部停止。改革开放之后,中国足球在本土教练和"洋教练"的轮番带领下一次次地为冲出亚洲走向世界而努力,也使中国足球在中国社会受关注的程度达到了空前的高度。随着体育事业改革的深化,全民健身意识的增强,经过多年的积弱不振之后,中国足球的发展已经上升到"国家战略"的层面,前景令人关注和期待。

1. 足球运动特点

(1)激烈的对抗性。

一场高水平的足球比赛始终在高速激烈的对抗中进行,双方因争夺和冲撞倒地的次数可达数百次以上,并且快速的攻防转换始终贯穿着从地面到空中的立体角逐。尤其在两个罚球区附近的控球权争夺更是异常凶猛,扣人心弦。

(2)参与的广泛性。

日常的足球活动可以不受时间、人数、器材等限制,只要有一块场地和一个足球即可进行健身活动。场地大小可以根据参与活动的人数而定,球门可用砖、衣物等替代,活动方式灵活,参与人群不限,各年龄段、各阶层喜爱足球运动均可参与,地域不限,一年四季均可开展。

(3)超强的观赏性。

高水平足球比赛,无论球员的技艺、精巧的战术、恢宏的场面都紧张、激烈、精彩,战局跌宕起伏、变化莫测,胜负让人难以预料。每逢世界杯比赛期间,上至国家元首,下到普通百姓,无一不被精彩的赛事所吸引。

(4)风格的多元性。

多元化的足球风格,包含着丰富的文化内涵:英格兰球风粗犷逼抢凶狠;巴西、阿根廷球员出众的个人技术;西班牙、葡萄牙极其华丽的团队配合;法国的浪漫;德国、俄罗斯的高空轰炸;意大利经典的防守反击等。足球运动多元化风格的形成正是本民族文化、地域、身体条件、心理、主观追求等因素的综合作用。

(5)诱人的效应性。

足球作为"世界第一运动",拥有巨大的消费群体,解决了部分社会就业问题。足球运动的开展,极大地促进了体育建筑行业、运动装备行业及第三产业的迅速发展。在经济全球化的进程中,足球运动也逐渐进入全球化时代,足球运动的巨大消费额增加了国家税收,也促进了国家的外汇储备。

(6)极大的包容性。

足球运动不像奥运赛场那样特色鲜明,不同的人种擅长不同的运动项目。足球运动具有包容性,不同的肤色、不同的身高差距、不同的体重差距、不同的年龄差距都可以出现在同一赛场并占据一席之地。足球运动只要有个球就够了,即使没有球,如贫民窟里的少年,踢着简易的物品也能练就高水平的球技。无论何时何地,足球总能让人忘记烦恼,无论环境多恶劣,球员都能保持着对足球的初心。虽然足球给中国球迷带来太多失望,但是只要集结号一吹响,五星红旗就会伴随着呐喊飘扬赛场。

2. 足球运动的健身功能

(1)提高身体素质。

足球运动是一项全身性、综合性的集体运动项目,通过各种形式的有球和无球活动,能有效地发展人的体能。在发育阶段的青少年接触到足球运动时更易增强体魄,提高自我身体免疫力,也更容易长高,而且足球需要极强且快速的奔跑能力、对身体重心良好的控制能力、灵活多变的步伐、充沛的耐力和柔韧素质。经常参加足球运动,能使新陈代谢得以加强,身体状况得到改善,能够保证身体各系统正常运转,促进身体健康。

(2)锻炼人的意志。

激烈对抗的足球比赛,场上攻守转换频繁,局面变幻莫测,对人的感知觉、观察力、记忆力、想象力、思维能力和创造力都有较高的要求,所以足球锻炼会使人拥有敏捷的思维和良好的判断力。足球运动除了要有良好的体能和精湛的技术,更要有驾驭比赛的能力,长期参加足球运动,人的意志品质和竞争意识会在其中得以磨炼,可以培养人积极向上、勇于拼搏、不怕困难、吃苦耐劳的良好品质。

(3)缓解心理压力。

经常参加足球运动对心理健康有着积极的作用。足球运动可以帮助人们缓解心理压力、宣泄情绪,让人们有更好的心情面对纷繁的事情。现代人具有追求成功、尝试冒险、依靠努力和奋斗赢得胜利、超越现状的心理倾向,由于足球运动的特点正迎合了人们的这种心理倾向,从而使人们对其产生浓厚的兴趣,关心和参与这项活动,使人们远离工作中的烦恼和焦虑,从而建立起积极的人生观和世界观。

(4)提高社会适应能力。

人的一生是一个不断社会化的过程,经常参加足球运动能增加人与人的接触和交往的机会,帮助人们更好地融入社会环境,增强社会适应能力。足球运动的特点决定了它运动场地大,参与人数多,战术复杂,这就要求每一个参与者承担好自己的角色,与队友相互配合、相互支持、相互理解、统一行动,在比赛中遵守规则、尊重裁判、尊重对手、尊重队友,表现出良好的体育道德风尚,才能体现出公平竞争的奥林匹克精神。现代社会竞争日趋激烈,努力培养竞争意识与合作能力才能更好地适应社会。

3.3.2　足球运动基本技术

足球技术是指球员在足球竞赛规则条件下,运用身体的有效部位合理完成各种动作方法的总称。足球技术是球员进行比赛活动的基本手段和能力,是完成战术配合,决定战术质量的前提和保证。

足球技术可从多层次和不同角度进行分类。根据球员的技术方式,可分为有球技术和无球技术两类。有球技术包括踢球、接球、运球、头顶球、抢球、断球、掷界外球;无球技术包括起动、跑动、急停、转身、跳跃、步法。

本书针对的是几乎没有任何足球练习基础的普通大学生,学生的学习目标是培养学习兴趣,并不是培养高水平的足球运动员,在有限的教学时数内不可能教授所有内容。作为教材,本书只是根据"体育与健康——足球"课程教学大纲,介绍教学相关内容,有能力想进一步提高足球技术、技能的同学,可选择相应的足球教材继续深入学习。

1. 正脚背颠球动作

支撑腿的膝关节微屈,身体重心转移到支撑腿上,当球落至低于膝关节时,颠球脚一侧的膝、踝适当放松,并柔和地向前上方稍甩动,小腿、脚尖稍翘起,用脚背正面轻击球的底部,将球向上颠起。颠球不宜过高,略有下旋(见图3-3-1~图3-3-3)。

图　3-3-1　　　　　　　　图　3-3-2　　　　　　　　图　3-3-3

(1) 正脚背颠球技术应用。

足球比赛争夺激烈,对抗性强,运动员要在比赛中自如地应付处于各种不同状态的球。颠球可使运动员熟悉球性,提高控球能力,提高运动员的身体协调性,增强脚步移动以及踝、膝、髋关节的灵活性和在比赛中的应变能力,可为传球、射门、接球、抢截等技术打下良好的基础。

(2) 易犯错误。

脚击球时踝关节松弛,造成用力不稳定;击球时脚尖向下或向上勾,造成球受力后向前或向后触碰身体,使球难以控制;颠球时身体其他部位不够放松,以至于动作僵硬;头部颠球时腿部、躯干、颈部配合用力不协调,仅靠颈部支撑。

2. 脚内侧踢球动作

踢定位球时,直线助跑,支撑脚踏在球侧约15cm处,膝微屈,脚趾指向出球方向。踢球腿以髋关节为轴由后向前摆动,膝踝外展,脚尖稍翘,

脚内侧踢球

以脚内侧部位对准来球,当膝关节接近球体上方时,小腿加速前摆,击球刹那,脚跟前顶,脚型固定,用脚内侧部位击球的后中部(见图 3-3-4 和图 3-3-5)。

图　3-3-4　　　　　　　　　　　　　　　　图　3-3-5

(1)脚内侧踢球技术应用。

脚内侧踢球动作的特点决定了其触球面积大,可控性强,出球平稳,是短距离传球和射门常用的脚法,可用于踢定位球、地滚球、空中球。

(2)易犯错误。

踢球腿膝、踝外展不充分,脚趾没勾翘,击球脚型不正确,影响击球效果;踢球腿直腿摆击球,出球乏力;击球刹那,脚型不固定,出球不顺畅。

3. 脚背正面踢球动作

踢定位球时,直线助跑,支撑脚踏在球侧约 15cm 处,脚趾指向出球方向,膝微屈,眼睛注视球。在支撑脚前跨的同时,踢球腿大腿顺势后摆,小腿后屈。前摆时,大腿以髋关节为轴带动小腿前摆,当膝关节摆近球体上方时,小腿加速前摆,脚背绷直,脚趾扣紧,以脚背正面击球的后中部。击球后,踢球腿顺势前摆落地(见图 3-3-6 和图 3-3-7)。

图　3-3-6　　　　　　　　　　　　　　　　图　3-3-7

(1)脚背正面踢球技术应用。

脚背正面踢球动作的特点决定其踢球幅度大,动作顺畅,便于发力。但出球路线及性能缺乏变化,适用于远距离的传球和大力射门。可用于踢反弹球、地滚球、空中球。

(2)易犯错误。

支撑脚选位不当,影响摆踢发力和击球效果;击球刹那,脚型不稳,脚尖上挑,影响出球力量和方向;踢球腿摆踢路线不直,出球方向不正。

4. 脚背内侧踢球动作

踢定位球时,斜线助跑,助跑方向与出球方向约成45°,支撑脚踏在球侧后方约25cm处,膝微屈,脚趾指向出球方向,重心稍倾向支撑脚一侧。在支撑脚踏地的同时,踢球腿以髋关节为轴,大腿带动小腿由外后向前内略呈弧线摆动,膝踝关节稍外旋,当膝关节摆至接近球的内侧上方时,小腿加速前摆。击球时,膝向前顶送,脚背绷直,脚趾扣紧斜下指,以脚背内侧击球的后中下部,击球后踢球腿顺势前摆着地(见图3-3-8和图3-3-9)。

脚背内侧踢球

图 3-3-8 　　　　　　　　　图 3-3-9

(1)脚背内侧踢球技术应用。

脚背内侧踢球动作的特点决定其踢摆动作顺畅,幅度大,脚触球面积大,出球平稳有力,且性能和线路富于变化,是中远距离射门和传球的重要方法。可用于踢地滚球、内弧线球等。

(2)易犯错误。

支撑脚选位不当,脚趾没对准出球方向,影响摆踢动作的完成;击球刹那,膝不向前顶送,而是顺势内拐,导致出球侧内旋;踢球腿后摆动作紧张,影响前摆速度,击球发力不足;支撑脚落地偏后,上体放松后仰,出球偏高乏力。

5. 额正面顶球动作

原地顶球时,身体正对来球,两腿自然开立,膝微屈,两眼注视来球。随球临近,上体稍后仰,展腹挺胸,两臂自然张开,下颌收紧,身体自下而上地蹬地、收腹、摆体、顶送发力,当头摆至身体垂直部位时,用前额正面顶击球的后中部。

额正面顶球

(1)额正面顶球技术应用。

额正面顶球动作的特点决定其容易控制出球方向,出球平衡有力。可用于转向顶球、跳起顶球、鱼跃顶球。

(2)易犯错误。

上体与下肢发力动作脱节,不协调,影响发力效果;击球时机掌握不好,使头在被动位顶球,影响顶球效果;击球刹那闭眼缩颈,影响顶球力量和准确性;跳起顶球时,起跳点、起跳时机和击球掌握不好,影响顶球动作质量和出球效果。

6. 脚内侧接球动作

接地滚球时,身体正对来球,判断来球的速度和方向,选好支撑位置,膝关节微屈。接球脚根据来球的状态相应提起,膝、踝关节旋外。脚趾稍翘,用脚内侧对准来球,触球刹那,接球部位做相应的引撤或变向接球动作,将球控制在所需要的位置上。

(1)脚内侧接球技术应用。

脚内侧接球动作特点决定其接球平衡,可靠性强,动作灵活多变,用途广泛,可用于接反弹球、空中球。

(2)易犯错误。

接球腿膝、踝关节外展不够,影响触球角度,控球不稳;接球引撤的时机速度控制不好,缓冲效果差;压推或拨转接球后,重心跟进慢,接、控动作脱节;接球腿动作僵硬,直腿接球,难以接、控。

7. 脚背外侧接球动作

接地滚球时,判断来球状况,选好支撑脚位置,接球腿屈膝提起,膝踝关节内翻,以脚背外侧部对准来球,当球临近时,接球脚以脚背外侧拨球的相应部位,将球控在所需位置上。

(1)脚背外侧接球技术应用。

脚背外侧接球动作特点决定其动作幅度小,速度快,灵活机动,隐蔽性强,但动作难度较大,接球时常伴随假动作和转体动作,适用于接地滚球和反弹球。

(2)易犯错误。

支撑脚选位不当,影响接球腿完成动作;掌握不好球的落点和推压时机,接不住球或接球不稳;膝、踝关节的摆动僵硬不灵活,接球力量失控;接反弹球时,小腿与地面的夹角不当,接球"卡壳"或控球不到位。

8. 脚背外侧运球动作

直线运球时,自然跑动,步幅偏小,上体稍前倾,两臂协调摆动。运球脚提起,膝关节微屈,脚跟提起,脚趾稍内转斜下指,摆至球体上方时,用脚背外侧推拨球的后中部,重心随球跟进。

(1)脚背外侧运球技术应用。

脚背外侧运球特点决定其灵活性、可变性强,可做和直线、弧线和向外变向运球,易于控制运球方向和发挥运球速度,并便于对球进行保护。

(2)易犯错误。

运球脚直腿前摆,难以控制推拨力量;膝踝关节僵硬,影响控球效果;身体重心偏高或坐后,影响重心跟进。

9. 脚背正面运球动作

自然跑动,步幅稍小,上体稍前倾,两臂协调摆动,运球腿屈膝提起前摆,脚背绷紧,脚跟提起,脚趾下指,用脚背正面推拨球后自然落步。

（1）脚背正面运球技术应用。

脚背正面运球动作特点决定其直线推拨，速度快，但路线单一，运球时前方需有较大的纵深距离。

（2）易犯错误。

运球脚推拨球部位及方法不当，难以控制运球的力量和方向；膝、踝关节僵硬，变推拨为捅击动作，控制不住球；支撑脚偏后，推拨球后重心滞后，导致人球分离。

10. 脚背内侧运球动作

自然跑动，步幅稍小，上体略前倾并向球侧稍转，两臂协调摆动。运球腿屈膝提起，脚尖稍外转，前摆用脚背内侧部位向侧前推拨。

（1）脚背内侧运球技术应用。

脚背内侧运球特点决定其控球稳，运球速度较慢，适用于掩护性球或运球变向。

脚背内侧运球

（2）易犯错误。

身体重心过高或侧倾不够，影响运球变向；推拨球动作不稳定，影响控球效果。

11. 运球过人

运球过人是在运控球的基础上，根据临场需要，准确判断和把握对手的防守位和重心变化情况，利用速度、方向或动作变化，获得时间和空间位置优势，从而突破防守的一种技术手段。

（1）强行突破：指利用速度优势，突然快速地推拨球和爆发式地起动，加速超越防守队员的动作方法。

实施该动作时要求防守队员身后有较大的纵深距离，从而使速度优势能够得到充分发挥。

（2）假动作突破：指运动员利用各种虚晃动作迷惑对手，如假射、假传、假停等，使其因判断失误而不知所措或贸然盲动失去重心，并趁机突破的动作方法。

实施该动作时要真假结合，假动作要逼真，真动作要迅速。

（3）变向突破：指队员利用娴熟的脚部动作，不断改变球路和重心方向，使对手重心跟不上而出现防守错位并趁机突破的动作方法。

实施该动作时要求队员脚部动作娴熟，步法灵活，重心移动灵便，变向突然迅速。

（4）变速突破：指队员通过速度的突变，影响对手的速度节奏，从而出现利于突破的时间差并趁机突破的动作方法。

实施该动作时，节奏变化要鲜明，做到骤停疾起，并把握变化的主动性。

（5）人球分离突破：是利用对手站位过死或重心移动过猛时，突然从其一侧或胯下向前推球，并从另一侧超越对手控制的动作方法。

实施该动作时，应能利用对手的重心漏洞和身后空当，并能够隐蔽自己的动作意图。

3.3.3 足球运动基本战术

足球战术是指在足球比赛中，为了战胜对方，根据主客观情况所采取的个人行动和集体配合的方法。战术的运用是以体能为前提、技术为基础、心理智能为保证的。考虑授课对象的实际能力及授课时数的限制,课堂只进行局部进攻战术的教学,即传切配合和二过一配合。

1. 传切配合

传切配合是指控球队员将球传给切入的进攻队员的配合方法,是局部进攻战术中运用最多的方法。

(1) 直传斜切配合。

边路进攻多采用此配合方法(见图 3-3-10)。

(2) 传切成功的要素。

一是控球队员要把握准确传球的时机,并控制好传球的方向与力量。二是跑位队员要明示切入的方位、时间,起动突然、快速,并用身体掩护住球。

2. 二过一配合

二过一配合是指在局部地区两名进攻队员通过两次连续传球配合,越过防守队员的配合方法。

(1) 直插斜传二过一配合。

当防守队员身后有一定空档,防守队员距插入队员较近时采用直插斜传二过一配合效果较好(见图 3-3-11)。

图　3-3-10　　　　　　　　　　　　　　　图　3-3-11

(2) 二过一成功的要素。

① 二过一配合的传球脚法以脚内侧多,因为二过一配合一般都是短距离传球,脚内侧出球准确、平稳。

② 踢墙式二过一配合的“墙”不应是原地静止的,而应是快速跑动调整位置直接传球,以达到最佳效果。

③ 二过一配合的控球队员要有运球突破的意图和运动,要给防守方施加压力,把防守方的注意力吸引过来,不要过早暴露二打一配合的意图才能创造出二过一配合的局面,打乱防守行动。

④ 二过一配合机会瞬息即逝,要求传球的方向、力量、旋转恰到好处。

⑤ 第二传的时机是二过一配合成功的关键。

⑥ 二过一配合第一传后,可多人插上。

3.3.4　足球运动竞赛规则简介

在普通大学生的足球选项课,学生足球技能及对足球竞赛基础知识的了解水平参差不齐,单纯竞赛规则的讲解相对枯燥,通过影视录像及比赛视频进行基础竞赛规则的介绍,增加学生的学习兴趣,想深入了解足球运动竞赛规则的学生可结合专业竞赛规则理论教材进一步学习。

1. 比赛场地

足球场呈长方形,长 90~120m,宽 45~90m,标准场地长 100~110m,宽 64~75m,国际比赛场地一般为 104m×68m,或 105m×69m。足球场地由四线、三区、二点、一圈、一弧、一门构成。

2. 比赛用球

第一比赛用球球体圆匀,外壳用皮革或其他许可的材料做成,正式比赛用球的周长为 68~71cm,质量为 396~453g。第二比赛用球由裁判员审定,正式比赛须有备用球。当比赛进行中发现球体漏气、破裂时,应暂停比赛,更换球后,由裁判员在暂停处以坠球方式恢复比赛。

3. 队员及其装备

每队上场 11 人,任何时候均不得少于 7 人,其中 1 人必须为守门员。队员需着装运动衣、短裤、长袜和球鞋,球衣背面及短裤前面的号码一致,守门员上衣着色应区别其他队员和裁判员。

4. 比赛时间及计分

正式比赛时间为 90mim,上、下半场各 45min,中间休息不超过 15min。当球的整体从球门柱及横木下越过球门线,而此前未违反竞赛规则,即为进球得分。

5. 越位

(1) 该队员在对方半场。

(2) 该队员较球更接近对方球门线。

(3) 在该队员与对方球门线之间,对方队员不足两人。

上述三条中若缺少任何一条,则该队员不处于越位位置。

3.3.5 足球选项课考核评价标准

1. 第一学期足球课程成绩计算

课程成绩(100 分)=体育专项考试成绩(20 分)+四项体能测试成绩(40 分)+学生平时成绩(40 分=上课出勤率、学习态度等 10 分+线上课程学习 10 分+课外体育锻炼 20 分)

2. 第二学期、第三学期、第四学期足球课程成绩计算

课程成绩(100 分)=体育专项考试成绩(40 分)+四项体能测试成绩(20 分)+学生平时成绩(40 分=上课出勤率、学习态度等 10 分+线上课程学习 10 分+课外体育锻炼 20 分)

3. 足球课程各测试项目及评分标准

（1）第一学期。

脚内侧射门：用脚内侧踢地滚球方式射进 10m 外 1m 宽的球门，每人 5 球，每球 4 分，若球击中门柱则此球不算，重踢。

（2）第二、三、四学期。

脚内侧射门：用脚内侧踢地滚球方式射进 10m 外 1m 宽的球门，每人 5 球，每球 5 分，若球击中门柱则此球不算，重踢，技术评定 15 分。

（3）学生平时成绩和标准。

上课出勤率：请假、迟到、早退一次扣 1 分，旷课一次扣 2 分。

学习态度、课后作业等：教师根据学生平时上课的表现和作业完成情况来进行评定。

线上课程学习：由学校公体部制定统一的评价标准。

课外体育锻炼：由学校公体部制定统一的评价标准。具体评价按照当年学校文件来执行。

3.4　乒　乓　球

3.4.1　乒乓球运动概述

1. 乒乓球运动的起源

乒乓球运动起源于英国，19 世纪后期由网球演化而来。据传，在英国首都伦敦，某一天，有两位青年网球迷到一家高级餐厅就餐，因为天气炎热，在等候侍者上菜时，就信手拿起桌上的大号雪茄烟的硬纸盒盖子，扇风降温。当两人为网球战术而争论得不可开交时，便从酒瓶上拔下一只软木塞当作球，以餐桌为场地，以烟盒为球拍，现场模拟起实战网球来。此举引得食客和侍者纷纷围观，餐厅的女主人完全被这种别开生面的游戏吸引了，情不自禁地脱口而出："Table Tennis(桌上网球)!"不经意间，就给这项运动命了名。很快，这项餐桌上的游戏就在欧洲各国流传开来。

2. 乒乓球的传播

1890 年，英格兰越野跑运动员詹姆斯·吉布(James Gibb)在美国旅行时，发现由美国人发明的赛璐珞空心球弹力较强，就带回英国使用。由于赛璐珞空心球触球拍和球桌时发出"乒""乓"的声音，因此又称这项运动为"乒乓球"(Ping-pang)。1902 年，英国人库特(Goodea)发明了颗粒胶皮拍。同年，在英国游学的日本东京高等师范学校教授坪井玄道将乒乓球运动传入日本。

1904 年，乒乓球运动从日本传入中国上海。一家文具店的经理王道平，从日本买来十套乒乓球器材摆设店中，并亲自做打球表演，告诉人们在日本看到的打乒乓球的情形。从此，乒乓球开始在中国落地。

1905—1910 年，乒乓球运动又逐渐扩展到北非的埃及等地。

20 世纪 20 年代后,在蒙塔古等的推动下,因第一次世界大战一度被冷落的乒乓球运动又重新在英国活跃起来。

1926 年,早已成立的英国乒乓球协会发现 ping-pang 已被他人商业注册,加之该协会缺乏代表性,因而解散了组织,重新成立了乒乓球(table tennis)协会并作了商业注册。自此,乒乓球(table tennis)这个名称一直沿用至今。我国所称的"乒乓球"是从声音上得名的。

3.4.2 乒乓球运动基本技术

1. 站位和准备姿势

(1) 站位。

① 站位的特点与作用。

站位是指运动员与球台之间的距离和所处的位置。比赛中运动员站位的合理性,直接影响运动员技、战术水平的发挥,站位正确有利于运动员保持稳定的击球姿势和快速移动的能力。选择站位时应考虑技术特长的发挥,因此,不同类型打法的运动员的基本站位的范围大小也不同。

② 不同类型打法的运动员的基本站位。

左推右攻打法的运动员,其基本站位在近台偏左 1/3 处,距球台 30～40cm 左右;直拍两面攻打法的运动员,其基本站位也在近台偏左,距离球台端线 40～50cm 左右;弧圈球打法的运动员,其基本站位在中台偏左,距球台 50～70cm;直拍单面拉弧圈打法在距离球台端线偏左 1/3 处;横拍两面拉弧圈打法则稍偏中间位置;快攻结合弧圈打法与球台的距离介于近台快攻与弧圈球打法之间;横拍削攻结合型打法的运动员,其基本站位在中台偏左,距离球台端线 70～100cm 左右处;削球结合进攻型打法的运动员,其基本站位在远台。

(2) 准备姿势。

① 准备姿势的特点和作用。

准备姿势是指击球者准备击球或还击球时的身体各部位姿势,蓄势待发。运动员在每一次击球之前,均应使身体保持合理正确的姿势,有利于脚、腿用力蹬地和腰、躯干各部位的协调配合与迅速起动。保持正确的击球姿势,可提高击球的命中率,制造出最大的击球力。

② 准备姿势的动作要点(见图 3-4-1)。

下肢:两脚左右开立,约与肩同宽。身体稍向右侧,面向球台,保持身体重心平稳,两膝自然弯曲,提踵,重心置于两脚之间。

躯干:含胸收腹,上体略前倾,下额微收,两眼注视来球。

上肢:持拍手和非持拍手均应自然弯曲置身体前侧方,保持相对的平衡状态。

准备姿势

准备姿势中关键是做到身体重心低，起动快。两脚略比肩宽和屈膝内扣是为了保持身体重心的稳定性；脚掌内侧着地和微提踵是为了保证快速起动。横握球拍时肘部向下，前臂自然平举。

图　3-4-1

2. 握拍方法

不同的握拍方法与击球动作的完成情况有着密切的关系，往往对击球技术的动作质量产生影响。握拍方法的正确与否，影响着技术动作的合理程度，在进行乒乓球技术的学习时，一定要注意握拍方法的正确性，对击球时引拍位置、拍形角度、拍面方向、发力方向和位置等都具有重要意义。

（1）直握球拍方法。

用拇指和食指握住球拍拍柄与拍面的结合部位，拍柄右侧贴在食指的第二关节内侧，食指的第二关节压住球拍的右肩，其第一关节自然弯曲，拇指的第一关节压住球拍的左肩。中指、无名指和小指自然弯曲斜形重叠，用中指、无名指的手指前部抵住球拍背面上端1/3处。

① 标准握法（见图 3-4-2）。

直拍标准握法，是指拇指和食指深浅适宜地握在拍肩两侧。这种握法是目前直拍近台快攻打法最常用的握法。

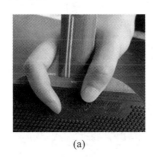

(a)　　　　　　　　　　(b)

图　3-4-2

② 深握法（见图 3-4-3）。

直拍深握法是指握拍时，拇指和食指较深地握住拍肩的两侧。拇指和食指间距较大，这种握法能使球拍稳定，利用上臂和前臂的集中发力，对正手攻球比较有力。但由于握拍太深，影响手指和手腕的灵活性，因此，此握法不常用。

③ 浅握法（见图 3-4-4）。

直拍浅握法是指握拍的拇指和食指较浅地握在拍肩的两侧，拇指和食指间距较小。这种握法手腕较灵活，适宜处理台内球和突击加转下旋球，但拍形下垂不太稳定，回接旋转性强的球有一定难度，多见于用传统的两面攻打法的选手。

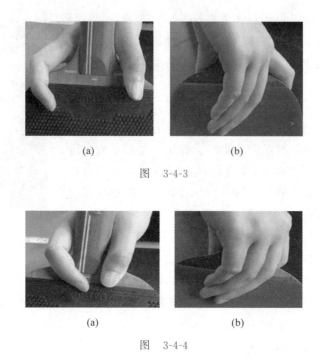

图　3-4-3

图　3-4-4

④ 直拍横打握法(见图 3-4-5)。

直拍横打的握法近似于浅握法,拇指较直,食指比较放松。中指、无名指和小指较直,用指头顶住底板,便于反面击球。

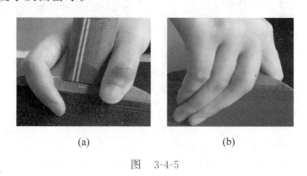

图　3-4-5

⑤ 直拍削球握法(见图 3-4-6)。

拇指弯曲紧贴拍柄的左侧肩部,食指、中指、无名指和小指托住球拍的背面。此握法在削球时引拍至肩高,为减少来球冲力,拍形稍竖立或稍后仰;反手削球时,拍后四指灵活地把球拍兜住,使拍柄向下压住来球。

(2) 横握球拍方法。

横握球拍因手指动作相似,均称"八字式"握法,有"大刀握法"的美誉。其握拍方法是:虎口压住球拍右上肩,中指、无名指和小指自然地握住拍柄,拇指在球拍的正面轻贴

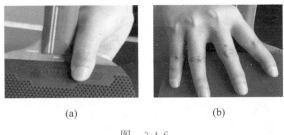

图　3-4-6

于中指旁边,食指自然伸直斜贴在球拍的背面。深握时,虎口紧贴球拍;浅握时,虎口轻微贴拍。

① 深握球拍(见图 3-4-7)。

虎口稍紧贴拍柄正侧面,而且拍形较稳定,发力相对集中,扣杀球比较有力,削球容易控制。但手腕不灵活,台内球和中路偏右的球处理起来较困难。

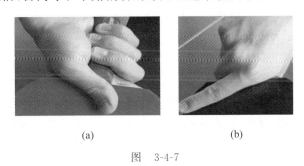

图　3-4-7

② 浅握球拍(见图 3-4-8)。

虎口处稍离开拍柄肩侧,手腕较灵活,有利于制造球的旋转变化,对台内球的处理更多样化,进攻低球较容易,左右结合更富协调性。但因手腕较活,拍形不固定,尤其削球时较难控制,发力相对差一些。图 3-4-7 和图 3-4-8 的区别在于虎口位置。

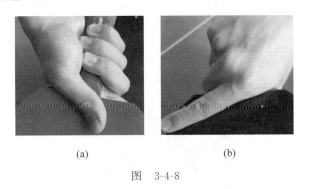

图　3-4-8

③ 拳式握法(见图 3-4-9)。

拳式握法极少人采用,这种握法虽然力量不大,但因缺乏手指夹住球拍来辅助手腕用力,所以不易正确掌握拍形,往往容易影响击球的准确性。

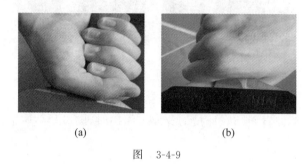

(a)   (b)

图   3-4-9

3. 基本步法

步法是乒乓球击球环节中的重要组成部分,是指乒乓球运动员为选择合适的击球位置所采用的脚步移动方法。乒乓球的基本步法的种类包括单步、跨步、跳步、并步、交叉步、侧身步和小碎步移动技术。

(1)单步。

① 特点。它是各种类型打法的运动员常用的步法之一,是乒乓球步法中简单而有效的技术。其特点是移动速度比较快,移步简单、灵活,重心转换比较平稳。一般是在距离身体不远的来球,小范围内运用,在还击近网短球或追身球时常采用此步法。

② 运用。一般是在来球距离身体较近的小范围内运用,其运用方法是:持拍手同侧脚前叉,用正手回击正手位近网短球;持拍手同侧脚平行迈出,用正手回击正手位的出台球;持拍手同侧脚向后迈出,用正手回击正手位的底线长球;持拍手异侧脚向前迈出,用正手回击侧身位的来球;持拍手异侧脚向侧前迈出,用反手回击反手位的近网短球;持拍手异侧脚平行迈出,用反手回击反手位的出台球;持拍手异侧脚向后迈出,用反手回击反手位的底线长球。

③ 动作要点(见图 3-4-10)。以一只脚的前脚掌为轴,另一只脚向前、后、左、右等不同方向移动,当移动完成时身体重心也随之落到摆动脚上。

单步

图   3-4-10

④ 技术关键点。移动时身体重心向击球方向移动；击球后注意用移动脚的前脚掌内侧蹬地，使身体还原。

（2）跨步。

① 特点。其特点是移动幅度较大，常会降低身体重心的高度，故多采用借力还击，移动速度比较快。

② 运用。是近台快攻打法的运动员在还击正手位大角度来球时常用的步法之一；削球运动员有时也会用它来对付对方突然攻击；如要运用发力击球，则不宜采用跨步。其运用方法是：持拍手同侧脚平行跨出，用正手回击正手位的来球；持拍手同侧脚向后跨出，用正手回击正手位的底线长球；持拍手异侧脚向侧前跨出，用正手回击侧身位的来球；持拍手异侧脚向侧前跨出，用反手回击反手位的近网短球；持拍手异侧脚平行跨出，用反手回击反手位的出台球；持拍手异侧脚向后跨出，用反手回击反手位的底线长球。

③ 动作要点（见图 3-4-11）。与来球方向的异侧脚用力蹬地，一只脚向来球前或后、左或右方向跨一大步，另一只脚也迅速滑动半步跟上后挥拍击球，球一离拍应立即还原，保持准备姿势，身体重心不宜起伏过大。

跨步

图　3-4-11

④ 技术关键点。向击球方向移动时跨步幅度不宜过大，且另一脚要及时跟进，击球后用移动脚的前脚掌内侧蹬地，使身体还原。

（3）跳步。

① 特点。其特点是移动时的幅度比单步、跨步都大，会有短暂的腾空时间，通常是依靠落地时膝关节、踝关节的缓冲来缓解身体重心的上、下起伏，通常要靠落地时膝、踝关节的缓冲动作来缓解。

② 运用。是弧圈球打法运动员在中台向左、右或侧身移动时常用的步法，快攻打法运动员也常用跳步侧身正手攻。在左、右大范围移动时，常将小跳步与跨步、小跳步与交叉步结合起来运用。其具体运用方法是：向正手方向平行跳出，用正手回击正手位的来球；向正手侧后方向跳出，用正手回击正手位的底线长球；向反手位侧前方向跳出，用正手回击侧身位的来球；向反手位方向平行跳出，用反手回击反手位的来球；向反手位侧后方向跳出，用反手回击反手位的底线长球。

③ 动作要点（见图 3-4-12）。起动时，异侧脚的前脚掌内侧用力蹬地，移动时两脚同

时离地,向左或右、前或后方向移动。蹬地脚先落地。移动完成时,身体重心也随之落在持拍手侧的脚上,同时挥拍击球,击球后注意还原。

跳步

图　3-4-12

④ 技术关键点。移动时要尽量保持身体重心平稳;在持拍手同侧脚落地的同时击球。

(4) 并步。

① 特点。其特点是移动幅度比单步大,没有腾空,有利于保持身体重心的平衡和稳定,移动范围不如跳步大。

② 运用。向正手方向平行并步移动,用正手回击正手位的来球;向正手侧后方向并步移动,用正手回击正手位的底线长球;向反手位侧前方向并步移动,用正手回击侧身位的来球;向反手位方向平行并步移动,用反手回击反手位的来球;向反手位侧后方并步移动,用反手回击反手位的底线长球。

③ 动作要点(见图 3-4-13)。用来球方向的异侧脚前脚掌内侧蹬地,在发力脚向另一脚并拢的同时,另一脚向来球前或后、左或右方向跨出一步,身体重心不要起伏过大;在持拍手的同侧脚落地时挥拍击球,脚一落地,即可制动,击球后快速还原。

并步

图　3-4-13

④ 技术关键点。向击球方向移动时步法幅度不宜过大,击球后注意用移动脚的前脚掌内侧蹬地,使身体还原。

4. 发球技术

在乒乓球技术中,发球技术是唯一不受对方控制的技术,具有极强的主动性,选择自己最适合的站位,按照自己的意图把球发到对方球台的任何位置,因此它是乒乓球竞赛中创造得分机会的主要技术。

(1) 平击球。

① 特点与作用。平击发球发出的球一般是旋转比较弱、速度比较慢、力量比较轻的上旋球。其击球动作简单易学,是初学者最基本的发球方式,也是掌握其他复杂发球技术的基础,包括正手平击发球和反手平击发球两种(以下以右手持拍发球为例)。

② 正手平击发球的动作要点(见图 3-4-14)。

站位:近台偏左处,两脚开立,左脚稍前,身体略向右转,左掌心托球置于身体右侧前方,右手持拍于身体右侧。

引拍:抛球的同时,持拍手向后上方引拍,拍面略前倾。

挥拍击球:在球的下降期击球的中上部,使球的第一落点在球台的中间附近。

还原:手臂向前挥拍击球后迅速还原。

正手平击发球

图　3-4-14

③ 反手平击发球的动作要点(见图 3-4-15)。

站位:球台中间偏左处,两脚平行站立或右脚稍前,身体稍向左转,含胸收腹,左手掌心托球置于身体左侧前方。

反手平击发球

图　3-4-15

引拍：将球抛至身体左侧前方的同时，右臂外旋，球拍拍面稍前倾，并向身体左侧后方引拍。

挥拍击球：在球的下降期击球的中上部，并向右前方发力。球击出后的第一落点在球台中间区域。

还原：持拍右臂随势向右前方挥动，并迅速还原。

④ 平击发球技术动作关键点。

抛球和引拍的时机要准确；挥拍击球时有一个略微向前下方向压球的动作。

（2）奔球。

① 特点及作用。

具有球速快、落点长、冲力大、球的飞行弧线低、突击性强的特点。常常通过偷袭对方正手位，来实施牵制对方侧身抢攻的战术意图，分正手发奔球和反手发奔球两种。

② 正手发奔球的动作要点（见图 3-4-16）。

站位：左脚稍前，身体略向右转，近台站位。

引拍：向上抛球的同时，持拍手向右后上方引拍，拍形稍前倾，腰向右转，身体重心移至右脚。

挥拍击球：球下降至接近网高时，腰带上臂、上臂带动前臂由后方向左前方挥拍，击球的中部并向中上方摩擦击球。球击出后的第一落点尽量落在接近本方球台端线处。

还原：手臂随势前挥，身体重心由右脚向左脚移动，并迅速还原。

正手发奔球

图　3-4-16

③ 反手发奔球的动作要点（见图 3-4-17）。

站位：右脚稍前，身体略向左转，近台站位。

引拍：向上抛球的同时，持拍手随即向左后方引拍，上臂自然靠近身体右侧，手腕适当放松，身体重心在右脚。

挥拍击球：当球下降至网高，以肘关节为轴，上臂带动前臂由左后方向右前方挥动，击球左侧中上部，拍面稍前倾，手腕抖动使拍面摩擦球。发力时以腰部带动前臂发力为主。球击出后第一落点接近自己端线。

还原：手臂随势向右前上方挥动，并迅速还原。

反手发奔球

图　3-4-17

④ 发奔球技术动作关键点。

击球点比较低,与网高基本相同;第一落点要靠近本方球台的底线附近;用手腕的弹击力击球。

(3) 发转与不转球。

发转与不转球的技术特点是旋转反差比较大,在使用旋转变化方面,发不转球的以能够发出比较强烈的下旋球为前提;在落点方面,往往以发近网短球为主,兼顾长球。此技术包括正手发转与不转球和反手发转与不转球。

① 正手发转与不转球的动作要点(见图 3-4-18)。

站位:近台,左脚在前,右脚在侧后,左手掌心托球置于身体右前方。

引拍:抛球的同时执拍手向右后上方引拍,拍面后仰,手腕适当外展,腰向右转。

挥拍击球:当球下降至网高时,以腰带臂向前下方作浅弧形的挥拍,触球时拍面后仰,手腕加力,身体微向前下压,充分运用身体的发力。

还原:发球后,挥拍动作尽可能停住,以利于还原。

正手发转与不转球的关键在于球拍触球的瞬间。发转球时,用球拍的下半部偏前的部分摩擦球的中下部,拍面后仰角度偏大一些,手腕、拇指、食指在触球瞬间加强爆发力。发不转球时,用球拍的中上部去摩擦球的中下部,拍面后仰角度略小一些。

正手发转与不转球

图　3-4-18

② 正手发转与不转球技术动作关键点。

发下旋球时,用球拍的下半部摩擦球的中下部,触球瞬间,拇指、食指和手腕加强用力,充分爆发力量;发不转球时,用球拍的中上部去摩擦球的中下部,触球瞬间加速;注意体会球拍吃不住球的感觉。

③ 反手发转与不转球的动作要点(见图 3-4-19)。

站位:站位近台,右脚稍前或两脚平行,重心稍低,持拍手的肩部略低于对侧肩。

引拍:抛球时,持拍手向后上方引拍,拍面后仰,同时身体向左侧转动,以便于发力。

挥拍击球:球从高点下落时,持拍手向前下方挥拍迎球,当球落至网高时,持拍手前臂加速,以前臂和手腕发力,击球中下部并向底部摩擦球。

还原:控制动作幅度,注意还原。

反手发转与不转球

图　3-4-19

④ 反手发转与不转球技术动作关键点。

发下旋球时,用球拍的前半部去摩擦球的中下部,手腕发力摩擦;发不转球时,用球拍的后半部去摩擦球的中下部,手腕和前臂有送球的感觉。

5. 推拨技术

推挡和拨球是反手(直拍、横拍)的主要技术之一,是乒乓球主要的控制和防御技术,具有站位近、动作小、速度快、变化多、稳定性高的特点。比赛中常用快速推挡或拨球结合力量、落点及旋转的变化来控制和调动对方,为正手抢攻和侧身抢攻创造有利条件;在被动防守时,推挡也可以起到积极防御的作用。推拨技术包括平挡球技术、快推球技术、加力推技术、减力挡技术、推下旋球技术、推侧旋球技术、横拍反手快拨技术等。

(1)平挡球技术动作要点(见图 3-4-20)。

站位:身体距离球台 30～50cm,左脚稍前或两脚平行约与肩宽,两膝微曲,手臂自然弯曲,球拍置于腹前,前臂与台面几乎平行。

引拍:将球拍引至腹前,约与台面垂直。

挥拍击球:在来球的上升期击球的中部,拇指放松,食指用力,前臂和手腕向前上方挥拍,借助来球的反弹力将球击出。

还原:击球后手臂、手腕随势前送,并迅速还原成击球前的准备姿势。

直拍平挡球技术

图　3-4-20

技术动作关键点：挥拍方向向前上方；注意借力击球。

（2）直拍快推球技术动作要点（见图 3-4-21）。

站位：左脚稍前，上臂内收，自然靠近身体右侧。

引拍：击球前手臂适当后撤引拍，前臂稍外旋，肘关节靠近身体胸腹侧。球拍稍前倾，右肩稍沉，拍头向前下方。

挥拍击球：向前上方挥拍击球的中上部，食指用力，拇指放松。击球时，肘关节快速展开便于手腕发力。

还原：击球后手臂、手腕继续向前随势挥动，距离要短，快速还原。

直拍快推球技术

图　3-4-21

技术动作关键点：肘关节靠近胸腹前，便于发力；手腕发力动作要准确，不要乱用力。

（3）直拍加力推技术动作要点（见图 3-4-22）。

图　3-4-22

站位：左脚稍前，身体距离球台 40～50cm，手臂自然弯曲并外旋。

引拍：以肩为轴，肘部适当贴近身体，屈肘引拍向后，引拍位置稍高，拍形稍前倾略收腹。

挥拍击球：击球时，前臂提起，上臂后收，触球瞬间拍形前倾，食指用力，拇指放松，在上升后期或高点期击球中上部，前臂和手腕加速向前下方推压，腰、髋关节顺势配合发力。

还原：击球后手臂和手腕继续向前下方随势挥动，并迅速还原成准备姿势。

技术动作关键点：要有足够的击球距离；触球时手腕要控制好弧线。

（4）直拍减力挡技术动作要点（见图 3-4-23）。

站位：近台偏左，左脚稍前或两脚平行，身体距离球台 40cm，上臂和肘关节靠近身体右侧旁。

引拍：以肩为轴，屈肘略引拍向后上方，拍形稍前倾。

挥拍击球：击球时，前臂稍上提，食指用力，拇指放松，在来球的上升期触球中上部。触球瞬间手臂和手腕稍后收，缓冲来球的反弹力。

还原：击球后，手臂和手腕继续向后随势回收，并迅速还原成准备姿势。

直拍减力挡技术

图　3-4-23

技术动作关键点：引拍距离要小，位置略高；手腕减少用力。

（5）横拍拨球技术动作要点（见图 3-4-24）。

站位：两脚平行，两膝微曲，重心在两脚之间，身体距离球台约 40cm。

引拍：肘关节稍前倾，手腕内收，右肩稍沉，球拍向后下引。

挥拍击球：拍面稍前倾，以肘关节为轴在来球的上升期击球的中上部，向前上方弹击，触球时腰、髋配合发力。

还原：挥拍不易过大，并迅速还原成准备姿势。

横拍拨球技术

图　3-4-24

技术动作关键点：肘关节略提起，手腕略下压；击球时前臂和手腕略用弹击的方式发力。

6.攻球技术

攻球具有力量大、速度快、攻击性强的特点，是乒乓球技术中最重要的基本技术，是进攻型选手在比赛中争取主动、克敌制胜的主要手段，也是其他类型打法的选手必须掌握的重要技术。

攻球技术主要分为正手攻球技术、反手攻球技术和正手发力抽球技术，其中又包括快点、快攻、快拉、快带、突击、扣杀和中远台对攻等技术。每种技术的特点不同，所起的作用也不一样。作为以进攻为主要打法的运动员，必须掌握比较全面的攻球技术，而且特长要突出，才能获得主动，赢取比赛的胜利。对于初级阶段的学生来说，主要掌握正手近台攻球技术和反手近台攻球技术。

（1）正手近台攻球技术动作要点（见图 3-4-25）。

站位：左脚稍前，站位近台偏左，身体离球台 50cm，两膝微屈，上体略前倾，两眼注视来球。

引拍：引拍时，重心向右脚移，引拍至身体右侧成半横状，手臂自然弯曲并内旋，右肩稍沉，拇指用力，食指放松，拍面稍前倾。

挥拍击球：向左前上方挥拍，在来球的上升期击球的中上部，前臂做内旋转动，身体重心由右脚移至左脚。

还原：击球后随势挥拍至前额，并迅速还原。

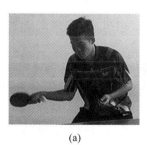 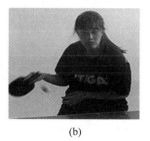

横拍正手攻球技术　　直拍正手攻球技术

（a）　　　　　　　　（b）

图　3-4-25

技术动作关键点：引拍动作不宜过大，注意运用腰的转动；击球点在身体的侧前方；要主动迎击来球。

（2）反手近台攻球技术动作要点（见图 3-4-26）。

站位：两脚开立，右脚稍前，前臂外旋，距离球台约 70cm。

引拍：身体略向左转，并向左后方引拍，拍形稍垂直，上臂贴近身体，重心在左脚上。

挥拍击球：上臂带动前臂向右前方挥击，食指压拍，拇指放松，同时腰部右转，拍面前倾，拍柄略向下，在来球的高点期击球的中上部。

还原：击球后随势挥拍，重心移至右脚，并迅速还原成准备姿势。

（a）　　　　　　　（b）

横拍反手攻球技术　　反手快推、横档技术

图　3-4-26

技术动作关键点：站位要正确；引拍动作和腰的转动结合起来；注意前臂和手腕的用力。

7. 搓球技术

搓球是近台和台内回击下旋球的一种比较稳健的技术，在各种类型打法中都不可缺少。搓球力量小、速度慢、旋转和落点变化多、线路短、球弹起后多在台内，缺乏前进力，对方不易发力进攻，它属于控制性的技术，为进攻制造机会。

搓球技术种类繁多，按击球位置的不同可划分为正手搓球和反手搓球；按击球时间的早晚可划分为快搓和慢搓；按球的旋转强度的不同可划分为搓"转"与"不转"；按旋转方向的不同可划分为搓下旋和搓侧旋等。

（1）反手搓球技术动作要点（见图 3-4-27）。

站位：站位稍偏左，离台约 40cm。右脚稍前，两膝微屈，收腹含胸，身体向前或略向左转。

引拍：手臂自然弯曲，前臂略内旋并向左上方提起，引拍至身体左前上方，手腕适当放松。

挥拍击球：挥拍时，拍面后仰，来球从台面弹起后，前臂和手腕向右前下方挥拍迎球，击球时手腕发力击球的中下部，食指略用力。

慢搓时，击球的下降期，慢搓是搓球的入门技术；快搓时，击球的上升期，快搓是比赛中常用的搓球技术。

还原：击球后，前臂和手腕顺势向右前下方挥动，并迅速还原成准备姿势。

反手搓球技术

图　3-4-27

技术动作关键点：注意借力发球;摩擦球的力量要集中。

（2）正手搓球技术动作要点（见图 3-4-28）。

站位：站位稍偏左,离台约 40cm。左脚在前,两膝微屈,收腹含胸,身体略向右转。

引拍：手臂自然弯曲,前臂略向外旋向右上方提起,引拍至身体右前上方,拍面稍后仰。

挥拍击球：来球从台面弹起后,前臂和手腕向左前下方挥拍迎球,用球拍的下半部摩擦球的中下部。击球时前臂手腕适当加力,拇指用力明显。

慢搓时,击球的下降期;快搓时,击球的上升期。

还原：击球后,手和臂顺势向左前下方挥动,并迅速还原成准备姿势。

正手搓球技术

图   3-4-28

技术动作关键点：注意借力发力;身体前迎,帮助手臂发力;触球时,手腕快速发力摩擦球。

3.4.3 乒乓球运动基本战术

1. 发球抢攻战术

（1）定义。

它是一种先发制人的战术。特别是以攻为主的运动员,常以此作为一种主要手段。运用发球抢攻的效果,取决于发球的质量和进攻能力。

（2）常用发球抢攻战术。

第一套（急球与轻球结合落点变化进行抢攻）：

- 发左、中、右三个落点,临场变化运用。
- 左长右短。
- 右长左短。
- 中长中短。
- 无规律的长短。如左长中短、中长右短、连长突短、连短突长等。

第二套（上旋或下旋结合落点变化进行抢攻）：

- 发左、中、右三个落点,临场变化运用。
- 左长右短。

- 右长左短。
- 中长中短。
- 无规律的长短。

第三套(侧上、下旋结合落点变化进行抢攻):

- 侧上、下旋发同一落点,临场变化运用。
- 同性能旋转发不同落点。
- 侧上、下旋发长短落点。

第四套(转与不转结合落点变化进行抢攻):

- 转与不转发相同落点,以不出台球为主,先发转后发不转。
- 转与不转发不同落点,连发短球后突发长球。
- 急球与急下旋球结合发同一落点或不同落点,先发急长球突发急下旋.也可相反运用。

第五套(急球与侧上、下旋相结合进行抢攻):

- 急球或急下旋与侧上、下旋短球相结合发长短落点,以急球为主配合短球。
- 侧上、下旋与急球结合发不同落点,以侧身发侧上、下旋为主配合右角急球,正手发奔球到右角配合发急球到左角。
- 转与不转和急球配合发不同落点。

2. 接发球战术

(1) 接发球战术的指导思想。

接发球既受控于对手的发球,又要反控对手的第一板抢攻来争取自己的主动或相持。接发球的难度是要判断分析对手的发球意图及其旋转、落点、速度因素,从而决定自己的回击方法,接好发球,就可以在比赛中变被动为相持,变相持为主动。纵观比赛,接发球控制能力较强者,场上技、战术的发挥都较为正常和稳定,反之,则起伏较大。欧洲选手接发球的目标是破坏对方发球抢攻。

双打比赛中的接发球,也可称为"第二发球",主动性和威胁性均大于第一发球。

接发球一体化思想如下。

- 接发球不再是一个被动环节,建立主动接发球的意识——接发球抢攻。
- 无遮挡发球使发球抢攻的难度加大,接发球抢攻的概率将会超过发球抢攻,接发球的重要性也就凸显出来,这是一种超前意识。
- 强调接发球的主动得分意识,使接发球成为比发球更容易得分的手段。
- 强调接发球与接发球后的衔接与防守。
- 重点是挑以后的衔接,打破以摆短为主的被动式接发球的旧框。

(2) 常用的接发球战术。

- 用拉球、快拨或推挡回击,争取形成对攻的相持局面。
- 用快搓摆短回接,使对方难以发力抢攻(拉)。
- 用削球或搓球的旋转,落点变化来控制对方,以造成对方击球失误,或形成相持局面。

- 接发球抢攻,这是比较积极、凶狠的回接方法。

3. 对攻战术

(1) 对攻战术的特点。

对攻,是进攻类打法在相互对抗时,双方利用速度、旋转、落点变化和力量轻重来控制对方,力争主动的一种重要手段。对攻战术主要依靠左推右攻或正、反手攻结合的打法,它具有快速多变的特点,达到调动、攻击对方的目的。

(2) 对攻战术的方法。

第一套(攻两角):

- 对角攻击。先以斜线攻一角,再以斜线攻另一角。
- 双边直线。先以直线攻一角,再以直线攻另一角。
- 逢斜变直。
- 逢直变斜。
- 连攻左角,突袭右角。
- 连攻右角,突袭左角。

第二套(侧身攻):

- 先压对方反手,再侧身攻左、中、右三点。
- 先压中路,再侧身攻左右两角。
- 接发球侧身抢攻对方左、中、右三点,临场变化运用。

第三套(攻追身):

- 攻追身杀两角。先攻对方身体,再扣杀左角或右角。
- 攻两角杀追身。先攻对方左角或右角,伺机扣杀中路。
- 攻追身杀追身。先攻对方中路,伺机扣杀中路。

第四套(轻重结合):

- 同线轻重球结合运用。以正、反手拉球和突击、短挡、加力推挡攻对方同一落点。
- 异线轻重球结合运用。先以轻拉或挡球引对方靠前回接,再以突击或加力推攻击对方空当。
- 中路轻重球结合运用。先以近网短球引对方靠前回接,再以突击或加力推攻击对方空当。

第五套(攻防结合):

- 攻中结合挡球。对方猛攻时以挡反袭对方空当,摆脱被动。
- 攻中结合削球。对方猛攻时以削防御,伺机反攻。
- 在中远台拉上旋或放高球。对攻中被迫后退防御时,用拉上旋或放高球还击。

4. 搓攻战术

(1) 搓攻战术的特点。

主要运用"转、低、快、变"的搓球控制对方,以寻找战机,然后采用低突、快点或拉攻等技术展开攻势并进入连续进攻;在搓球中遇到机会球时进行扣杀,常常带有突然性,往往可以直接得分。搓攻战术是乒乓球各种打法都不可缺少的辅助战术。

(2)搓攻战术的方法。

第一套(搓不同落点进行突击):

- 搓两角伺机突击,包括运用搓交叉斜线、双边直线、紧搓一点突击空当等方法。
- 搓异线长短伺机突击,包括运用搓左长右短或右长左短等方法。
- 搓同线长短伺机突击,主要是扰乱对方的脚步,伺机进行突击。
- 搓追身伺机突击,可用连续追身,也可用先搓两角突搓追身找机会。

第二套(搓转与下转结合落点变化进行突击):

- 快搓或慢搓转与不转球结合不同落点变化,伺机突击。
- 快搓和慢搓结合,利用改变击球时间或旋转变化,伺机突击。用下旋结合侧旋搓球找机会,伺机突击。

第三套(搓拉结合落点变化伺机突击):

- 先搓后拉伺机突击,在对搓中突然运用快拉或拉弧圈球找机会,伺机扣杀。
- 先拉后搓伺机突击或扣杀,在连续拉球后突然用搓球引对方靠前,伺机突击或拉球。

第四套(搓削结合落点变化进行反击):

- 搓中结合挡球。在搓中运用挡球应付对方突击时,如能将球回击对方空当易取得主动。
- 搓中结合削球。主要是用削球来应付对方突击,回球时应注意控制落点。
- 搓中结合拉上旋或放高球。弧圈打法运用较多。

3.4.4 乒乓球运动竞赛规则简介

1. 发球

(1)发球开始时,球自然地置于不持拍手的手掌上,手掌张开,保持静止。

(2)发球员须用手将球几乎垂直地向上抛起,不得使球旋转,并使球在离开不执拍手的手掌之后上升不少于 16cm,球下降到被击出前不能碰到任何物体。

(3)当球从抛起的最高点下降时,发球员方可击球,使球首先触及本方台区,然后越过或绕过球网装置,再触及接发球员的台区。在双打中,球应先后触及发球员和接发球员的右半区。

(4)从发球开始,到球被击出,球要始终在比赛台面的水平面以上和发球员的端线以外;而且从接发球方看,球不能被发球员或其双打同伴的身体或他(她)们所穿戴(带)的任何物品挡住。

(5)球一旦被抛起,发球员的不执拍手臂应立即从球和球网之间的空间移开。球和球网之间的空间由球和球网及其向上的延伸来界定。

(6)运动员发球时,有责任让裁判员或副裁判员确信其发球符合规则的要求,且裁判员和副裁判员均可判定发球不合法。

如果裁判员或副裁判员对发球合法性不确定,在一场比赛中第一次出现时,可以中断比赛并警告发球方。但此后如该运动员或其双打同伴的发球不是明显合法,将被判发球违例。

(7)运动员因身体伤病而不能严格遵守合法发球的某些规定时,可由裁判员做出决定免于执行。

2. 还击

对方发球或还击后,本方运动员必须击球,使球直接越过或绕过球网装置,或触及球网装置后,再触及对方台区。

3. 比赛次序

(1)在单打中,首先由发球员发球,再由接发球员还击,然后两者交替还击。

(2)在双打中,首先由发球员发球,再由接发球员还击,然后由发球员的同伴还击,再由接发球员的同伴还击,此后,运动员按此次序轮流还击。

(3)在两名由于身体伤残而坐轮椅的运动员配对进行的双打中,发球员应先发球,接发球员应还击,此后可由任何一名运动员还击。然而,运动员轮椅的任何部分不能超出球台中线的假定延长线。如果超越,裁判员将判对方得一分。

4. 得一分

除被判重发球的回合,下列情况运动员得一分:

(1)对方运动员未能正确发球。

(2)对方运动员未能正确还击。

(3)运动员在发球和还击后,对方运动员在击球前,球触及了除球网装置以外的任何东西。

(4)对方击球后,球没有触及本方台区而越过本方台区或端线。

(5)对方阻挡。

(6)对方故意连续两次击球。

(7)对方用不符合球拍规定的拍面击球。

(8)对方运动员或其穿(戴)的任何东西使球台移动。

(9)对方运动员或其穿(戴)的任何东西触及球网装置。

(10)对方运动员不执拍手触及比赛台面。

(11)双打时,对方运动员击球次序错误。

(12)执行轮换发球法时,如果接发球方进行了13次合法还击,则判接发球方得一分。

(13)如果双打运动员由于身体残疾而坐轮椅。对方击球时,其大腿后部未能和轮椅或坐垫保持最低限度的接触;对方击球前,其任意一只手触及比赛台面;比赛中对方的脚垫或脚触及地面。

(14)身体残疾而坐轮椅的运动员在双打中,发球员先发球,接发球员还击,此后任何一名运动员均可还击,然而,运动员轮椅的任何部分不能超越球台中线的假定延长线。如果超越,裁判员将判对方得一分。

5. 一局比赛

在一局比赛中,先得 11 分的一方为胜方。10 平后,先多得两分的一方为胜方。

6. 一场比赛

一场比赛由奇数局组成。

3.4.5 乒乓球选项课考核评价标准

1. 第一学期课程成绩计算

课程成绩(100 分)=体育专项考试成绩(20 分)+四项体能测试成绩(40 分)+学生平时成绩(40 分=上课出勤率、学习态度等 10 分+线上课程学习 10 分+课外体育锻炼 20 分)

2. 第二学期、第三学期、第四学期课程成绩计算

课程成绩(100 分)=体育专项考试成绩(40 分)+四项体能测试成绩(20 分)+学生平时成绩(40 分=上课出勤率、学习态度等 10 分+线上课程学习 10 分+课外体育锻炼 20 分)

3. 乒乓球考核技术评分标准

(1)乒乓球初级技术评分标准的依据。

乒乓球技术考核是按照技术原理与技术规格,对练习者掌握的技术程度进行定性与定量评定的一种手段。技评和达标是乒乓球教学过程中检查教学效果和练习质量的重要内容之一。它不仅有助于练习者努力掌握基本技术、提高技术水平,而且通过考核提供的反馈信息,教师可及时发现教学过程中存在的问题并进行有针对性的改进。

(2)乒乓球初级考核各项技术指标的内容与评分参考标准。

以下技术指标是乒乓球各项技、战术组合的主练技术,也是乒乓球初学者的必练内容。

在测试技术指标时,均在有技评前提下进行评定。向测试者讲解测试内容、方法及技术规格,使击出的球具有合适的弧线、速度、力量、旋转、落点等因素要求,保证击球的技术质量。

① 左斜线反手推挡(30 分)。

对手的选择:原则上要求两个测试者同时测验,如果被测人数不够或水平相差悬殊,经老师批准后,可另选他人陪测,以下各项测验不变。

测验方法:以一分钟计时为准,两人左斜线对推一分钟,累加计算对推的板数(掉球后可以重发球继续累加)。

评分标准如下。

达标:满分 20 分。每人一次机会。

技评:满分 10 分,按四个等级评定。

优秀:两人推挡球技术动作完整、协调,节奏好,落点稳,控制球的能力强。

良好:两人推挡球技术动作完整、较协调,节奏较好,落点稳,控制球的能力较强。

及格:两人推挡球技术动作基本完整、协调,节奏较好,落点较稳,控制球的能力一般。

不及格:正手攻球技术不完整、不协调,节奏不好,落点不稳,控制球的能力差。

② 右斜线正手攻球(30分)。

对手的选择:原则上要求两个测试者同时测验,如果被测人数不够或水平相差悬殊,经老师批准后,可另选他人陪测,以下各项测验不变。

测验方法:以一分钟计时为准,两人正手斜线对攻一分钟,累加计算对攻的板数(掉球后可以重发球继续累加)。

评分标准如下。

达标:满分20分。每人一次机会。

技评:满分10分,按四个等级评定。

优秀:两人正手攻球技术动作完整、协调,节奏好,落点稳,控制球的能力强。

良好:两人正手攻球技术动作完整、较协调,节奏较好,落点稳,控制球的能力较强。

及格:两人正手攻球技术动作基本完整、协调,节奏较好,落点较稳,控制球的能力一般。

不及格:两人正手攻球技术不完整、不协调,节奏不好,落点不稳,控制球的能力差。

(3)初级乒乓球技术考核评分表如表3-4-1所示。

表 3-4-1 初级乒乓球技术考核评分表

反 手 推 挡				正 手 攻 球			
达 标		技 评		达 标		技 评	
板数	分值	等级	分值	板数	分值	等级	分值
60	20	优+	9.5~9.9	60	20	优+	9.5~9.9
57	19			57	19		
54	18	优-	9~9.4	54	18	优-	9~9.4
51	17			51	17		
48	16	良+	8.5~8.9	48	16	良+	8.5~8.9
45	15			45	15		
42	14	良-	8~8.4	42	14	良-	8~8.4
39	13			39	13		
36	12	中+	7.5~7.9	36	12	中+	7.5~7.9
33	11			33	11		
30	10	中-	7~7.4	30	10	中-	7~7.4
27	9			27	9		
24	8	及	6~6.9	24	8	及	6~6.9
21	7			21	7		

(4)四项体能测试项目和标准。

男生:50m跑、1000m跑、立定跳远、引体向上。

女生：50m 跑、800m 跑、立定跳远、1min 仰卧起坐。

评分标准：严格执行教育部印发的《国家学生体质健康标准（2014 年修订）》。

体能测试项目成绩：四单项平均得分。第一学期，每项 10 分；第二学期、第三学期和第四学期，每项 5 分。

（5）学生平时成绩和标准。

上课出勤率：请假、迟到、早退一次扣 1 分，旷课一次扣 2 分。

学习态度、课后作业等：教师根据学生平时上课的表现和作业完成情况来进行评定。

线上课程学习：由学校公体部制定统一的评价标准。

课外体育锻炼：由学校公体部制定统一的评价标准。具体评价按照当年学校文件来执行。

3.5 羽 毛 球

3.5.1 羽毛球运动概述

1. 起源

羽毛球运动跟大多数体育运动一样起源于民间体育活动。《民族体育集锦》记载："中国远古时期有类似羽毛球游戏的活动存在，这种活动分布在中国西南地区，至少有七个民族做过这种活动"。现代羽毛球运动起源于英国。图 3-5-1 为早期的羽毛球和球拍（木质），图 3-5-2 为现代的羽毛球和球拍。

图 3-5-1   图 3-5-2

2. 发展

（1）世界羽毛球运动发展。

世界羽毛球运动发展，主要经历了以下几个时期：

20 世纪上半叶，羽毛球运动在欧美迅速发展，20 世纪 40 年代末至 50 年代初，亚洲羽毛球运动日渐发展；60 年代中后期，中国羽毛球运动开始走向世界；70—80 年代，亚洲羽毛球运动发展位于世界前列。

（2）中国羽毛球运动发展。

现代羽毛球运动于 20 世纪初传入中国，主要是在上海、广州、天津、厦门等外国租界内和基督教音年会、教会学校中开展。1949 年新中国成立后,竞技羽毛球运动开始起步。1953 年,中国首次举办以行政区划为单位的全国"四项球类"大赛,羽毛球运动列为正式比赛项目。1958 年 9 月,中国羽毛球协会正式成立。20 世纪 60 年代是中国竞技羽毛球运动赶超世界水平时期。进入 21 世纪,中国羽毛球一直保持着世界领先水平。

3. 项目特点

羽毛球运动是一项相互进行击球对抗的球类项目。其主要特点有以下几个方面:不确定性、比赛无时限、快速爆发力量、瞬息万变、全方位运动。

4. 主要健身功能

羽毛球运动是一项深受人们喜爱的体育运动项目,它要求参与者手、脑、眼、脚密切协作,全身心地投入,同时羽毛球运动的运动量大,能有效地消除多余脂肪,调节肌肉密度,塑造优美形体,特别对于缓解眼睛、大脑和颈椎疲劳有积极作用。

3.5.2 羽毛球运动基本技术

羽毛球基本技术由准备姿势、握拍技术、发球与接发球技术、击球技术、步法技术等组成。(注:本文均以右手握拍为例。)

1. 准备姿势

准备姿势指击球前的预备状态,一般分为:单打击球前准备姿势和站位、单打接发球准备姿势和站位、双打击球前的准备姿势和站位、双打接发球准备姿势和站位。

单打击球前准备姿势和站位:两脚自然开立,距离与肩同宽,与持拍手同侧的脚前移半步,两脚后跟自然提起,以前脚掌触地,两膝弯曲,降低身体重心。持拍手稍屈肘展腕,拍头上仰置于胸前。

单打接发球准备姿势和站位:左脚在前,全脚掌着地;右脚在后,前脚掌触地。双膝稍屈,重心在左脚上。右手持拍自然举放在胸前,左臂自然屈肘于左侧,保持身体平衡,两眼注视前方,判断对方的发球方向(见图 3-5-3)。

图　3-5-3

双打接发球选手击球前的准备姿势和站位：两脚与肩同宽自然开立，脚后跟提起，两膝微屈。持拍手屈肘高举至头前上方，拍头稍偏向左。左手自然向上举，与持拍手保持身体平衡，眼睛注视对方，准备接发球（见图 3-5-4）。

(a) (b)

图　3-5-4

2. 握拍技术

握拍是击球前要做的最基本准备，是学习羽毛球各项基本技术的起点，主要有基本型正手握拍和基本型反手握拍技术。

（1）正手握拍：左手握拍中杆，使拍框与地面垂直。无名指和小指握紧球拍，拇指、食指和中指自然放松，贴在拍柄两侧的宽面上。球拍柄端靠近手掌的小鱼际肌，拍柄与掌心间留有空隙准备发力击球。击球时，靠食指和拇指扣住球拍柄，中指、无名指和小指紧握拍柄，以拇指和手掌末端的小鱼际肌为支点，其余几指为发力点，由放松到抓紧，用近似杠杆原理的方法，屈指发力击球（见图 3-5-5）。

图　3-5-5

（2）反手握拍：在正手握拍的基础上，将球拍柄稍向外旋转，拇指上提，内侧顶贴在拍柄第一斜棱旁的宽面上，也可将拇指放在第一、二斜棱之间的小窄面上（见图 3-5-6）。

图　3-5-6

3. 发球与接发球技术

（1）单打发球。

单打的发球姿势可以采用正手发球姿势、反手发球姿势。一般情况下单打多采用正手发球姿势，双打多采用反手发球姿势。注：单双打羽毛球比赛发球有效区域（见图 3-5-7）。

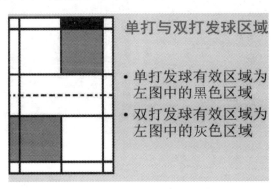

图　3-5-7

（2）单打发球技术教学。

单打发球站位：单打的发球站位距前发球线约 1m，双脚不能踩踏发球有效区域内任何场地线。

正手发球准备姿势：两脚自然分开，左脚在前，脚尖对网，右脚在后，脚尖稍斜，重心在右脚上。左手手指夹持羽毛球中部，自然抬举至胸前方；右手正手握拍放松屈举至体后侧，呈发球前的准备姿势。

正手发球技术（见图3-5-8）：以发球准备姿势站立，持球手松手放球，持拍手上臂外旋带动前臂充分伸腕，自下而上沿半弧形做回环引拍动作。

同时随引拍动作转体,重心向左脚移动。当挥拍至身体右侧前下方,转体至接近于面对球网时,准备击球。

几种主要击球动作介绍如下。

正手发高远球击球动作:当拍面与球接触瞬间,上臂与前臂迅速内旋,带动手腕快速向前上方屈指展腕闪动发力,用正拍面将球击出。

正手发球技术

正手发平高球击球动作:以正手发高远球为基础,注意拍面与地面呈小于 45°的夹角,向前推进击球。

正手发小球击球动作:击球时握拍要松,前臂前摆,以手指控制力量收腕发力,用斜拍面往前推送切击球托,使球轻轻擦网而过,落入对方前发球区内。击球后,身体重心完全移至左脚上。

(a)　　　　　　　(b)

(c)　　　　　　　(d)

图　3-5-8

(3)双打的发球技术。

双打发球技术:因双打男双、女双、混双的发球者存在水平差异,发球者会在发球区域有效位置出现站位变化(见图 3-5-9),发球者既可以为实心三角符号表示的队员,也可以是空心三角符号表示的队员。发球者可站在前发球线 T 字附近发球,也可在中场靠近中线处发球(见图 3-5-10)。

(4)双打发球技术教学。

反手发球技术:是在身体的左前方用反拍面击球的一种发球姿势。

双打发球站位:双打发球者的站位较单打靠前,在紧靠前发球线与中线交接附近的 T 字形位置。

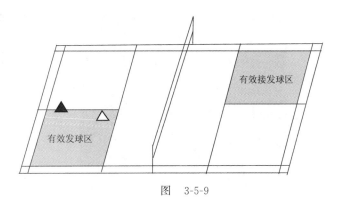

图　3-5-9

(a)

(b)

图　3-5-10

　　双打反手发球准备姿势：双脚自然分开前后站立，右脚在前，脚尖对网；左脚在后，脚尖触地，重心在右脚上。左手拇指、食指和中指拿住球体羽毛部分，自然斜倾置于反拍面前。持拍手作反手发球握拍，自然屈肘放至体前，拍头向下，准备发球。

　　反手发球技术：以反手发球准备姿势做好准备，左手放球的同时，持拍手以肘为轴前臂内旋，带动手腕展腕由后向前做回环弧形引拍，准备击球。

　　几种主要击球动作介绍如下。

　　反手发小球击球动作：击球时手腕由外展至内收捻动发力，靠手腕和手指控制力量，以斜拍面向前轻轻推送切击球托，使球齐网飞行，落至对方前发球线附近。双打反手发小球的关键是击球拍面角度与力量的控制反手发网前小球，即反手突击发后场球技术基本型（见图 3-5-11）。

　　反手发平高球击球动作：动作要领基本同反手发高远球，注意拍面仰角稍小。

　　反手发平射球击球动作：动作要领基本同反手发高远球，使拍面与地面呈近似 90°的角度。

　　以制动动作结束发力。

　　（5）双打接发球技术教学。

　　双打接发球基本站位：由于双打后发球线比单打缩短了 92cm，发高球易被扣杀，一

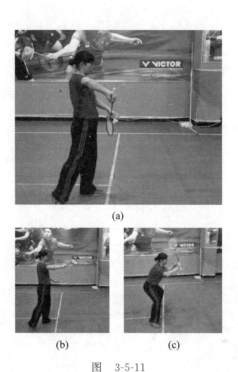

反手发小球

图　3-5-11

般以发小球为主。双打接发球的站位一般选择靠近前发球线的位置，目的是争取在网前抢高点击球（见图 3-5-12），实心三角形为发球方，实心圆为接发球方。

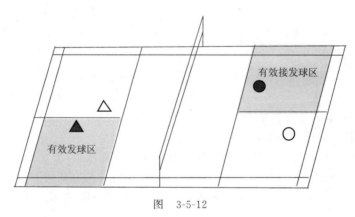

有效接发球区

有效发球区

图　3-5-12

双打接发球准备姿势：左脚全脚掌着地在前，右脚前脚掌触地在后，身体重心在左脚上，双膝稍屈，右手屈肘举拍至头顶前上方，左手自然屈肘于左前侧，保持身体平衡，眼睛注视对方，准备接发球。

双打接发球技术：双打接发前场小球的方法是快速抢网前制高点，可利用推扑球或拨半场球等方法还击。

① 双打正手前场接发球技术：做好接发球准备姿势判断来球后，持拍手正手握拍，微

外旋展腕引拍伸向来球方向,同时右脚向前跨步,准备击球。

击球动作:

双打正手接发推扑球:争取高的击球点,前臂迅速内旋,带动手腕转动,屈食指紧扣拍柄发力,以正拍面向前下方拍击球托正部,使球以与球网平行或是过网以后向下的弧线飞行,落至对方中后场区域。

双打正手接发拨半场球:取高点击球,用食指和拇指捻动拍柄发力,以斜拍面收腕动作向对方半场区域拨击球托右侧,使球呈低弧线飞行,越过对方前场选手,落至两人之间半场位置。击球后掌心向下,持拍手以制动动作结束,随后随球向前场跟进,并将球拍收回至头顶前上方,准备封击下一个来球。

② 反手前场接发球技术:判断来球,做好准备。持拍手反手握拍伸向来球方向,右脚向前跨步的同时做内旋引拍,准备击球。

击球动作:

反手接发拨半场球:争取高点,拇指和食指捻动拍柄,以斜拍面收腕动作向对方半场区域拨击球托左后侧。

反手接发推扑球技术:争取高点,前臂迅速外旋并收腕,拇指前顶紧握拍柄向前下方发力,反拍面拍击球托正部。

击球后持拍手以制动动作结束,准备封击下一个来球。

③ 双打后场接发抽杀球技术:持拍手对准来球方向,抬肘,以鞭打动作快速向后倒臂引拍。正手抽杀球时击球点在右肩前上方,头顶抽杀球时击球点在左肩头顶上方。击球时,上臂和前臂迅速内旋,带动手腕快速闪动,手指由松至紧屈指发力,用正拍面快速将球向对方场区击出。注意:击球后要控制住手臂,不要挥臂过大,要迅速收回至体前位置,准备回击下一个来球。

4. 击球技术

羽毛球的击球技术按场地区域划分,可以分为前场击球技术、中场击球技术、后场击球技术。

(1)前场击球技术:前场搓球、放小球、挑球、推球、勾对角小球、扑球、拨半场球和封网等技术(见图 3-5-13)。

前场击球技术

图　3-5-13

① 前场正(反)手搓球：将对方击至网前高手位置的球，用斜拍面以"搓""切"等动作击球，使球在摩擦力的作用下旋转飞行，擦网而过，使球落点在对方网前。

其技术动作要领如下。

判断起动：判断来球后，运用正(反)手上网步法向身体右(左)侧的来球方向起动、移动，同时以肩肘为轴，前臂外旋(内旋)带动伸展，在身体的右(左)前方做适量的半弧回环引拍，左手自然后伸与右手反方向平行，保持身体平衡、准备击球。

击球动作：击球点选择在距离球网顶端 10～30cm 的位置。正手搓球击球动作：用食指、拇指捻动球拍，手腕由展腕至收腕发力，由右向左以斜拍面摩擦切击球托的右后侧部位，使球呈下旋翻滚过网称为"收搓"。击球动作由收腕到展腕发力，由左向右以斜拍面切击球托左后侧部位，使球呈上旋翻滚旋转过网称为"展搓"。反手搓球击球动作：运用食指、拇指捻动球拍，收腕由展腕至收腕发力，以斜拍面由左至右切击球托的左后侧部位称为反手"收搓"。手腕由收腕至展腕发力，以斜拍面由右向左切击球托的右后侧部位称为反手"展搓"。

击球后回动：击球后右脚立即蹬地向中心位置回动，同时手臂收回至胸前，准备回击下一个来球。

② 前场正(反)手放小球：将对方击来前场低手位(几乎触地)的球轻轻一击，使球擦网而过落在对方前场区域。

其技术动作要领如下。

判断起动：网前起动准备动作基本同前场正(反)手搓球。

击球动作：前场低手位击球点在腰部或跨步腿膝盖以下的位置。正手放小球击球动作：手掌放松空出，仅用手指握住球拍柄，呈水平伸向球托底部，靠身体前冲力量和拇指、食指力量将接近地面的球轻轻向上"抬举"球托底部，使球直线越过球网，贴网下落至对方前场区域。反手放小球击球动作：借用跨步前冲力量，拇指轻轻向前上方抖动发力抬击球托底部，使球越过球网，贴网落入对方前场区域。

击球后回动：同前场正(反)手搓球回动步伐。

③ 前场正(反)手挑球(挑高球)：将对方击至前场低手位的球，以由下至上的弧线回击至对方后场端线上空的球为前场正手挑高球。这一技术是被动情况下为赢得回位时间而经常采用的一种过渡性技术。

其技术动作要领如下。

判断起动：网前起动准备动作基本同前场正(反)手搓球。

击球动作：前场低手位击球点在腰部或跨步腿膝盖以下的位置。正手挑高球击球动作：前臂迅速内旋，带动手腕向前上方展腕发力击球，将球向对方场区上空高高挑起，以高弧线飞行，落至对方场区底线附近。反手挑高球击球动作：前臂外旋带动手腕，利用大拇指的顶力向前上方收腕发力将球向对方后场上空击出，落入对方场区底线附近。

击球后回动：同前场正(反)手搓球回动步伐。

（2）中场击球技术：中场平抽平挡球、接杀挑高球、接杀平抽球、接杀勾对角小球、接杀放直线小球、接杀拨半场球和抽杀球技术。

　　① 中场正反手平抽平挡球技术：运用正手或反手击球姿势，将对方击至肩部高度附近的球，以齐网的飞行弧线，还击至对方中后场区域，或者快挡过网的球（见图 3-5-14）。

中场正反手
平抽平挡球

(a)　　　　　　　　(b)

(c)　　　　　　　　(d)

图　3-5-14

　　中场正手平抽快挡击球技术动作要领如下。

　　判断起动：击球前做好准备姿势，准确判断，适时移动。跨步的同时，持拍手以肩为轴，手臂屈肘后引，前臂向后外旋回环带动手腕伸展引拍。

　　击球动作：分平抽球和快挡球击球两种。正手平抽球击球动作：持拍手的肘关节后引，前臂迅速向前内旋，带动手腕屈收发力，向前推压击球，使球以一定的速度齐网平行飞行至对方场区。正手快挡球击球动作：击球时主要以食指和拇指控制住拍面，向前推送击球，使球以低弧线越过球网，落入对方前场区域。挡球的击球点较平抽低一些。

　　击球后回动：击球后惯性动作小，要迅速收拍，同时右脚回位一步成准备姿势。

　　中场反手平抽快挡击球技术动作要领如下。

　　判断起动：持拍手以肩为轴，上臂带动前臂内旋回环引拍，向来球方向伸出。

　　击球动作：分平抽球和快挡球击球两种。反手平抽球击球动作：击球时前臂外旋带动手腕屈收闪动，利用拇指的顶力向前推送发力击球。球的飞行弧线同正手平抽球。反手快挡球击球动作：以反拍面对准来球，几乎没有击球前的预摆引拍动作，以拇指和食指控制球拍，向前推送挡球。击球后球的飞行弧线轨迹同正手快挡球，挡球的击球点较平抽球低一些。

击球后回动：击球后前臂以制动作结束，收拍成准备姿势。

② 中场接杀挑高球技术：将对方杀至腰部以下位置的球，以高弧线回击至对方后场底线附近的球为接杀挑高球接杀球回击，可挑对方后场底线，勾对角，轻挡网前（见图 3-5-15）。

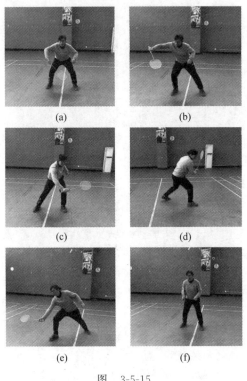

中场接杀挑高球

(a)　　　　(b)

(c)　　　　(d)

(e)　　　　(f)

图　3-5-15

正手接杀挑高球击球动作要领如下。

判断起动：降低身体重心，运用正手接杀球步法向来球方向移动，同时以上臂带动前臂和手腕外旋做一定的弧形引拍，球拍与跨步脚脚尖同时指向来球，准备击球。

击球动作：以肘为轴，前臂和手腕迅速内旋，食指紧扣拍柄，展腕发力将球击出，使球呈高弧线飞行，落入对方场区底线附近。

击球后回动：同中场抽挡球回动步伐。

反手接杀挑高球击球动作要领如下。

判断起动：降低身体重心，运用中场接杀球步法向来球方向移动，在跨步脚前迈的同时，持拍手的上臂内旋，带动前臂和手腕做一定的弧形引拍，伸向左侧来球方向，准备击球。

击球动作：以肘为轴，前臂和手腕迅速外旋，利用拇指的顶力发力，紧握球拍，以收腕动作将球击出，使球呈高弧线飞行，落入对方场区底线附近。

击球后回动：同中场抽挡球回动步伐。

（3）后场击球技术：高远球是后场击球技术的基础，其他击球技术都是在高远球击球技术基础上的"延伸"技术。后场高远球指由底线击至对方底线的一种高弧线飞行球。

① 后场正手高远球击球（见图 3-5-16）动作要领如下。

后场正手高远球

图 3-5-16

判断起动：运用后场正手后退步法向右后侧区域的来球方向移动，同时持拍手臂以 45°夹角屈肘举于体侧，左手自然上举保持平衡，侧身对网，重心在右脚上，呈击球前准备姿势。当球下落到一定的高度时，持拍手肘部上抬，手臂外旋，充分后倒，以肩为轴做回环引拍动作，手腕充分伸展，形成击球前较长的力臂，左手随转体动作伸向左侧，协调右手发力，准备击球。

击球动作：击球点在右肩前上方，前臂急速内旋，带动手腕加速向前上方挥动，屈收手腕，屈指发力，用正拍面以与地面成近 120°的仰角在空中最高点将球向前上方击出，高弧线飞行，落入对方场区底线附近。

击球后回动：击球后持拍手随击球动作完成后的惯性向前下方挥动，左手协助保持身体平衡，起跳脚触地瞬间即向中心位置回动，同时持拍手由左前下方迅速收回至体前，准备迎接下一次来球。

② 后场反手高远球击球（见图 3-5-17）动作要领如下。

后场反手高远球

图 3-5-17

判断起动：以后场反手转身"后退"步法迅速向来球方向移动，身体稍向左转，背向球网，含胸收腹，反手握拍屈肘举于右侧与肩同高的位置，同时手臂内旋回环引拍，手腕稍有外展，双眼注视来球，准备击球。

击球动作(见图 3-5-18)：上臂和前臂急速外旋带动手腕加速,近似画一条弧线,由左下方经胸前向右前上方挥动,击球点在右肩上方。击球时手腕由伸展至屈收快速闪动屈指发力,利用拇指的顶力、其余四指的配合,紧握球拍,用反拍面将球向后场击出,使球高弧线飞行,落入对方场区底线附近。在完成击球动作的同时,右脚着地,身体重心落在右脚上。

击球后回动：完成击球后,身体重心在右脚上,持拍手由制动动作收回体前,准备迎接下一个来球。

(a)　　　　　　　(b)

(c)　　　　　　　(d)

图　3-5-18

③ 后场平高球：后场平高球是一项高手位状态下运用的后场进攻技术,其动作要领如下。

判断起动：同后场高远球起动步伐,注意手持拍手臂以 45°夹角屈肘于体侧。

击球动作：用比击高远球稍小(约 95°)的仰角拍面,将球击出为平高球,以平高弧线飞行,落入对方场区底线。

击球后回动：同后场正手高远球击球动作。

④ 后场吊球、劈球：后场吊球是将后场区域端线附近位置的球,回击到对方前场区域(前发球线附近与球网之间)紧靠边线两角的近网小球。

后场正手吊球、劈球(见图 3-5-19)动作要领如下。

判断起动：同后场正手高远球步伐,注意手持拍手臂以 45°夹角屈肘于体侧。

击球动作：吊球和劈球的击球点在右肩的前上方较击高远球稍前一点的位置。击球时手腕由伸腕到屈收带动手指捻动发力,使球拍向内或向外旋转,手腕手指控制力量,以斜拍面"切击"球托后部的右侧或左侧,使球呈对角线飞行,落入对方前场区域。

击球后回动：同后场正手高远球击球动作。

后场正手吊球、劈球

图　3-5-19

后场反手吊球、劈球（见图 3-5-20）动作要领如下。

后场反手吊球、劈球

图　3-5-20

判断启动：同后场反手高远球后退启动步伐。

击球动作：击球瞬间拍面与地面的夹角保持 90°左右，以稍带有前推的动作击球，斜拍面沿从左向右的轨迹向前下方切击球托的后中部，避免击球不过网。

击球后回动：同后场反手高远球。

⑤ 后场杀球：将球由高而下地向对方场区全力扣压过去的一种球，采用高手位击球。杀球技术的击球力量最大，速度最快，威力也最大，是进攻得分的重要手段。

后场正手杀球（见图 3-5-21）动作要领如下。

后场正手杀球

图　3-5-21

判断起动：同后场正手高远球步伐，注意手持拍手臂以 45°夹角屈肘于体侧。

击球动作：击球点选在右肩前上方较击高远球、吊球更前一点的位置上。击球前，为获得较大的力臂，可充分调动下肢、腰腹和上肢的力量，使身体后仰呈"弓形"准备发力击球。击球瞬间前臂带动手腕由伸到屈快速闪动，以正拍面向前下方发力压击球，使球自上向下飞行落入对方中后场区域。

击球后回动：同后场正手高远球击球动作。

后场反手杀球（见图 3-5-22）动作要领如下。

后场反手杀球

图　3-5-22

判断起动：同后场反手吊球、劈球。

击球动作：击球点较击高远球和吊球靠前，击球时拍面的仰角较小。

击球后回动：同后场反手高远球。

5. 步法技术

羽毛球步法视来球距离的远近，可运用并步、交叉步、蹬跨步等移动方式，选用一步、两步或三步移动步法击球（见图 3-5-23）。

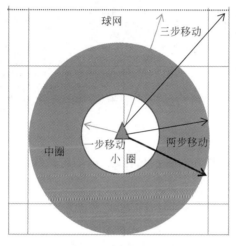

图　3-5-23

羽毛球的步法技术同击球技术一样也是按照前场、中场、后场三个区域（见图 3-5-24）进行技术运用。

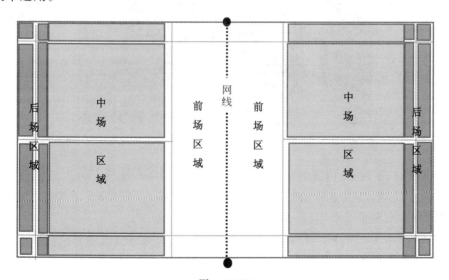

图　3-5-24

（1）前场步法（图3-5-25）：前场上网、起跳扑球移动步法。羽毛球上网步法的特点是前脚从后脚跟落地刹那停止并缓冲至全脚掌。后脚拖行一段距离以保持重心并有利于下一步的回到中场。

前场步法

图　3-5-25

前场正手上网步法：来球在右侧前场区域，运用蹬跨步、交叉步或垫步移动法向右侧的前场区域移动击球。

前场反手上网步法：来球在左侧前场区域，运用蹬跨步、交叉步或垫步向左前方移动击球。

（2）中场步法（见图3-5-26）：中场接杀球、起跳腾空抽杀球移动步法。

中场步法

图　3-5-26

中场正手击球步法：由场地中心位置向右侧区域移动击球的步法。

中场反手击球步法：由中心位置往左侧移动击球步法为中场反手区域移动步法，分为中场反手一步、两步接杀球步法和中场头顶腾空击球步法。

（3）后场步法（见图3-5-27）：由中心位置向后场区域移动击球的步法称为后场（后退）步法。根据来球区域的不同分为后场正手、头顶和反手转身"后退"步法。根据击球位置不同有主动击球步法和被动击球步法之分。

后场步法

图　3-5-27

3.5.3　羽毛球运动基本战术

1. 单打的基本战术

发球抢攻战术;攻后场高远球技术;打四方球战术;杀、吊上网战术。

2. 双打的基本战术

攻人战术(二打一);攻中路战术;后攻前封战术;防守反击战术;压后场拉开反击战术;前场打点封压进攻战术。

3.5.4　羽毛球运动竞赛规则简介

1. 羽毛球场地

羽毛球场地是一个长 13.40m,单打宽 5.18m、双打宽 6.10m 的长方形场地。中间横隔长方形的球网,两端网柱高 1.55m,中间网高不低于 1.524m,运动员各占半个场区,每个半场画有前、后发球线,中线把场地分成左、右两个发球区。单打场地、双打场地、单双打二合一场地(见图 3-5-28)。羽毛球可由天然材料、人造材料等制成,每个羽毛球为 4.75～5.50g,应有 16 根羽毛固定在球托底部。

2. 竞赛规则

(1) 羽毛球运动基本规则。

国际羽联于 2006 年 2 月 1 日起正式实行 21 分制。21 分制实行每球得分制,所有单项的每局获胜分都是 21 分,最高不超过 30 分。每场比赛采取三局两胜制,先得 21 分的一方获得比赛胜利。如果双方比分为 20 平,获胜一方需超过对手 2 分才算获胜。如果双方比分打成 29 平,则先得到第 30 分者为胜方。首局获胜一方在接下来一局比赛中先发球,当任一方在比赛中得到 11 分后,比赛将间歇 1 分钟;两局比赛之间的间歇时间为 2 分钟。第一局比赛结束时,双方应交换场地。若局数为 1∶1 时,在第三局比赛开始前,双方应交换场地。在第三局(决胜局)比赛中,领先一方比分达到 11 分时,双方应交换场地。

双打比赛发球权为单发球权,后发球线保留,现行规则适用,双方选手通过投掷硬币(或挑边器)确定由哪一方来选择是先发球或后发球,以及选择场地。无论单、双打比赛,

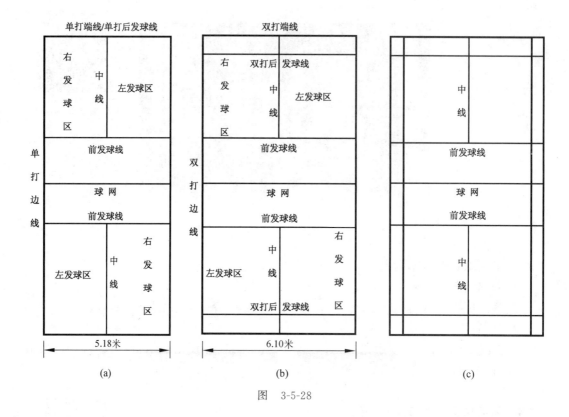

图 3-5-28

每局比赛开始均应从右发球区开始发球。凡发球一方得分为 0 或双数时,站在右发球区发球,得分为单数时,站在左发球区发球。接球一方必须站在相对应的接发球区内进行接球。发球时,双方均应从静止姿势开始,必须站在各自的发球区内,不得踩线,击球点高度不超过 1.15m,双脚不得离地,否则判违例。双打比赛时,发球队员和接发球队员站在各自的区域,同伴则可站在场地上的任何位置,但不能遮挡对方发球或接发球的视线。发球者球拍一旦接触球,双方就可以在各自的区域内自由移动和击球。

羽毛球比赛分为男子单打、女子单打、男子双打、女子双打、混合双打、男子团体、女子团体。团体比赛通常采用五局三胜制,单打和双打比赛常采用三局两胜制,不受时间限制。

（2）羽毛球裁判基本手势。

停止练习手势（主裁判出示,指向场地练习运动员）：在很多情况下可以用到,一般比赛开始前场上球员进行练习或者换球后举起右手示意场上球员停止练习（见图 3-5-29）。

换发球手势（主裁判出示,指向发球方）：当场上一球结束时示意场上球员换发球时用该手势,手要指向发球方（见图 3-5-30）。

图 3-5-29

　　触网(主裁判出示,指向犯规方一侧):当场上球员出现触网现象时示意触网,手要放在触网方的球员方向(见图 3-5-31)。

图　3-5-30

图　3-5-31

　　过网击球手势(主裁判出示,指向犯规方一侧):场上球员在比赛过程中如果击球点过网要示意球员过网击球,一般此情况发生时主裁判应立即做出手势示意球员(见图 3-5-32)。

(a)

(b)

图　3-5-32

　　暂停手势(主裁判出示,向场上仍然进行比赛的运动员展示):该手势示意场上球员比赛暂停,一般用于发生特殊情况时或者中场休息时使用(见图 3-5-33)。

　　得分手势(主裁判出示):用于示意该球员得分,抬手方向为得分运动员(见图 3-5-34)。

图　3-5-33

图　3-5-34

出界(边裁出示,提供给主裁判判罚依据):球落地时判断球是界内还是界外,双手张开示意该球是界外球(见图 3-5-35)。

界内(边裁出示,提供给主裁判判罚依据):球落地时判断球是界内还是界外,单手指向界内示意球是界内球(见图 3-5-36)。

图　3-5-35　　　　　　　　　　　　图　3-5-36

3.5.5　羽毛球选项课考核评价标准

1. 课程考核方式与成绩评定

(1)考核类别:技术考试。

(2)考核形式:随堂考试。

2. 第一学期羽毛球课程成绩计算

课程成绩(100 分)=体育专项考试成绩(20 分)+四项体能测试成绩(40 分)+学生平时成绩(40 分=上课出勤率、学习态度等 10 分+线上课程学习 10 分+课外体育锻炼 20 分)

3. 第二学期、第三学期、第四学期羽毛球课程成绩计算

课程成绩(100 分)=体育专项考试成绩(40 分)+四项体能测试成绩(20 分)+学生平时成绩(40 分=上课出勤率、学习态度等 10 分+线上课程学习 10 分+课外体育锻炼 20 分)

4. 羽毛球课程各测试项目及评分标准

(1)体育专项考试项目。

专项技术考核内容:正手发高远球和高远球对拉。

专项技术评分标准:

正手发高远球考试第一学期成绩占到总成绩的 5%,第二学期、第三学期、第四学期成绩占到总成绩的 10%。

高远球对拉考试第一学期成绩占到总成绩的 15%,第二学期、第三学期、第四学期成绩占到总成绩的 30%。

注:高远球对拉考试中分为技评和达标两部分,其中技评第一学期成绩 5 分,第二学期、第三学期、第四学期成绩 10 分;达标第一学期成绩 10 分,第二学期、第三学期、第四学期成绩 20 分。

（2）四项体能测试项目和标准。

男生：50m 跑、1000m 跑、立定跳远、引体向上。

女生：50m 跑、800m 跑、立定跳远、1min 仰卧起坐。

评分标准：严格执行教育部印发的《国家学生体质健康标准（2014 年修订）》。

体能测试项目成绩：四单项平均得分。第一学期，每项 10 分；第二学期、第三学期和第四学期，每项 5 分。

（3）学生平时成绩和标准。

上课出勤率：请假、迟到、早退一次扣 1 分；旷课一次扣 2 分。

学习态度、课后作业等：教师根据学生平时上课的表现和作业完成情况来进行评定。

线上课程学习：由学校公体部制定统一的评价标准。

课外体育锻炼：由学校公体部制定统一的评价标准。具体评价按照当年学校文件来执行。

3.6　网　　球

3.6.1　网球运动概述

1. 网球运动的起源与发展

网球运动是两人或四人在一块长 28.77m，宽 8.23m（单打）或 10.97m（双打），中间隔一网的场地上，用球拍来回击打一个有弹性的橡皮小球的一项球类运动。

网球运动的起源可以追溯到 12—13 世纪法国传教士在教堂回廊里用手掌击球的游戏。他们在教堂的回廊里用手击打一种用布裹着头发的布球。据说当时公认埃及的"坦尼斯"小镇所生产的球为最佳，英语网球（tennis）的发音就是由坦尼斯的谐音演变而来的。14 世纪中叶，法国的一位诗人把当时的网球游戏介绍到法国宫廷，作为王公贵族的消遣活动。1358—1360 年，这种游戏传入英国。法国王储赠送网球（用布包着头发的布球）给英王。英王颇感兴趣，并在宫廷内建造室内网球场。当时这种供上层贵族消遣的室内活动，平民百姓不可能涉足，所以有"贵族运动"的雅称。

16—17 世纪，是法国和英国宫廷从事网球活动的兴盛时期。到了 17 世纪中叶，场地中间的绳帘改成了小方格网子，而球拍也改成穿线的球拍。随着球拍的变化，球也随之发生改变，最初的球很柔软，主要有羊毛和麻绳制成，弹力非常小，这是由于当时的场地面积较小，运动时都是宫廷服饰，人们的活动范围不大，所以对球的弹力要求也不高。随着这项运动的发展，人们对这项运动有了更高的要求，网球服装越来越轻，场地逐渐变大以及板拍的出现，一种比较结实的用皮革充填、锯屑和细砂制成的球应运而生。直到 1845 年用橡胶制成的网球的出现，给网球运动带来了一次革新。

1858 年，英国人哈利·梅姆在草地上建立了早期的"网球场"，促进了早期网球游戏的开展。1873 年，美国人沃尔克·克洛普顿·温菲尔德把早期的网球打法进行改进，变成了夏天在草原上进行的一项娱乐运动，并取名为"草地网球"。同年他还出版了一本以《草地网球》为题的小册子，对这项运动进行了详细的介绍。从此草地网球问世，成为英国最流行的室外运动,温菲尔德因此享誉"近代网球之父"之名。1875 年,英国的板球俱乐部制定了网球比赛规则。1877 年 7 月,全英板球俱乐部更名为全英板球和草地网球俱乐部,并第一次举办温布尔登男子网球单打比赛。后来由这个组织确定了网球场地为一个长方形的平面,长 23.77m,宽 8.23m,积分采用中世纪古老式记分方法,0 分叫 love,胜一分叫 15,胜两分叫 30,胜三分叫 40,平分叫 deuce。球网中央的高度为 90cm。1884 年,英国伦敦玛丽勒本板球俱乐部把球网中央高度改为 91.4cm。现在网球比赛所采用的网球规则,基本上是 1877 年 7 月温布尔登比赛的规则。

1874 年,美国女运动员玛丽·尤因·奥特布里奇从百慕大的英国陆军军官手里买了网球器材,用这些器材在美国纽约斯塔腾岛板球和棒球俱乐部的场地内建立了第一个网球场,美国网球运动从此拉开序幕。1881 年,美国成立草地网球协会,并在罗得岛的新港举办了首次美国男子冠军锦标赛。

1891 年,法国首次举行了男子单打和男子双打锦标赛。1900 年,又举办了现在人们熟知的"戴维斯杯",1904 年,澳大利亚草地网球协会成立,并于 1905 年举办了第一届澳大利亚网球锦标赛。1912 年 3 月 1 日,澳大利亚、美国、法国等十二国的网协代表,在巴黎召开会议,成立了世界网球的最高组织——国际网球联合会,总部设在伦敦。1972 年由 60 名男子职业网球运动员成立了国际男子职业网球协会,1973 年国际女子网球协会成立。20 世纪 90 年代后网球的发展,普及度逐步扩大,运动员的水平进一步提高,器材的科技性改革,以及各种大赛奖金的不断提高,促进了世界网球运动的盛行。

网球运动的由来和发展可以用四句话来概括:孕育在法国,诞生在英国,开始普及和形成高潮在美国,现在盛行全世界,被称为世界第二大球类运动。

2. 网球运动在中国的发展

中国网球运动开展得益于基督教会。19 世纪后,英法等国先后在上海、北京、天津、广州、香港等大城市创办教会学校,在全国大中城市建立基督教青年会。许多传教士和外籍教师喜欢打网球,他们的工作对象是青年学生,体育又是青年会的主要活动内容,网球运动因此在中国兴起。

1898 年上海圣约翰书院举行的斯坦豪斯杯赛,是中国网球史上最早的校内比赛。1906 年北京汇文学校、协和书院、清华学校之间,上海圣约翰大学南洋公学、沪江大学以及南京、广州、香港的一些学校之间开始举行校际网球赛,促进了网球运动在中国的传播。1910 年在南京举行的第一届全国运动会共四项比赛,网球就是其中之一。从第三届开始又增加了女子网球项目,并一直延续到 1948 年的第七届全国运动会。

中华人民共和国成立以后,网球运动得到了进一步的发展,1953 年成立了中国网球协会,在天津市举办了新中国的首次全国网球表演赛。1956 年举办了全国网球锦标赛,后来全国网球等级联赛定期举行,并实行升降级制度,还定期举办全国网球单项比赛,全国硬地网球冠军赛,全国青少年网球比赛巡回赛以及老年网球赛,高校网球赛,少年网球赛。这些竞赛对促进网球技术水平的提高起到了积极的推动作用。

1959 年,新中国的第一代网球选手朱振华和梅福基在波兰索波特国际网球赛中首次赢得男子双打冠军。1965 年,戚凤娣和徐润珍分别获得索波特国际网球赛的女子单打冠军和亚军。1979 年,余丽桥在东京国际网球赛上获女双冠军。1980 年,中国网球协会被国际网联接纳为正式会员。1981 年,李心意和胡娜获美国白宫杯少年网球锦标赛女子双打冠军。1983 年中国男子网球队在吉隆坡摘获了亚洲最高水平的男子团体桂冠。1986 年,中国女子网球队在第十届汉城亚洲运动会的团体赛中夺冠,李心意获得女子单打冠军。

1992 年,我国正式实行巡回赛制,巡回赛的实行激发了运动员和爱好者的参赛积极性,比赛的对抗程度和激烈程度大幅度提高,青少年选手得到了锻炼,涌现出一批新秀。其中潘冰蝉获得 1990 年和 1994 年两届亚运会男单冠军。1991 年,夏嘉平参加世界大学生运动会网球比赛,获得男子单打冠军。1995 年,中国女子网球运动员李芳,世界排名进入前 50 名。2004 年雅典奥运会上,我国女子双打选手李婷、孙甜甜获得中国奥运会史上第一块网球金牌。2006 年 1 月,中国选手郑洁、晏紫在澳大利亚网球公开赛获得女双冠军,同年 6 月她们在温布尔登网球锦标赛获得女双冠军。李娜在 2001 年法国网球公开赛、2004 年澳大利亚网球公开赛女子单打比赛中均获得冠军,职业排名上升至世界第二,这是亚洲历史上女子单打的最好成绩。这些成绩说明我国网球运动竞技水平有了大跨步的提升,然而从世界网球水平的角度来看,我国网球运动员竞技水平存在的差距是相当大的,男子方面,中国网球运动员正向进入世界排名前 100 名努力奋斗。李娜退役后,女子网球的下一个领军人物也亟须出现。

3. 网球运动的项目特点

(1) 突出的竞技性与频繁的国际比赛。

网球运动是一项竞技性极强的运动项目,一方面它的技术含量高,实战中的技术内容多种多样;另一方面,一场势均力敌的网球比赛对运动员的体能和心智有较高的要求。网球比赛是双方运动员在技战术能力、体能和心态方面的综合较量。目前国际上各种类型的高水平赛事非常多,几乎每周都会有大型的国际网球赛,其中四大满贯赛设置单项比赛项目及男女单打、男女双打和男女混双比赛。比赛采用淘汰制,男子为五盘三胜制,女子为三盘两胜制。另外,世界上最著名的团体项目赛事是戴维斯杯和联合会杯这两项比赛,必须以国家或地区为单位参加,该比赛由各赛区选拔赛和最后决赛组成,主要目的是保证决赛的各个参赛队必须代表世界最高水平。

(2) 浓厚的商业色彩与高水平运动员的职业化。

由于网球运动具有极高的观赏性,其本身具有很高的商业价值,世界上各种大赛所设的高额奖金的刺激,使网球运动成为当今世界上最活跃的竞技项目,也是当今世界上最为热门的运动项目之一。

网球运动发展的另一个动力来源于商业化运作,而商业化运作对运动员来说,其动力在于高额奖金的刺激。目前四大满贯赛事奖金总额都是大几百万美元或英镑。网球运动本身具有超强的商业功能,从运动器材到品牌宣传,从竞赛出场费到比赛奖金,从品牌代理到形象代言人,再到著名公司赞助,著名运动员加之各种商业广告等构成了一个巨大的商业运作体系。

（3）高水平运动员的明星效应与项目本身的吸引力。

网球运动突出体现了竞技体育的美，竞赛中的击球动作和跑动与滑步展现了速度美、力量美、协调美、舒展美。运动员在充分展示其高超球技的同时，还张扬出个人魅力与个性。职业网球运动多年来造就了众多的球星，他们代表着不同的年代，也影响着同一时代和不同时代的球迷。网球运动要求运动员具有良好的球场道德和绅士风度，在比赛中要展示出良好的体育竞技风尚，网球运动既体现出竞技中的对抗，又在练习与比赛中体现了力与美。

4. 网球运动的健身功能

（1）网球运动能改善和提高心血管系统、呼吸系统的形态与机能。

经常参加网球运动，可使心血管系统的形态和机能有明显的改善和增强。主要表现在如下三方面。第一，心肌肥厚，心腔增大。在网球活动中，心脏毛细血管开放数量增多，心肌的血液供应和新陈代谢加快，增加了心肌中蛋白质和糖原的储备，心肌纤维增粗，心肌增厚，心肌收缩力量增大，心脏容积也增加。第二，心动徐缓。经常参加网球运动，由于脉搏输出量的增加，每分钟心跳次数将减少。第三，增大血管口径，使毛细血管增多。经常从事网球运动，加速全身的血液循环，能使人体的毛细血管增多，加大了机体的供血量，提高了机体形成代谢的能力和肌肉持续工作的能力。

人的呼吸系统是由呼吸道和肺组成，它在人的新陈代谢、吐故纳新中有着重要作用。经常参加网球运动，可以使呼吸系统的形态和技能得到改善和提高，主要表现在如下两方面。第一，增强呼吸力量，加大呼吸深度。在较长时间的有氧运动过程中，呼吸得到锻炼，其肌纤维增粗，肌力增大。第二，增加肺活量增强肺泡的活性。经常从事网球运动的人，由于肺泡弹性增大，呼吸力量增强，其肺活量比不锻炼的人大 20％左右，肺活量的提高反映了肺的储备能力和适应能力，以及肺的最大工作量能力的提高，能够适应和满足加大运动负荷对呼吸系统的要求。

（2）可以提高和改善中枢神经系统的功能，发展灵敏和快速反应能力。

网球运动过程中，运动员大脑处于一定的紧张状态，促使大脑皮质细胞兴奋与抑制的活动加强，有利于提高神经过程的均衡性、灵活性和准确性，还可以提高中枢神经系统对外界刺激的适应能力，增强神经系统快速动员机体各种防御机能抵抗致病因素的能力。网球运动中，运动员不仅要迅速准确地判断出对方来球的落点、旋转速度以及战术意图，而且要迅速果断地做出动作的决策，采用相应的技术进行还击，这就要求运动员具有判断快、起动快、步伐移动快、出手需求快、动作还击快以及战术决策快等专项素质。可见网球运动有利于提高速度力量、快速反应能力及决策果断性。

（3）有利于身体素质的全面提高。

网球运动是一项能够全面提高身体素质的运动。网球的特点决定了它能同时锻炼人的反应速度、动作速度和移动速度，网球的球速快、落点变化多，运动员必须根据不同的球速和落点决定跑动路线和采取正确的击球方式，这样反复的锻炼会起到提高人体反应速度和移动速度的效果。

（4）可以有效防治文明病。

防治文明病,除了饮食心理、医疗环境的调节,适宜的运动也是积极有效的方法之一。网球运动作为老少皆宜的一项运动,受到人们的欢迎。网球运动是以有氧运动为主的体育项目。经常练习,可以促进冠状动脉循环,改善冠状动脉供血,降低血糖浓度,增大冠状动脉口径,改变心脏缺氧、缺血的情况,有效防治冠心病。网球运动能改善机体脂质代谢,降低血液中对人体有害的低密度脂蛋白和甘油三酯含量,提高血液中有预防和减轻动脉硬化作用的高密度脂蛋白、胆固醇,从而提高动脉血管的弹性,防止高脂血症的产生。

网球运动员可以有很长的运动寿命。现在网球运动对高水平运动员的培养,一般从5岁左右开始,优秀运动员在16～18岁的年纪即达到运动巅峰,一般男运动员会晚一些,在18～20岁时期会出现运动高峰。随着年龄的增长,高水平运动员的经济水平及世界排名可能会下降,在后来可能会退出职业网坛,但只要坚持,可以在身体条件允许的情况下打到80岁左右。对于业余选手或网球爱好者来说,只要坚持并科学地从事网球运动,就完全可以拥有一个健康的身体,并做到活到老打到老。

3.6.2　网球运动基本技术

网球运动的每一次击球,一般都应当由准备开始,判断对方来球,通过脚步的积极移动,到位后的合理击球以及击球后的回位组成。

1. 正手击球技术

正手击球技术是网球运动中最基本和最重要的击球技术之一。它既是初学者的入门技术,又是多数运动员用于得分取胜的主要手段之一。在正式比赛中,底线大概有70%～80%使用正手击球技术。

正手击球

握拍:网球拍的握柄有八个面和八个棱,球员可以通过两个关键的位置来定位不同的握拍(见图3-6-1)。一个是食指掌指关节,另一个是掌根关节。在进行正手击球时,通常采用东方式握拍(食指关节位于3号面)、半西方式握拍(食指关节位于4号面)以及西方式握拍(食指关节位于4、5位置的棱上,甚至是5号面)。握拍方式通常情况下由击球高度来决定。也就是说,如果球员希望在高点击球,那么就更适合使用半西方式或西方式握拍,而不是传统的东方式握拍。

正手击球技术由四个环节组成,即准备姿势、转肩引拍、挥拍击球和随挥。

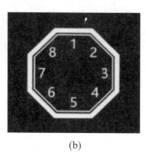

(a)　　　　　　　　　(b)　　　　　　　　　(c)

图　3-6-1

（1）准备姿势（见图 3-6-2）。

两脚自然站立，与肩同宽，双膝微屈，上体略前倾，背部挺直，重心落在前脚掌上，右手持拍于腹前，左手扶拍颈，两肘自然下垂略外张，拍头稍高于柄。球员准备姿势的身高，应该比正常身高低 30cm。且在整个移动过程中，都要保持这个高度。球员必须在对手触球前进行分腿垫步，分腿垫步双脚大约离地 2.5～5cm。重心落在前脚掌上，准备向来球方向移动。

(a)　　　　　　(b)　　　　　　(c)

图　3-6-2

（2）转肩引拍（见图 3-6-3）。

一旦判断对方来球是正手方向，左手马上推拍，同时双肩向右侧转动，左脚上步，使左肩和胯侧对球网。随着转体，右手应快速平稳地向后拉拍，拍头高于手腕，引拍结束时，使球拍指向后方。拍柄底部指向来球，沿水平的直线拉拍，要迅速协调。同时眼睛盯球，做好击球准备。

(a)　　　　　　　　　　　(b)

图　3-6-3

（3）挥拍击球（见图 3-6-4）。

根据来球情况，适度弯曲膝关节，接着蹬腿转髋，对准来球方向，迅速向前挥拍。髋和躯干的运动加快。增加右肩的挥拍速度。身体重心从后脚移向前脚,迎上击球,挥拍轨迹由下而上,此时,应绷紧手腕握紧球拍,防止拍子在手中晃动,而打出不稳定和力量不足的球。击球点在身体右前方时钟的 2 点位置,击球时,拍面垂直于地面。

(a)   (b)

图 3-6-4

(4)随挥(见图 3-6-5)。

击球后,球拍应随球的方向做较长的前挥跟随动作,球拍的前挥,应尽可能向前方伸展,直到手臂和拍头无法再向前运动为止。此时,小臂内旋掌心向外,同时左手上举扶住拍柄,身体旋转面对球网。随挥不仅能使击球动作显得流畅、协调和舒展,而且本身也是击球动作的一个重要组成部分。

(a)   (b)

图 3-6-5

2. 双手反拍击球技术

双手反拍击球技术,是指面对对方来球时,双手握拍反拍击球的技术动作,双手反拍击球的隐蔽性强、稳定性高、易于掌握,是很多选手采用的

反手击球

击球方式。

握拍：在进行双手反拍击球时，通常采用上手东方式正手握拍，左手东方式正手握拍（食指关节位于7号面），下手大陆式握拍，即右手大陆式握拍（食指关节位于2号面），（见图3-6-6）。两手应该靠拢，中间的空隙应不超过一个手指宽。此握拍，更有利于球员打出平击球，但并不利于对球施加上旋。除非手腕有强劲的力量。另外还可以采用双手东方式握拍，即右手东方式正手握拍（食指关节位于3号面），左手东方式反手握拍（食指关节位于1号面）。此握拍方式，既有利于击球发力，同时可以带有上旋。大多数底线进攻性打法的球员，会选择此握拍方法。

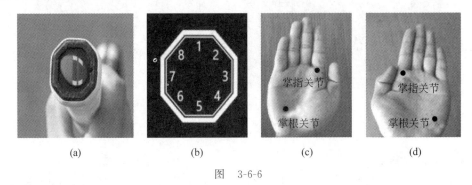

(a)　　　　　　(b)　　　　　　(c)　　　　　　(d)

图　3-6-6

双手反拍击球技术由四个环节组成，即准备姿势、转肩引拍、挥拍击球和随挥。

（1）准备姿势。

准备姿势与正手击球相同（见图3-6-1）。由于正反手击球的握拍方式不同，所以在反手击球前需要首先进行握拍的转换。一旦判断来球属于反手，右手马上转成反手握拍，左手顺着拍柄下滑至双手相接，成双手反手握拍。建议在两次击球之间用非持拍手握在拍颈，这样可以减轻持拍手的负担，同时方便完成切换球拍的动作。

（2）转肩引拍（见图3-6-7）。

(a)　　　　　　　　　　(b)

图　3-6-7

始于屈膝屈髋,以左脚为中心转动,右脚向左前方跨步转身。重心落在左脚上,引拍应尽量向后拉,转动上体使右肩前探,侧身对网,击球前拍头稍低于来球,手腕固定,手臂放松,手向后伸。

(3)挥拍击球(见图 3-6-8)。

蹬腿转髋,伸展手臂,绷紧手腕,击球点约同腰高,比单手反拍的击球点略靠后。约在右膝前时钟 10 点位置,球拍由下而上向前挥击,重心前移,眼中始终盯住球。一般击球后,仍保持低头姿势。击球时左臂大臂旋内,左腕弯曲。

(a)   (b)

图 3-6-8

(4)随挥(见图 3-6-9)。

随着上体转动,将拍子挥至高于右肩,拍头至后背结束,身体面向球网,随挥要充分。

(a)   (b)

图 3-6-9

3. 截击技术

当球还未落地并在空中飞行时(高压球除外)被凌空打掉,称为截击,也叫拦网。截击缩短球的飞行距离和时间,扩大击球角度,加快回球速度,在网球比赛中是得分的重要手段之一。学习截击技术,不仅能够提高球感,还能提高学习者的兴趣。

（1）正手截击技术。

在进行正手截击时，通常采用大陆式握拍或大陆式和东方式之间的握拍，即掌根关节在第一个面上，食指掌指关节在第二个面上。正手截击技术由四个技术环节组成，即准备姿势、转肩引拍、前挥击球和随挥动作。

正手截击

准备姿势：正手击球的准备姿势与底线相同，双脚左右开立，膝关节弯曲，降低身体重心，保持背部肌肉的紧张（见图 3-6-10）。对手击球前的一刹那，球员必须做分腿垫步，重心在前脚掌上，肌肉保持适度紧张，目的是重新调整身体重心并建立平衡，有助于判断来球的方向，并能够向各个方向移动以及做出相应的反应，还能使腿部肌肉储存弹性，落地时产生爆发力，从而增强快速移动的潜能。

(a)

(b)

图　3-6-10

转肩引拍：判断来球方向，立即转肩向右约 45°，使球拍做一个简短的后摆引拍，强调引拍不得超过右肩，拍头向上高于手腕，眼睛盯住来球（见图 3-6-11）。

(a)

(b)

图　3-6-11

前挥击球：左脚向来球方向跨出，手腕绷紧在身体前面，以非常短促地碰和推击球，球拍向下向前移动,双肩向前转,肘部伸展,同时拍面稍打开。在向前碰球、推球的过程中略带一些切削(见图 3-6-12)。这样能将球击向对方场地。

图　3-6-12

随球动作:球拍向下移动,身体各部分逐渐减速,随球动作幅度极小,球拍触球后,沿击球方向送出 30cm 左右,并及时恢复准备姿势(见图 3-6-13)。

(a)　　　　　　　　　　(b)

图　3-6-13

(2) 反手截击技术。

反手截击看起来比较简单,其实并不容易掌握。好的反手截击技术能够给对手带来非常大的压力。

反手截击和正手截击的握拍一样,通常是大陆式握拍。职业球员在时间允许的情况下,正反手截击的握拍略有不同,正手截击更偏向正手握拍,反手截击偏向反手握拍。反手截击技术由四个环节组成,即准备姿势、转肩引拍、前挥击球和随挥动作。

反手截击

准备姿势:反手截击的准备姿势与正手截击相同,这里就不再重复了,强调对手击球前的一刹那,球员必须做分腿垫步(见图 3-6-14)。

转肩引拍:判断来球方向,立即转肩向左约 90°,并用左手扶住拍颈处,使球拍做一个简短的后摆引拍,强调引拍不得超过左肩,拍头向上高于手腕,眼睛盯住来球(见图 3-6-15)。

图　3-6-14

图　3-6-15

前挥击球：右脚上步的同时，球拍向前对准球，做简短的撞击动作，要求手腕绷紧，手臂伸直，同时左手自然伸向后方，两臂分开做扩胸运动，以保持身体平衡（见图 3-6-16）。

图　3-6-16

随挥动作：球拍向前向下移动，身体各部分逐渐减速，随挥动作幅度极小，球拍出球后，沿击球的方向送出 30cm 左右，并及时恢复准备姿势（见图 3-6-17）。

(a)　　　　　　　　　　　　(b)

图　　3-6-17

4. 发球技术

发球是网球技术里面比较复杂的一项技术,要尽量掌握各种发球技术,以便在比赛中取得主动。一般来说发球可以分为平击、上旋、侧旋三种基本发球。侧旋发球的弹跳低、球速快,强烈的侧旋容易将对手拉出场外,而且侧旋的命中率比较高,一般在网球发球中,二发应用侧旋比较多。

发球

发球动作一般都采用大陆式握拍,侧旋发球技术由 5 个技术环节组成,即准备、抛球、引拍、击球、随挥。

（1）准备。

侧身站立,调整后脚位置,尽可能让后脚往中间点靠近,身体指向球网,身体放松,盯住对手站位(见图 3-6-18)。

(a)　　　　　　　　　　　　(b)

图　　3-6-18

（2）抛球。

抛球持球方式以掌心持球为最佳,手指轻放于球的周围,利用掌心将球推升,侧旋抛球位置应该在身体右侧,大概 1 点钟方向,抛球高度应高于击球点(见图 3-6-19)。

（3）引拍。

两臂分开，左手抛球，充分转身，持拍手从下向上抬起，直到右臂与身体夹角为90°，同时双膝弯曲，将髋部顶出去（见图3-6-20）。

图　3-6-19　　　　　　　　　　　　　图　3-6-20

（4）击球。

击球时拍面关闭，侧身抛球，利用蹬地转体使身体向上跳起，击球时手臂充分伸直到最高点，球拍击球位置，要经过球的侧面击出，并用拍面向前摩擦球（见图3-6-21）。

(a)　　　　　　　　　　　　　(b)

图　3-6-21

（5）随挥。

击球后球拍继续向左向下，挥至左肩身前交叉，结束时身体转向发球落点，身体重心顺势向前转移至场内（见图3-6-22）。

3.6.3　网球运动基本战术

网球比赛战术是由击球方式、线路、落点和击球的飞行轨迹组成的。战术的制订要与自身技术能力和对手技术特点相一致，不同技术水平运动员所采取的战术也不同。根据

(a)　　　　　　　　　　(b)

图　3-6-22

运动员的技术水平不同,可以将网球比赛基本战术分为初中级战术和高级战术。

1. 初中级战术

初中级战术是指网球技术水平不高的运动员在比赛中所采用的战术,主要特点是减少自己的失误,保护自己的弱点,攻击对方的弱点,主要包括以下几个方面。

(1) 多打回合,减少失误。

在初中级网球比赛中,对手打心主动进攻得分的能力较差,因此在比赛过程中最重要的是减少主动失误、减少回球下网和击球出界,当难以打出制胜球时寻求回球安全,努力将球回到有效区域内,耐心地与对手多打回合,等待对手失误。

(2) 尽量使用正手回球。

对于大多数网球运动选手,反手击球技术都是弱项,特别是初学者反手击球练习少,击球不稳定,预判和移动能力不强,击球到位能力差,击球信心不足,因此在比赛中尽量少使用反手击球,多运用正手击球。同时,在能控制线路的前提下多打对方反手位的球。

(3) 打底线上旋球。

当与对手底线相持时,如果没有好的机会则尽量打底线上旋球,底线上旋球主要有 4 方面优势:第一,打上旋球就可以减少下网的机会;第二,打上旋球对方不容易借力;第三,打深区上旋球让自己有更多的回位时间,准备下一拍的击球;第四,上旋球不容易出底线和边线。击打底线上旋球是初学者在比赛中的保守打法。

(4) 发挥自己的优势。

要了解自己的技术特点,尽量使用自己擅长的技术,扬长避短。在比赛中,首先要把自己擅长的发挥出来,包括技术、心理、身体素质等,在发挥自身特点之后再找对手的缺点,做到以己之长攻彼之短。

(5) 提高发球命中率。

网球发球技术相对复杂,技术难度高,对大部分网球初学者而言,发出力量大、角度大的球是很难的。因此,作为网球初学者,不要追求大力、大角度发球,这样容易发球双误,直接给对手送分。

2. 高级战术

高级战术是高水平运动员在比赛中采用的战术,主要针对职业网球运动员。当今高水平网球运动员的身材、身体素质、训练条件、运动装备都好于过去,再加上科技信息的发展,使得网球比赛的节奏更快,力量更大,比赛时间更长,打法更全面,以上因素决定了高水平运动员的基本战术。

（1）提高一发成功率。

高水平运动员一发都是大力平击球,一发成功率的高低将直接影响比赛的胜负。因此在高水平网球比赛中运动员都会力拼一发,确保发球局顺利拿下,为比赛的胜利奠定基础。

（2）大力底线击球。

现代网球打法,以底线打法为主,力量重于技巧,运动员在底线通过大力抽球提高时速,缩短对手的反应和移动时间,使得对手场地出现空当,从而获得得分的机会。

（3）提高进球的威胁性。

威胁性是指合法击打过去的球给对方造成威胁或让对手失误。提高击球的威胁性就是提高击球的速度、力量、旋转、落点、角度和深度。在以底线打法为主的网球运动中,双方运动员在底线奔跑并通过击球的速度、力量、旋转、落点、角度和深度来调动对手,使对手处于被动或受迫失误。

3.6.4 网球运动竞赛规则简介

1. 场地

网球场地基本上由底线、边线以及中线划分而成。单打回球需在单打边界线内,双打可至双打边界线。回球打到边线外,称作"出界";击球未过网,称作"下网"（见图 3-6-23）。

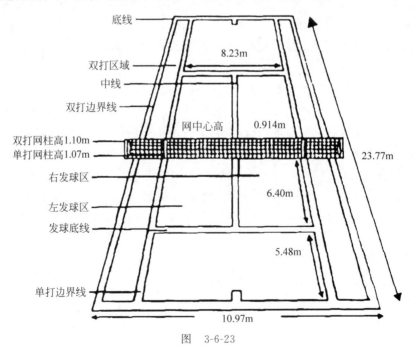

图　3-6-23

2. 得分方式

有以下四种基本的得分方式：

（1）对手回球下网；

（2）对手回球出界；

（3）对手在球落地弹跳两次后才击球；

（4）对手为了回球，球拍两次触球。

以上任何一种情况发生，都可以得到一分。

3. 发球规则

网球比赛中双方轮流发球，在一局比赛中一直作为发球方或接发方。

而对于发球方，有以下规定。

（1）每局开始，需首先在场地右侧（一区），发球至球场另一侧对角线的特定区域（发球区）。

（2）有两次发球机会将球发进发球区内，若两次都失误，称作"双误"。

（3）在触球前必须站在底线外，不可踩线或是越过底线（见图 3-6-24）。

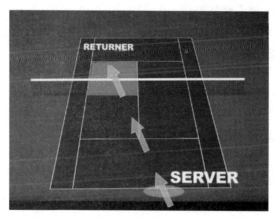

图　3-6-24

4. 计分方式

有三个概念需要理解：赢一局，赢一盘，赢得比赛。

（1）局：一局内可能出现的分数为 0,15,30,40,结束，其实等同于 0,1,2,3,结束。

一方赢得一分，记为 15,以此类推。

40：40 称为平分（deuce），此时一方得分称为占先。

一方需至少多赢两分才能赢下一局，此时局数加一。

（2）盘：盘由局构成，局数先到 6 的一方赢得此盘，6：0,6：1,6：2,6：3,6：4。

同样，一方在局数上必须领先两局才能赢下此盘，所以当双方比分为 5：5 时，一方需连赢两局。

若战至 6：6,则需要通过 tie-break（抢七）的方式决出胜负。

抢七规则：先得 7 分的一方赢下该局及该盘（若 6∶6，一方需净胜 2 分如 9∶7）。

先发球方发第一分，另一方发第二、三分，此后均为双方轮流各发两分。

第一分在一区发，第二分在二区发，第三分在一区发，以此类推。

（3）赛：业余比赛多为一盘制，即赢得一盘者赢得比赛。

职业比赛有三盘两胜制及五盘三胜制，分别为先赢两盘及三盘者赢得比赛。

5. 其他规则

压线：落在正确区域边线上的任何球，都算作界内球。

擦网：如果发球擦网但落点在界内，则重新发球。其余情况下，视弹网后落点认定此球。

以下两种情况，判定为丢分：球员身体任何部位及球拍不得触碰或越过球网；被未落地的来球击中身体。

本书还有很多细小的规则没有提及，如猜边、换边等，具体可参照《网球竞赛规则》。

3.6.5 网球选项课考核评价标准

1. 第一学期网球课程成绩计算

课程成绩（100 分）＝体育专项考试成绩（20 分）＋四项体能测试成绩（40 分）＋学生平时成绩（40 分＝上课出勤率、学习态度等 10 分＋线上课程学习 10 分＋课外体育锻炼 20 分）

2. 第二学期、第三学期、第四学期网球课程成绩计算

课程成绩（100 分）＝体育专项考试成绩（40 分）＋四项体能测试成绩（20 分）＋学生平时成绩（40 分＝上课出勤率、学习态度等 10 分＋线上课程学习 10 分＋课外体育锻炼 20 分）

3. 网球课程各测试项目及评分标准

（1）第一学期。

考核内容：网球正反手技术。

（2）第二、三、四学期。

考核内容：网球双打；网球正反手技术。

（3）学生平时成绩和标准。

上课出勤率：请假、迟到、早退一次扣 1 分，旷课一次扣 2 分。

学习态度、课后作业等：教师根据学生平时上课的表现和作业完成情况来进行评定。

线上课程学习：由学校公体部制定统一的评价标准。

课外体育锻炼：由学校公体部制定统一的评价标准。具体评价按照当年学校文件来执行。

3.7　嗒　嗒　球

3.7.1　嗒嗒球运动概述

1. 嗒嗒球的起源

嗒嗒球是一项获得国家发明专利的体育新球类,它的发明者是我国浙江省浦江县的一对父子:项正惠和他的儿子项旭侃。嗒嗒球运动是由嗒嗒球、嗒嗒球拍、嗒嗒球网架、嗒嗒球运动场地四部分组成。

(1) 嗒嗒球:球头为弹性半圆球形体,与嗒嗒球拍接触点、接触方位变化增多,所以嗒嗒球更具战术变化,打法更加多样化。因球头为实心弹性体,在击打过程中,球头总是自然朝下朝前,寿命更长,不易损坏。

(2) 嗒嗒球拍:嗒嗒球拍长度为 33cm,宽度为 15.2cm,手柄长为 14cm(见图 3-7-1)。

(3) 嗒嗒球网架:嗒嗒球的球网长 3.2m,网宽 0.4m,网孔大小为 0.02～0.03m,网高可上下调节,网架为折叠式设计,坚固耐用、装卸携带十分方便(见图 3-7-2)。

(4) 嗒嗒球运动场地:比赛标准场地为长 8m、宽 3.2m,网高 1.5m,场地线可用 0.04m宽的胶带或油漆框定(见图 3-7-3)。

图　3-7-1

图　3-7-2

2. 嗒嗒球运动的特点

嗒嗒球运动兼具乒乓球运动与羽毛球运动的特点,其场地大小与羽毛球场地近似,场地地面平整即可,不受场地限制,在室内、室外均可开展。其运动量可根据年龄长幼或体质强弱而定,适宜各种年龄阶段、各种体质状况的人群开展。

3. 嗒嗒球的健身功能

嗒嗒球融合了体育运动的竞赛性、趣味性、娱乐性和观赏性等特征,男女老幼皆可参与。它的健身功能主要有锻炼视力,提高思维反应能力,活动全身肌肉关节,增强肺活量,起到出汗排毒、健身减肥的作用。

4. 嗒嗒球的发展

嗒嗒球问世后,由于其具有竞赛性、趣味性、娱乐性和观赏性,因此是男女老少都喜欢

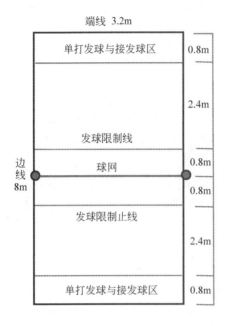
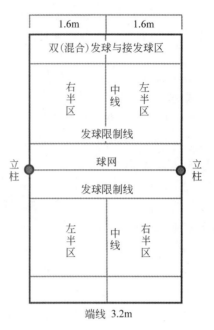

图　　3-7-3

的运动。从 2003 年 9 月 26～29 日在浙江省展览馆首届体育博览会上的首次表演,到 2005 年 4 月 19 日国家体育总局社体中心主办了各省、自治区、直辖市、新疆生产建设兵团体育局和各行业体协参加的全国嗒嗒球培训班,嗒嗒球被推荐为全国全民健身项目。目前嗒嗒球运动在我国各地开展起来,不同地区中小学、大学,均有不同程度的开展,并受到广大学生、普通市民的欢迎。

3.7.2　嗒嗒球运动基本技术

嗒嗒球是将乒乓球和羽毛球有机融合在一起的一项新兴运动项目,所以它的基本技术主要是将乒乓球的推挡、抽拉、搓球、扣球、旋转球打法和羽毛球的吊球、挑球等击球技术及步法结合起来的,以球击落在对方场区为胜。

1. 握拍技术(正手、反手握拍方法)

嗒嗒球的球拍近似于乒乓球拍,椭圆形,两面贴胶皮,都可以击球,但是嗒嗒球球拍的拍面比乒乓球拍的拍面要大,拍柄也比乒乓球的拍柄要长;嗒嗒球球拍的这些构造特点使其握拍方式同羽毛球运动的正手握拍方式非常相似,同时也类似于乒乓球的横拍握法。以右手持拍为例,正手握拍即右手虎口对准拍柄一侧,拇指和食指捏紧拍柄两侧宽面,微向上,中指、无名指和小指握紧拍柄,贴在拍柄两侧的宽面上。球拍柄端靠近手掌的小鱼际肌,拍柄与掌心间留有空隙准备发力击球。击球时,靠食指和拇指扣住球拍柄,中指、无名指和小指紧握拍柄,以拇指和手掌末端的小鱼际肌为支点,其余几指为力点,由放松到抓紧,用近似杠杆原理的方法,屈指发力击球。反手握拍,即在正手握拍的基础上拇指顺时针捻动拍柄呈一定的角度,即可实现反手握拍击球。普通式正手握拍正面(见图 3-7-4)、正手握拍背面(见图 3-7-5);正手握拍(上握法)正面(见图 3-7-6)、正手握拍(上握法)背面(见图 3-7-7);反手握拍正面(见图 3-7-8)、反手握拍背面(见图 3-7-9)、反手握拍上握法正面(见图 3-7-10)、反手握拍上握法背面(见图 3-7-11)。

图　3-7-4

图　3-7-5

图　3-7-6

图　3-7-7

图　3-7-8

图　3-7-9

图 3-7-10   图 3-7-11

注：正反手的"上握式"（短握）握拍法主要在双打以及网前球的技术动作中运用较多，运用时应根据来球进行灵活变换。

2. 发球技术（均以右手持拍为例）

嗒嗒球的发球方式主要有正手和反手两种形式，正手发球有正手低抛发高远球、正手低抛发平高球、正手低抛发近网短球、正手高抛正手发侧旋球、正手高抛平击发球；反手发球有。反手低抛发平高球、反手低抛发网前球。

单打比赛发球不分左右半区（发球运动员和接发球运动员只需站在接发球区即可），双打比赛运动员应分别站在接发球区内的左右半区，球应从右半区内的接发球区发出，球必须发到对方的右半区（嗒嗒球单、双打发球、接发球有效区域详细划分见图 3-7-12）。

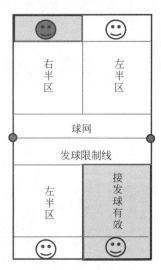

 无球者

 发球者

图 3-7-12

（1）正手低抛发高远球（见图 3-7-13）。

站位要求：发球运动员站在发球区，面对球网，两脚自然开立，左脚在前，右脚在后，呈丁字步，身体微侧对发球方向，左手持球置于胸前，持拍手右手手臂微曲，由胸前向后侧引拍，拍面略微后仰，球抛起离手后，由下向前向上挥拍，在身体侧前方击球，击球过程身体重心由右脚向左脚移动。

正手低抛发高远球

图　3-7-13

（2）正手低抛发平高球（见图 3-7-14）。

正手低抛发平高球弧线比正手低抛发高远球要低，速度要快。两种发球方式站位基本相同，不同之处在于正手低抛发平高球要求拍面立起来，仰角稍小。

正手低抛发平高球

图　3-7-14

（3）正手低抛发近网短球（见图 3-7-15）。

正手低抛发近网短球，其动作技术特点与正手低抛发高远球基本相同，不同之处在于击球瞬间用力的大小，发力较轻使球刚好过网落在发球限制区线及附近有效区域。

正手低抛发近网短球

图　3-7-15

（4）正手高抛发侧旋球（见图 3-7-16）。

高抛发球即把球抛起来以后在头顶位置击球，属于上手发球。这一发球的技术特点是击球点较高、弧线较低、速度比较快，发出的球略带侧旋。技术要点：站位时左脚偏前，右脚偏后，左手持球，向头顶正前上方竖直向上抛球，持拍手右手向上引拍，同时转肩，身体重心压在支撑的右腿上，拍子引到最高点处，在头顶侧前方击球，拍子顺势随挥，收拍在胸前。注意：要发出侧旋球，必须注意拍面与球托间要有摩擦。

正手高抛发侧旋球

图　3-7-16

（5）正手高抛平击发球（见图 3-7-17）。

高抛平击发球同高抛侧旋发球动作基本形同，不同之处在于平击发球时用拍面平击球托，击球点相同，也在身体的头顶侧前方。

正手高抛平击发球

图　3-7-17

（6）反手发球技术（见图 3-7-18）。

嗒嗒球的反手发球技术受到场地、器材的限制，主要有低抛发平高球和低抛发网前球两种技术。

反手低抛发平高球：低抛发平高球技术同正手低抛发平高球技术相同，其技术特点为弧线低、速度快、线路长。技术要领：站在发球区右脚略微偏前，左脚偏后，发球时身体重心始终在右脚上，引拍距离比正手要小，拍面靠近身体的左侧前方。左手抛球，右手持拍向前方挥拍，拍面后仰角度达到 45°左右，发力主要靠手腕、手背肌肉。

反手低抛发网前球：反手低抛发网前球技术特点基本同正手低抛发网前球，不同在于站位，反手低抛发网前球要求右脚在前、左脚在后，击球点在身体腹部前方，拍面略微后仰，发球时略微带切削动作，向前送拍，击球时要求力量不能太大，刚好过网，使球能掉落在靠近发球限制线及附近的有效落地区域。

反手发球技术

图 3-7-18

3. 接发球技术

接发球是嗒嗒球技术中的关键技术。由于发球权掌握在对方手中，对方可以随意将球发至本方场地的任何位置，用力、速度、落点等也可随机变换。接发球者必须在极短的时间内判断清楚来球的旋转、落点，并做出相应的步法移动和回接动作等。

（1）接发球的站位和姿势。

单打接发球站位：单打站位不分左右半区。一般左脚在前，右脚在后，稍微屈膝，收腹含胸，身体重心放在前脚上，后脚脚跟稍提起。身体半侧向球网，球拍举在身前，两眼注视对方。

双打接发球站位：双打接发球两位运动员的站位准备姿势同单打接发球准备姿势。

（2）接发各种来球的还击方式。

接对方发来的高远球时，可用杀球、吊球还击。对方发来速度较快球时，可用推球、平高球还击，以快制快，由于接球方还击的击球点比发球方高，下压得狠些可以争取主动。其次也可以用高远球还击。对方发来网前球时，高远球、放网前球、推球还击；如对方发球质量不好，也可用扑球还击。对方发正手高抛侧旋球时，可用挑球、高远球还击。对方发正手高抛平击球时，可用挑球、抽拉球等方式还击。

4. 进攻技术

1）扣杀球技术

把高球在尽量高的击球点上，用大力挥击下压到对方场区，称为扣杀球，也称为扣球或杀球。扣杀球分为正手扣杀球、头顶扣杀球和反手扣杀球。

（1）正手扣杀球技术（见图 3-7-19）。

在身体右侧上方的高球，做正手握拍法，用正拍面扣杀球，称为正手扣杀球。正手扣杀球可以原地或起跳后进行。它们的准备姿势和动作过程与击高远球相似，其技术方法上的区别如下。

① 发力要求不同：扣杀球要充分运用腰腹力量和肩关节的力量。发力前身体较为后仰，特别是起跳扣杀球后仰幅度大，发力时才能充分发挥身体各部分的力量。发力击球时，手臂以最大的速度挥摆，最后通过手腕的快速闪动产生强大的向前下方的爆发力。

② 击球点不同：杀球点选择在右肩前上方稍前一些的位置（比击高远球略前一些）上，有利于发力击球。

③ 拍面角度不同：扣杀球时的拍面角度要比击高远球时小，拍面应前倾。

正手扣杀球技术

图　3-7-19

（2）头顶扣杀球技术（图 3-7-20）。

在左后场区上空的球，击球点选择在头顶上方，做正手握拍法正拍面扣杀球，称为头顶扣杀球。头顶扣杀球的方法与头顶击高远球的方法相似，区别在于：击球的力量比击高远球大，发力方向是向前下方；击球点稍前，拍面角度小，拍面保持前倾。

头顶扣杀球技术

图　3-7-20

① 正手杀直线球（侧身起跳）：准备姿势和动作要领与正手击高球大体相同。脚步到位后，屈膝下降重心，准备起跳。侧身起跳时，往右上方提肩带动上臂、前臂和球拍上举，以便向上伸展身体。起跳后，身体后仰挺胸成反弓形。接着右上臂往右后上摆起，前臂自然后摆，手腕后伸，前臂带动球拍由上往后下挥动，这时握拍要松。随后凌空转体收腹带动右上臂往右上摆起，肘部领先，前臂全速往前上挥动，带动球拍高速前挥。当击球点在肩的前上方时，前臂内旋，腕前屈微收，闪腕发力杀球。这时手指要突然抓紧拍柄，把手腕的爆发力集中到击球点上。球拍和击球方向水平面的夹角小于 90°，球拍正面击球托的后部，使球直线下行。杀球后，前臂随惯性往体前收。在回位过程中将球拍回收至胸前。

② 正手杀对角线球（侧身起跳）：准备姿势和动作要领与正手杀直线球相同。不同点是起跳后身体向左前方转动用力，协助手臂向对角方向击球。头顶杀直线和对角线球：动作要领和准备姿势与头顶击高球相同。不同点是挥拍击球时，要集中全力往直线方向或对角方向下压，球拍面和击球方向水平面的夹角小于 90°。

③ 腾空突击杀直线球：侧身，右脚后退一步，准备起跳。起跳后，身体向右后方腾起，上身右后仰或成反弓形，右臂右上抬，肩尽量后拉。击球时，前臂全速往上摆起，手腕从后伸经前臂内旋至屈收，同时握紧球拍压腕产生爆发力，高速向前下击球。突击扣杀后，右脚在右侧着地屈膝缓冲，重心在右脚前；右脚在左侧前着地，利用左脚蹬地向中心位置回动，手臂随惯性自然往体前回收。

（3）反手扣杀球技术（反手杀直线球）。

来球在身体左侧上方的高球，用反拍面扣杀，即为反手扣杀球（见图 3-7-21）。反手进攻技术主要是反手扣杀球，其站位与正手扣杀球不同，右脚在前，左脚在后，持拍于前臂发力，击球点在身体侧前方，击球瞬间持拍手腕和前臂向下压，加快击球速度。反手杀直线球：准备姿势和动作要领与反手击高球相同。不同点是击球前的挥拍用力要大，击球瞬间球拍与杀球方向的水平面夹角小于 90°。

反手扣杀球技术

图　3-7-21

2）网前快击技术

该技术类似于羽毛球的平击球或快推技术,快击球,站位靠近网前,移动上右腿后快击球,要求抢高点,步伐要快,拍子在肩膀高度垂直向后方引拍,动作幅度小、力量需控制,主要利用前臂和手腕力量快速击球,完成动作。反手网前快击动作与正手快击球动作基本相同,不同之处在于引拍方向不同,反手网前快击引拍是向左后方引拍,步伐上都是上右腿,进行快速击球。

（1）推球。

在网前较高的击球点上,同推击的方法往对方底线击出弧度较平、速度较快的球,称为推球。推球分为正手推球和反手推球两种。

正手推球动作方法:站在右网前,球拍向右侧前上举。在肘关节微屈回收时,前臂稍外旋,手腕稍向后侧,球拍也随之往右后摆,拍面正对来球。这时小指和无名指稍松开,使拍柄稍离开鱼际肌,拇指和食指向外捻动拍柄,拍面更为后仰。

反手推球动作方法:站在左网前,以反手握拍前臂往前上方伸举。在前臂稍向左胸前收引,肘关节微屈,手腕外展时,变成反手推球的握拍法,球拍反握,反拍面引球。

（2）挡球技术。

将对方重杀或点杀过来的球,用适当的力度挡回对方场区（网前或斜线中后场等）。挡球有正手挡球和反手挡球两种。

正手挡球:两脚平行站立,屈膝,两眼注视杀过来的球。身体右侧的来球用正手挡球,身体重心移向右脚（如果球离身体较远,可先右脚向右跨出一步,重心移向右脚）,右臂向右侧伸出,放松握拍,拍面略后仰对准来球,将球挡回对方网前区。

反手挡球:两脚平行站立,屈膝,两眼注视杀过来的球。身体左侧的来球用反手挡球,身体重心移向右脚（如果球离身体较远,可先左脚向左跨出一步,右脚跟上,重心移向右脚）,右臂向右侧伸出,放松握拍,拍面略后仰对准来球,将球挡回对方网前区。

（3）扑球技术。

嗒嗒球的扑球技术主要有正手扑球技术和反手扑球技术。

正手扑球技术特点:持拍于胸前,边迈右腿边挥前臂,注意动作幅度不能过大,但速度要快。步法主要是起动步加蹬跨上网步伐。

反手扑球技术特点:同正手扑球,步伐上右脚向上移,动作幅度要小,拍面在身体侧方向,用前臂带动手腕进行击球,右脚蹬上步,落地的同时击球,需抢高点,步伐要快。

3）底线控制球技术

控制是进攻的基础,控制好才有更多进攻机会。嗒嗒球底线控制技术有正手高远球技术、头顶高远球技术、反手高远球技术、正手击平高球技术、正手挑网前技术、反手挑球。

（1）正手高远球技术（见图3-7-22）。正手高远球的技术动作要领同正手高抛发球和正手扣杀球非常近似。站位要求,引拍时重心由左脚移动到右脚,球拍由后下向前上引到体侧,转肩同时在头顶上方击球,注意拍面朝来球方向,瞬间发力,击球的关键在于击球瞬间充分发力,把球击打到对方后场,同时注意手腕的后仰击球,使球产生下旋,使球既高且不易出界,击球完成后注意顺势随挥,收拍至胸前。

正手高远球技术

图　3-7-22

（2）头顶高远球技术。动作要领与正手击高远球基本相同,只是击球点偏左肩上方。准备击球时,身体偏左倾斜。击球时,上臂带动前臂使球拍绕过头顶,从左上方向前加速挥动,注意发挥手腕的爆发力击球。

（3）反手高远球技术（见图 3-7-23）。当来球处于反手位高球时,即可采用反手高远球技术回击,将球回击至对方底线,控制对方的进攻。反手高远球的技术与正手高远球的技术区别主要在于步伐的不同,以及击球的面为反拍面（反手握拍）。

反手高远球技术

图　3-7-23

（4）正手击平高球技术：其技术要领和技术结构与高远球基本相似,但应注意低弧度、快速度。动作技术步骤可参阅正手高远球动作步骤。

（5）正手挑网前技术（见图 3-7-24）：当对方以搓网前球或正手劈吊网前球,被迫上网,没有抢到高点时所采取的一种击球方式。挑球可以实现近网球挑至对方后场,削弱对方的持续进攻。技术动作要领：网前步伐要到位,球拍由下向前上,拍面朝上仰起,向前上挥拍,将球以高弧线的飞行轨迹的形式击至对方后场。

正手挑网前技术

图　3-7-24

（6）反手挑球技术（见图 3-7-25）：反手挑球技术动作战术运用的目的同正手挑球，技术的关键同样在于步伐。离网较近时用右脚直接跨步上网，距离较远时采用垫布接跨步上步的形式，以后撤步或交叉步还原回位。

反手挑球技术

图　3-7-25

4）嗒嗒球近网控制技术：

（1）正手吊球（劈吊）技术（见图 3-7-26）：是一种底线相持技术，它是在高远球、平高球的基础上，主要通过切削球把球打至对方的近网，迫使对方远距离移动，造成失误的技术。其技术要领基本同正手高远球，左脚在前，右脚在后，引拍至头顶上方，向前下方挥拍在触球的一瞬间，击球托侧面，控制击球力量，使球轻轻地掉落至对方网前。

正手吊球

图　3-7-26

（2）反手吊球技术（见图 3-7-27）：与反手平击球技术、反手高远球技术动作类似。技术要点：右腿向左侧迈，积极抢高点，边抢高点边挥拍击球，在头顶处击球时，通过切削技术把球切到（吊到）对方近网处。

反手吊球技术

图　3-7-27

（3）头顶吊球：击球准备和前期动作同头顶高远球，不同之处是击球点要比头顶高远球稍靠前些。头顶吊斜线时，中指、无名指、小指屈指外拉拍柄，拇指、食指捻动发力，以斜拍面击球托左侧部位。头顶吊直线，球拍击球托的正中部位。

（4）放网前球技术：放网前球技术包含正手放网和反手放网技术。技术要领和网前快击、扑球一样。正、反手放网技术动作与正手动作基本相同，不同在于反手握拍反拍面击球。

（5）网前搓球（见图 3-7-28）：网前搓球和网前放球有相似之处，首先都需要通过上步（跨步）实现抢高点，搓球是带有一定的摩擦（通过拍面与球托底部或球托侧面进行摩擦），使球产生旋转，干扰对方判断的击球技术，而放网只是轻轻地把球放过网。所以两者的区别在于拍面接触球托瞬间是否有摩擦发力，其余技术均相同。

网前搓球

图　3-7-28

正手搓球的动作方法：两脚自然开立，左脚稍前，重心稍向右脚偏移，手臂向右手后上方引拍，球拍呈半横状，拍面稍后仰。当球向右侧来时，向右侧跨一大步，前臂和手腕向前下方挥动，身体同时前移，重心向左脚偏移，在来的下降期摩擦球的中下部。击球后，手臂顺势前送一段距离。

反手搓球的动作方法：两脚自然开立，右脚稍前，重心放在两脚之间，持拍手臂向左后上方引拍，球拍呈半横状，拍面后仰。击球时，前臂和手腕伴有外旋向前下方迎球，身体同时迎前，在球的下降期击球的中下部，击球后前臂顺势前送一段距离。

5）反控制球技术

（1）抽拉球技术（见图3-7-29）。将低于头部的球用抽拉的方法还击，称为抽拉球。抽球是反控制的主要技术之一，分为正手抽拉球和反手抽拉球两种。

抽拉球技术

图 3-7-29

正手抽拉球：左脚在前站立，球拍呈半横状略下垂，拍形稍后仰。触球前，前臂加速用力向左上提拉，同时配合手腕动作向上摩擦球，击球中下部。遇较强旋转球时，腰部应配合向上用力。击球后要顺势将球拍挥至额前，重心转移至左脚。

反手抽拉球：动作小，球速快，是攻球的重点技术之一。动作方法：右脚稍前，持拍手臂自然弯曲，将球拍移至腹前偏左的位置，击球时前臂和手腕向右前上方挥动，同时配合外旋转腕动作，使拍形前倾，击球中下部，击球后随挥将球拍挥至右肩前。

（2）削球技术（见图3-7-30）：削球技术分为近削和远削两种，它的特点是具有稳定性和积极性。

削球技术

图 3-7-30

近削：特点是动作小、球速快、前进力较强。动作方法：正手近削时，左脚稍前，身体离网 1m 左右，上体稍向右转。击球时手臂弯曲，拍引至与肩同高，拍形稍后仰，触球时前臂用力向左前下方挥动，手腕配合下压，在球下落时，击球的中下部。反手近削时，右脚稍前，手臂弯曲向左上引拍，击球时前臂向右前下方挥动，手腕配合用力下压，在球下落时击球的中下部。

正手远削技术动作：其特点是动作大、球速慢、弧线长。动作方法：正手远削时，左脚稍前，身体离网 1m 以外，上体稍右转，重心在右脚上。击球前手臂自然弯曲，将球拍向右上引至同肩高。击球时手臂向左前下方挥动，在球下降期击球中下部，拍形稍后仰。触球时前臂加速削击，同时手腕向下转动用力，击球后球拍顺势前送，重心移至左脚。

反手远削技术动作：右脚稍前，身体左转，手臂弯曲，球拍向左上方引至与肩同高，拍柄向下，重心放在左脚上，击球时手臂向右前下方挥动，前臂和手腕加速用力削击来球，在球下降期击球中下部，拍形后仰；击球后上体向右转动，球拍顺势挥至身体右侧，重心移至右脚。

3.7.3　嗒嗒球运动基本战术

嗒嗒球的基本战术同羽毛球运动的各类战术基本相同，单打战术、双打战术均可借鉴羽毛球的战术，但此过程应注意嗒嗒球在器械构造上与羽毛球、乒乓球不同，所带来的战术运用的略微差别。

1. 单打的基本战术

（1）发球抢攻战术。

（2）攻后场高远球战术。

（3）打四方球战术。

（4）杀、吊上网战术。

2. 双打的基本战术（男双、女双、混双）

（1）攻人战术（二打一）。

（2）攻中路战术。

（3）后攻前封战术。

（4）防守反击战术。

（5）压后场拉开反击战术。

（6）前场打点封压进攻战术。

3.7.4　嗒嗒球运动竞赛规则简介

1. 发球

发球时，必须球离手后再击球，可以低手发球，也可以高抛发球，发球必须发到对方发球限制线后的发球有效区内，压线是好球。单打比赛发球时，运动员必须站在发球区线和端线之间的接发球区内，不得踩线、移动或离开地面。单打比赛不分左右区。双打比赛，必须站在发球区线和端线之间的接发球区的右半区内发球,球必须发到对方的右半区内。每人发两个球,然后转换到对方发球。

2. 击球

对方发球或击球后,本方运动员必须击球,使球直接超过网或触及球网装置后,再落在对方区内,手腕以上部位击球有效。

3. 比赛次序

在单打比赛中,首先由发球员发出合法球,再由接发球员合法还击,然后双方交替进行还击。

在双打比赛中,首先由发球员发出合法球,再由接发球员合法还击,然后由发球员的同伴合法还击,再由接发球员的同伴合法还击,此后运动员按次序轮流合法还击。

4. 重发球

回合出现下列情况应判重发球:

(1) 如果接发球员或接发球方未准备好时,球已发出,而且接发球或接发球员没有企图击球;

(2) 裁判员暂停比赛。

5. 失一分

回合中出现重发球以外的下列情况,应判失一分:

(1) 未能合法发球。

(2) 未能合法还击。

(3) 连续两次击球。

(4) 运动员或其穿戴的任何东西触及球网装置。

(5) 过网击球。

(6) 接发球者,未等发球者击球就移动脚步。

(7) 边线球往内打必须高于网,才算有效,否则判失一分。

6. 一局比赛

在一局比赛中,先得 17 分的一方为胜方。17 平后,先多得 2 分的一方为胜方。

7. 一场比赛

一场比赛采用三局两胜制。一场比赛应连续进行,除非是经许可的间歇(一般规定每局间休息间歇为 1 分钟)。

8. 选择发球、接发球和方位

(1) 每场比赛开始,用抽签的方法确定,中签者可以选择先发球或接发球,或选择先在某一方位。

(2) 在获得每 2 分之后,接发球方即为发球方,以此类推,直到该局比赛结束,或者直至双方比分都达到 17 分或实行轮换发球法。此时,发球和接发球次序仍然不变,但每个人只轮发 1 分球。

(3) 在双方打的第一局比赛中,先由发球方确定第一发球员,再由先接发球方确定第一发球员。在以后的各局比赛中,第一发球员确定后,第一接发球员应是前一局发球输给他的运动员。

在双打中,每次换发球时,前面的接发球员应首先接发球,前面的发球员的同伴应成为接发球员。

(4)一局中首先发球的一方,在该场下一局应首先接发球。在双打决胜局中,当一方先得 5 分时,接发球员应交换接发球次序。

(5)一局中,在某一方位比赛的一方,在该场下一局应换到另一方位。在决胜局中,一方先得 5 分时,双方应交换方位。

9. 发球、接发球次序和方位的错误

(1)裁判员一旦发现发球、接发球次序错误,应立即暂停比赛,并按该场比赛开始时确立的次序,按场上比分,由应该发球或接发球的运动员发球或接发球;在双打中,则按发现错误时那一局中首先有发球权的一方确立的次序进行纠正,再继续比赛。

(2)裁判员一旦发现运动员应交换方位而未交换时,应立即暂停比赛,并按该场比赛开始时确立的次序、场上比分进行纠正后再继续比赛。在任何情况下,发现错误之前的所有得分均有效。

3.7.5　嗒嗒球选项课考核评价标准

1. 课程考核方式与成绩评定

(1)考核类别:技术考试。

(2)考核形式:随堂考试。

2. 第一学期嗒嗒球课程成绩计算

课程成绩(100 分)=体育专项考试成绩(20 分)+四项体能测试成绩(40 分)+学生平时成绩(40 分=上课出勤率、学习态度等 10 分+线上课程学习 10 分+课外体育锻炼 20 分)

3. 第二学期、第三学期、第四学期嗒嗒球课程成绩计算

课程成绩(100 分)=体育专项考试成绩(40 分)+四项体能测试成绩(20 分)+学生平时成绩(40 分=上课出勤率、学习态度等 10 分+线上课程学习 10 分+课外体育锻炼 20 分)

4. 嗒嗒球课程各测试项目及评分标准

(1)体育专项考试项目。

专项技术考核内容:发球(高抛发球、低抛发球)和嗒嗒球个人单打比赛。

专项技术评分标准:

发球(高抛发球、低抛发球)考试第一学期成绩占到总成绩的 5%,第二学期、第三学期、第四学期成绩占到总成绩的 10%。

嗒嗒球个人单打比赛考试第一学期成绩占到总成绩的 15%,第二学期、第三学期、第四学期成绩占到总成绩的 30%。

嗒嗒球个人单打考试中分为技评和达标两部分,其中技评第一学期成绩 5 分,第二学期、第三学期、第四学期成绩 10 分;达标第一学期成绩 10 分,第二学期、第三学期、第四学期成绩 20 分。

（2）四项体能测试项目和标准。

男生：50m 跑、1000m 跑、立定跳远、引体向上。

女生：50m 跑、800m 跑、立定跳远、1min 仰卧起坐。

评分标准：严格执行教育部印发的《国家学生体质健康标准(2014 年修订)》。

体能测试项目成绩：四单项平均得分。第一学期每项 10 分；第二学期、第三学期和第四学期，每项 5 分。

（3）学生平时成绩和标准。

上课出勤率：请假、迟到、早退一次扣 1 分，旷课一次扣 2 分。

学习态度、课后作业等：教师根据学生平时上课的表现和作业完成情况来进行评定。

线上课程学习：由学校公体部制定统一的评价标准。

课外体育锻炼：由学校公体部制定统一的评价标准。具体评价按照当年学校文件来执行。

第4章 形体健美运动——塑造形体 展现优雅

4.1 有氧搏击操与健身舞

4.1.1 有氧搏击操与健身舞概述

1. 有氧搏击操概述

英文名为 kickboxing,最早由欧洲的搏击选手和职业健身操运动员推出,它结合了拳击、跆拳道、散手、太极、空手道甚至一些舞蹈的基本动作,遵循健美操的编排方法,在强有力的音乐节拍下,练习者随着音乐出拳、踢腿,如此完成的一种身体锻炼方式。

自从该运动进入各大健身房后,深受年轻女性的青睐。它动作简单但是有一种力度美、健康美,初学者很容易跟上,每一次出拳、踢腿都会让人感到轻松无压力,让人在不知不觉中减掉多余的脂肪。做一小时的有氧搏击操可以消耗 600ka 的热量,是跳健美操的两倍,并且可以加强腰腹部的肌肉力量,持续练习 3 个月后能让练习者拥有良好的耐力。有氧搏击操可以增强肌肉力量、弹性与身体的柔韧性,采用长时间、中低强度的运动,属于有氧耗脂运动,其主要能量来源于体内的糖和脂肪等能源物质。运动中大量的腰转动与腹部收缩,使练习者的腹部变得平坦强健,不让多余的赘肉堆积在腰腹部。

2. 健身舞概述

街舞现身于 20 世纪 70 年代的美国,当时黑人社区的青年混在街头自娱自乐、比舞助兴,大多以即兴为主,结合动感的音乐逐渐形成了霹雳舞、电流、锁舞、鬼步舞等不同风格、不同流派的舞蹈。在"酷""炫"的视觉冲击下,人们看到的是背旋、头旋、空翻等让人耳目一新的高难度技巧动作。但正是街舞这些高难度的技巧动作让大多数喜爱它的人成了看客,难以真正走进寻常百姓家。

带着浓郁现代文明文化气息的健身舞的出现是街舞运动的不断发展和完善,其新的内涵、新的形式、积极健康向上的精神面貌,深受人们喜爱和欢迎,更重要的是大众能够直接参与,以达到健身娱乐的目的。1999 年,李知明老师率先将健身舞课程正式搬入国内的健身房,并在中央电视台体育频道《青春时光》栏目将健身舞推向全国。作为街舞的变化形式,健身舞运动走进健身房、走进课堂,其内容和练习方式在体育健身原则的指导下发生了相应的改变。

(1)健身舞课程的特点。

① 本土性。感受"嘻哈"文化的魅力,创建适合学生特点的健身舞文化和基本技术体系。

② 趣味性。跟随音乐节奏、结合协调流畅的身体动作,在锻炼身体的同时提高审美

意识。

③ 节奏性。音乐的律动加身体的律动，不同风格的音乐展现不同的身体律动。

④ 随意性。在音乐中感受身体的律动结合个人的动作风格特点，相对随意地创造自我的空间。

⑤ 协调性。健身舞小关节的非对称性动作，挑战自身的协调性，培养自身的协调能力。

（2）健身舞的主要功能。

① 有利于人体神经系统功能的健康。健身舞是体育、音乐和舞蹈相结合的艺术，是有机的艺术统一体。参加健康舞，可在动感强烈的 Hip-Hop 乐曲中，情绪激昂、热情洋溢、无拘无束地自由发挥，舞者在这种情调健康、旋律优美、环境和谐的意境中，翩翩起舞，陶冶情操，可以达到极佳的心理状态，有效地刺激人体神经系统。因为适量的健身舞活动能缓和肌肉神经的紧张，达到安神定态的效果，促使大脑更好地休息，使人体的身心得到健康发展。此外，参加健康街舞活动，舞者能很好地释放工作生活中的各种压力，较好地克服各种不良的心理障碍，达到自我放松、自我调节的良好效果，这对人体的神经系统功能有着良好的治疗作用，有利于人体神经系统功能的健康。

② 有利于人体心肺机能的健康。健身舞是以体育健身为核心，以流行的舞蹈为素材，动作轻松自然、自由奔放，运动持续不断，其强度可大可小，运动时间亦可自由掌握，充分体现出其时尚、活力、带有强烈的娱乐性和表演性的风格。健身舞能有效地使人的心肌收缩加强、血液加快，这对人体的心肺机能是一种很好的锻炼。

③ 有利于提高人们的身体素质。健身舞是充满青春活力的体育艺术性舞蹈，有着强烈的体育竞技性和艺术表演性，是一项极好的体育运动。舞者在音乐节奏明快、动感强烈的乐曲中，尽情地表现艺术，不仅能自我放松，释放各种压力，而且还能促进舞者身体素质的提高。因此，经常地参加适量的健身舞运动，能有效地提高自身的速度、力量、耐力素质以及静力性力量和爆发性力量，有利于提高静力性力量与爆发性力量相结合的能力以及快速平衡旋转能力，还能有效地提高灵敏反应和协调柔韧素质等。

④ 有利于培养人们良好的意志品质。健身舞动作时尚、新颖，充满着青春活力，富有创造性和挑战性。新风格的 Hip-Hop 技术动作难度较大，技巧性较强，要求舞者的艺术表演能力很高，对舞者的意志品质是很大的挑战。随着健身舞艺术的不断发展和完善，技术、技能不断提高，对舞者的综合素质要求也越来越高。因此，经常参加健身舞活动和比赛的参与者，能有效地培养良好的个性和集体合作的精神以及良好的意志品质。此外，参加健身舞活动，能使人们精神焕发，对工作、生活充满热情，并且能培养人们对事业强烈的自信心和责任感，使之保持良好的心态去迎接各种挑战。

⑤ 有利于推动全民健身运动的开展。随着全民健身运动热潮的掀起，社会上从事体育活动的人数逐年增多。继健美操、艺术体操、保龄球、体育舞蹈活动的不断开展，健身舞活动又逐渐成为当今时尚，倍受广大青少年朋友的喜爱，成为时尚的体育运动。由于健身舞技术没有严格的要求和规范性动作，舞者可以随着音乐节拍自由自在地发挥，完全迎合

了人们追求自由、和谐的个性,有着极大的发展空间。另外,健身舞的运动量、运动强度可以自由掌握,举办健康街舞活动,不受参与者的年龄、职业、体质、场地、时间等方面的限制,具有很强的灵活性和适应性,简单方便,适合大众朋友参与。而健身舞的艺术讲求创新、挑战的风格更加受到青少年朋友的喜爱和追求。此外,健身舞除了具有很强的竞技性、观赏性、参与性和表演性外,还具有很多社会需要的功能,即健身功能、娱乐功能、医疗功能和交际功能等,在全民健身运动中起到不可替代的作用。

4.1.2　有氧搏击操与健身舞基本技术

1. 有氧搏击操基本站姿

(1)正面姿势。双脚平行,开立同肩宽,稍屈膝,收腹立腰,肩水平、下垂放松,双目平视。双臂屈于胸前,小臂垂直于地面、双拳置于下颌部,身体重心在两腿之间,呈防御姿势。

(2)侧面姿势。双脚成前后分立,稍屈膝,后腿外侧 45°,双膝内扣,身体侧向前方,双目平视,重心置于两腿之间,手臂姿势同正面站姿,呈格斗姿势(见图 4-1-1)。

图　4-1-1

(3)练习步骤。先进行站姿练习,学会控制身体重心,然后学习移动重心,熟练之后再辅以各种步伐,及时转移重心,提高身体灵活性及稳定性。

2. 有氧搏击操基本技术

(1)直拳。站立,面向目标,肩臂部成一直线,发力顺序:腿→腰→肩→拳。另一手臂垂肘,微上举,置于下颌侧面,成自护姿势。直拳分前手和后手直拳两种。

(2)摆拳。站立,面向目标,左脚蹬地,重心移向右脚,向左拧腰转体,同时右臂由下向上将肘部抬起,肘关节角度大于 90°小于 180°,右臂由外沿小弧形向左摆至身体中心线。摆拳分为前手和后手摆拳两种。

(3)刺拳。出拳与直拳相似,是直拳派生出的一种快拳,动作轻快,出拳时手臂不完全伸直,顺弹性收拳,上体和髋部移动极小,分为前手和后手刺拳两种。

(4)勾拳。勾拳是在屈臂状态下的一种拳法。站立,面向目标,出拳时充分利用转腰、扭胯、摆臂的合力,出拳时膝要内扣,脚掌撑地发力,臂夹角 90°,另一手保持防护姿势。抬平上臂为平勾拳;腿部发力自下而上为上勾拳。要求出拳尽可能长。

（5）抬肘。肘关节由下向上，从身体前上方抬起，拳心向下，肘尖受力。

（6）上格挡。手臂由下向上的防御，手臂离前额约一拳距离。

（7）下格挡。手臂由上向下的防御，臂与身体约呈一线，手距大腿约 20cm。

（8）正蹬。一腿先屈膝上提，另一腿微屈膝支撑。屈膝上提腿以脚跟领先由屈到伸，快速发力，直线蹬击。动作时，上体略后仰，稍含胸，双手保持防护姿势。

（9）侧踹。一腿先屈膝上抬，小腿略外摆，膝盖向内收，支撑腿稍屈膝，提膝腿由屈到伸向侧踹击，力达脚跟或全脚掌，目视前方。侧踹可分为下段、中段、上段。

（10）后蹬。身体稍转，一腿屈膝回收，小腿平行于地面，转头回视。向正后方强力挺膝伸展蹬出，身体前俯，眼视正后方，双臂自然弯曲，维持身体平衡。

（11）腾空前踢（二踢脚）。左腿屈膝蹬地跳起，右腿在空中由屈到伸，绷脚面，向上弹踢，力达脚尖，眼视前方，两脚依次着地。

（12）直膝顶。左腿支撑，右腿迅速屈膝向上抬，力达膝尖，同时收腹，身体稍后仰，目视前方。前、后膝均可运用。

（13）组合跳跃。各种结合出拳的开合跳、前后跳、V 字跳。

3. 有氧搏击操组合基本动作

（1）弓步推掌。经并步抱拳成弓步推掌，掌与双肩成一直线，眼看前方（见图 4-1-2）。

搏击操 1

图　4-1-2

（2）并步亮掌。由弓步推掌成并步亮掌，眼看左侧（见图 4-1-3）。

搏击操 2

图　4-1-3

（3）弓步双推掌。由并步亮掌,双手经体前,双脚前跨成弓步双推掌,眼看左侧(见图 4-1-4)。

（4）弓步冲拳。跨左腿成左弓步,同时左手握拳置腰间,右手出拳,拳眼朝上,目视前方(见图 4-1-5)。

图　4-1-4　　　　　　　　　　　　　　　图　4-1-5

（5）马步冲拳。马步,右手握拳收至腰间,左手冲拳,拳眼朝上,目视前方(见图 4-1-6)。

（6）提膝亮掌。左腿提起,右腿直立,右手头顶亮掌,左手立掌于左肩前方,目视前方(见图 4-1-7)。

图　4-1-6　　　　　　　　　　　　　　　图　4-1-7

（7）马步双冲拳。马步,双臂成弧形出拳,拳心相对。

（8）并步推掌。并步,左手握拳置于腰间,右手向前推掌,目视前方。

（9）击掌出拳抬膝。右手平勾拳击左手掌心(见图 4-1-8);接右手直拳(见图 4-1-9);接上抬右膝(见图 4-1-10)。

（10）左右跳跃接右侧蹬腿。连续左右各跳跃两次,接右手劈掌同时右侧蹬腿,目视右侧(见图 4-1-11)。

（11）马步翻掌接插步转身。马步同时右手翻掌,掌心向上,左手掌心向下,接左腿向后做插步,同时转身 360°。

（12）右跨步冲拳接右弓步上勾拳接左弓步下插掌。右脚跨步,右手直拳,接右弓步同时右手上勾拳,换左手上勾拳,同时左手收于腰间,转向 180°成左弓步,同时左手收于腰间右手下插掌。

图 4-1-8

图 4-1-9

图 4-1-10

图 4-1-11

（13）左右直拳提膝接左侧蹬腿。左右直拳提膝，接左跨步成左侧蹬腿，右手劈掌，同时目视左侧。

4. 有氧搏击操注意事项

（1）腹部、下颚收紧，两手握拳于脸前（防御姿势）保持呼吸，不屏气。

（2）热身时间要足够，否则身体得不到足够的伸展。上课时腿部应每 15～20min 做一次伸展。

（3）避免和专业运动员一样进行长时间的训练，应交替进行大运动量和低运动量的练习。

（4）侧踢时不向前扭跨，否则会导致压力集中膝部，绷脚尖会扭伤膝盖，应向脚尖方扭跨以减轻膝盖的侧压力。

（5）膝盖不要僵直，以减轻缓冲。在转身时要抬起膝盖，否则会扭伤十字韧带。

（6）击拳时要由肩部带动出拳，在完成击拳和踢腿动作前一直看着目标。

（7）避免在拥挤的房间内进行后踢的动作。

（8）避免肘、膝部用力过猛，避免进行闪躲或猛击动作时由于动作过大而脱臼，避免扭转动作。

（9）若发生以下情况（腿部疲劳、人体局部出现痛状不适、眩晕、心率过快等），可停止练习。

5. 健身舞基本技术

在健身舞的练习动作中,除 Breaking 动作以外,流行街舞的一切动作均可作为健身舞的动作素材。健身舞节奏变化规律性强,动作幅度大,通常在整拍上完成动作,关节运动整齐,运动路线规律。健身舞是小肌肉群的运动,它很好地弥补了其他健身项目的局限,使锻炼更全面,同时由于它的动作多出现在音乐的弱拍上,使动作的韵律更富于变化,强度更易于减肥健身,提高协调能力。另外,在课堂教学中融入当下社会流行舞蹈元素,如"江南 style"、"狐狸叫"、Bad Boy、Good Time、"社会摇"、Seve 等,结合街舞中的 Popping、Locking、C-walk、New Jazz 及鬼步元素,与时俱进以满足学生的学习兴趣,也会教授适当的改编队形,融入自己风格的成品舞,如流行的"青春修炼手册"、"浪漫樱花"、Seve 等。

健身舞

(1) 健身舞专项准备活动。

身体各关节及相应肌肉训练是健身街舞最基础的训练之一,每个关节都有不同的运动和表达方式,通过对头颈、肩、胸、胯、膝、踝等活动,使练习者控制相应部位动作的方位及收紧和放松,以便能更好地进行下一步的学习。

预备姿势:双脚开立,两臂自然放置身体两侧,挺胸收腹立腰,呼吸自然,放松身体。

① 头颈部运动。

转动:身体同预备姿势,头部沿垂直轴向左(右)转动 90°,保持肩平。

前后左右屈:身体同预备姿势,头部沿额状轴做前、后屈,沿垂直轴做左右侧屈。

水平移动:头部沿额状轴做向前(后)动作,沿垂直轴做向左(右)的平移动作。

绕:分别做头部前、后、左、右屈连贯的绕环和前、后、左、右水平移动连贯的绕环。

② 肩部运动。

提沉肩:肩胛骨沿肩轴做向上、向下的垂直运动。

内收外展肩:肩胛骨沿人体额状轴做内收、外展的动作。

肩绕环:以肩关节轴做 360°的顺时针或逆时针绕环,可双肩也可单肩依次进行。

③ 胸部运动。

前后左右移动:沿身体额状轴做胸的内收、外展动作;沿身体垂直轴做左右水平移动,做水平移动时保持肩部水平。

④ 胯部运动。

前后左右顶胯:胯分别沿人体额状轴做前后,沿垂直轴做左右钟摆式顶胯动作,上体尽量保持不动。

⑤ 腰部运动。

前后屈:人体从腰的部位沿人体额状轴做前后的屈伸动作。

侧屈:人体从腰的部位沿人体矢状轴做左右的侧屈动作。

转动:人体下肢不动,上体沿垂直轴分别做左右转动。

⑥ 下肢运动。

弓步压腿：两腿前后开立,前腿弯成 90°,后腿伸直,前脚掌撑地,脚后跟着地,膝关节上挺,做上下幅振动。

侧压腿：两腿左右开立,成一腿蹲撑,一腿侧伸,脚跟触地,身体向直腿侧伸展,手尽量触脚。

⑦ 身体运动。

左侧 wave 练习：头向左侧屈,经左上弧形还原的同时,肩向左下,经左上还原的同时,带动左肋和左腰向左上出,左肋和左腰还原的同时把左胯向左带出。

⑧ 脚部运动。

The V 练习：以右移为例,以右脚的脚尖和左脚的脚跟为支点,右脚的脚跟和左脚的脚尖同时向右移动,落脚时使两脚由外八字变成内八字的位置,随即以右脚的脚跟和左脚的脚尖为支点,右脚的脚尖和左脚的脚跟同时向右移动,以此类推,身体就可以向右移动。

蝴蝶步练习：在直线方向上做双脚的内外八字动作,前脚掌着地,身体重心下降时做交叉的内八字,提重心时做外展的八字,先原地练习,后行进间双脚交换的频率由慢至快。

（2）健身舞组合基本动作。

原地交叉步：身体由双脚开立,两臂侧平举(见图 4-1-12),成单腿后交叉,两臂身体前后置(见图 4-1-13),先左脚后右脚方位练习。

图　4-1-12　　　　　　　　　　　　　　图　4-1-13

移动交叉步：身体经双脚开立,两臂上下摆动动作(见图 4-1-14),向左或向右移动,成单腿后交叉姿势。

身体波浪：身体由头、肩、腰、胯、腿做 S 形动作(见图 4-1-15),可左方向,亦可右方向练习。

踢腿转身：身体直立向前踢腿(见图 4-1-16),向侧踢腿(见图 4-1-17),右 90°转身,成弓步动作(见图 4-1-18),此动作多用于动作之间的衔接。

交叉踢腿接转身 360°：双手体前交叉,腿后交叉(见图 4-1-19);侧踢腿(见图 4-1-20),接右后 360°转身。

图 4-1-14

图 4-1-15

图 4-1-16

图 4-1-17

图 4-1-18

图 4-1-19

　　侧后并步摆臂：身体向侧后并步，身体律动，同时摇动前臂（见图 4-1-21），可做左右两个方向的动作。

　　交叉步双臂划圈：左跨步，右腿后交叉，双臂经体前划圈绕至左前，反方向双臂绕至右前。

　　换跳步：保持上体位置，双脚依次换跳。

　　手臂前置后置提踵转身：双臂经波浪至体前，跨步、后交叉步双手置于头后，双臂下振，同时依次提踵，跨步双臂至于身体左侧，右腿在左腿后交叉，同时双臂加速体前右摆，完成向右后 360°转身。

图　4-1-20

图　4-1-21

跳跨步双臂成 90°：跳跨步，稍屈膝，双臂成右臂前伸直掌心朝上，左手前臂与右臂成 90°，左手至于右臂下，掌心向下。

4.1.3　有氧搏击操与健身舞选项课考核评价标准

1. 第一学期有氧搏击操与健身舞课程成绩计算

课程成绩(100 分)＝体育专项考试成绩(20 分)＋四项体能测试成绩(40 分)＋学生平时成绩(40 分＝上课出勤率、学习态度等 10 分＋线上课程学习 10 分＋课外体育锻炼 20 分)

2. 第二学期、第三学期、第四学期有氧搏击操与健身舞课程成绩计算

课程成绩(100 分)＝体育专项考试成绩(40 分)＋四项体能测试成绩(20 分)＋学生平时成绩(40 分＝上课出勤率、学习态度等 10 分＋线上课程学习 10 分＋课外体育锻炼 20 分)

3. 有氧搏击操与健身舞课程各测试项目及评分标准

(1) 第一学期。

考核内容：三套基本动作(身体律动基础练习 12～15 个动作；健身舞组合动作；有氧搏击操组合)。

要求：所有考核内容都有音乐伴奏，由小组组合考核和个人考核相结合。

(2) 第二、三、四学期。

考核内容：三套基本动作(身体律动基础练习 12～15 个动作；健身舞组合动作；有氧搏击操组合)。

要求：所有考核内容都有音乐伴奏，由小组组合考核和个人考核相结合。

(3) 学生平时成绩和标准。

上课出勤率：请假、迟到、早退一次扣 1 分，旷课一次扣 2 分。

学习态度、课后作业等：教师根据学生平时上课的表现和作业完成情况来进行评定。

线上课程学习：由学校公体部制定统一的评价标准。

课外体育锻炼：由学校公体部制定统一的评价标准。具体评价按照当年学校文件来执行。

4.2　健　美　操

4.2.1　健美操概述

健美操是一项融体操、舞蹈、音乐于一体,以健身、健美为目的的体育运动项目。健美操是学校必修的一门课程,它具有健身、健心多重性,动作具有多变性和协调性,运动负荷大而有针对性,并且它是一种在音乐的配合下,在欢乐、愉快、激情的气氛中进行健身,同时实现知识、技能技术的增长,培养学生的协调性、表现力、创造力,以达到健身、健心和增长知识的整体效益。

1. 健美操的概念与分类

(1)健美操运动的概念。

健美操是在音乐伴奏下,以身体练习为基本手段,以有氧运动为基础,达到增进健康、塑造形体和娱乐目的的一项体育运动。

(2)健美操运动的分类。

根据当今世界和我国健美操运动的发展状况和未来发展趋势,按照不同的目的和任务,健美操运动可分为健身性健美操和竞技性健美操两大类。

2. 健美操的功能、特点及要求

(1)学校健美操的功能。

① 学校健美操拓展了传统的学校体育教学模式,改善和活跃了体育课堂气氛;能充分满足学生的生理、心理要求,引导学生积极参加体育锻炼,进一步促进学生身体正常发育和功能发展;可全面发展学生的协调性、柔韧性、力量性、耐力等身体素质。

② 学校健美操可活跃校园文化生活,吸引众多学生加入健美操行列,为学校体育增添新的内容,注入新的活力。

③ 学校健美操可培养学生的良好身体姿态,塑造学生的形体美和表现动作美,还可以陶冶学生美的情操,进一步展示当代学生的健康美和时代美。

(2)学校健美操的要求。

规范:要求学生在初学健美操基本动作时就建立规范的意识,养成正确的身体姿势,并随着教学的深入逐渐达到自动规范的程度。

力度:应把培养学生动作的力度作为一个重要的教学环节,充分体现健美操的"健、力、美"的特有风格。

表现力:出色的表现力能给健美操注入生气和活力,所以在学校健美操教学中,表现力的培养是必不可少的。

幅度:学校健美操教学中,应把加强上、下肢及躯干的幅度训练作为一个重要的环节。

4.2.2 健美操基本动作

健美操基本动作是由基本步法和上肢动作两部分组成的。

1. 基本步法

根据动作完成的形式不同,可将基本步法分为三大类:两脚交替类、迈步点地类、抬腿类。本学期我们只学习本套操化中涉及的基本步伐。

(1) 两脚交替类:两脚始终做依次交替落地的动作。

① 踏步。

动作描述:两腿原地依次抬起,依次落地,同时两臂屈肘握拳,自然前后摆动。

技术要点:下落时,踝、膝、髋关节依次有弹性地缓冲(见图 4-2-1~图 4-2-4),5~8 拍同 1~4 拍。

健美操步法-
两脚交替类

图　4-2-1

图　4-2-2

图　4-2-3

图　4-2-4

② 走步。

动作描述:迈步向前走时,脚跟先落地,过渡到全脚掌;向后走时则相反(见图 4-2-5 和图 4-2-6)。

技术要点:落地时,踝、膝关节有弹性地缓冲。

图　4-2-5　　　　　　　　　　　　　　图　4-2-6

③ 一字步。

动作描述：一脚向前一步，另一脚并于前脚，然后再依次还原（见图 4-2-7 和图 4-2-8）。

技术要点：向前迈步时，先脚跟着地，过渡到全脚掌；前后均要有并腿过程；每一拍动作膝关节始终有弹性地缓冲。

图　4-2-7　　　　　　　　　　　　　　图　4-2-8

图 4-2-7 和图 4-2-8 所示为 1～2 拍，3～4 拍同 1～2 拍，5～8 拍同 1～4 拍。

④ V 字步。

动作描述：一脚向侧前方迈一步，另一脚随之向另一方迈一步，成两脚开立，屈膝，然后再依次退回原位（见图 4-2-9～图 4-2-12）。

技术要点：两腿膝、踝关节始终保持弹动状态，分开后成分腿半蹲，重心在两腿之间。

图　4-2-9　　　　　　　　　　　　　　图　4-2-10

图 4-2-11   图 4-2-12

图 4-2-9～图 4-2-12 所示是 1～4 拍,5～8 拍同 1～4 拍。

⑤ 漫步。

动作描述:一脚向前迈出,屈膝,重心随之前移,另一脚稍抬起,然后原地落下,或向后撤一步,重心后移,另一脚稍抬起,然后原地落下。

技术要点:两脚始终保持交替落地,身体重心随动作前后移动,但始终在两脚之间。

⑥ 跑步。

动作描述:两腿经过腾空,依次落地缓冲,两臂屈肘摆臂(见图 4-2-13 和图 4-2-14)。

技术要点:落地屈膝缓冲,脚跟尽量落地。

图 4-2-13   图 4-2-14

(2)迈步点地类:一条腿先迈出一步,重心移到这条腿上,另一条腿用脚跟、脚尖点地或吸腿、屈腿、踢腿等,然后向另一个方向迈步。

① 并步(step touch)。

动作描述:一脚迈出,另一脚随之并拢屈膝点地;再向反方向迈步(见图 4-2-15 和图 4-2-16)。

技术要点:两膝始终保持弹动,动作幅度和力度可随风格而定。

② 侧交叉步。

动作描述:一脚向侧迈一步,另一脚在其后交叉,随之再向侧迈一步,另一脚并拢,屈膝点地(见图 4-2-17～图 4-2-20)。

健美操步法-
迈步点地类

图　4-2-15

图　4-2-16

技术要点：第一步脚跟先落地，身体重心随着脚步移动，保持膝、踝关节的弹动。

图　4-2-17

图　4-2-18

图　4-2-19

图　4-2-20

图 4-2-17～图 4-2-20 所示为 1～4 拍，5～8 拍同 1～4 拍。

③ 迈步点地。

动作描述：一脚向侧迈一步，两脚经屈膝移动重心，另一脚在前侧或后侧用脚尖或脚跟点地(见图 4-2-21 和图 4-2-22)。

技术要点：两膝同时有弹性地屈伸，重心移动轨迹呈弧形；上体不要扭转。

图 4-2-21   图 4-2-22

④ 迈步后屈腿。

动作描述：一脚迈出一步，另一腿后屈，然后向相反方向迈步（见图 4-2-23～图 4-2-26）。

技术要点：经过屈膝半蹲，支撑腿稍屈膝，后屈腿的脚跟靠近腿部。

图 4-2-23   图 4-2-24

图 4-2-25   图 4-2-26

图 4-2-24～图 4-2-26 所示是 1～4 拍，5～8 拍同 1～4 拍。

（3）抬腿类：一腿站立，另一腿抬起的动作，因动作简单，且为体育运动中最常见动作之一，因此不再配图。

① 分腿跳。

动作描述：分腿站立屈膝半蹲，向上跳起，分腿落地屈膝缓冲。

健美操步法-抬腿类

技术要点：屈膝半蹲时，大、小腿夹角不小于 90°。

② 开合跳。

动作描述：由并腿跳起，分腿落地，再由分腿跳起，并腿落地。

技术要点：分腿屈膝蹲时，两脚自然外开，膝关节沿脚尖方向屈，夹角不小于 90°，脚跟落地。

③ 并腿跳。

动作描述：两腿并拢跳起。

技术要点：落地缓冲有控制。

2. 上肢动作

做动作时加入不同的手臂动作就会使动作变得丰富多彩，或改变动作的强度和难度。如手臂在肩以上的动作强度就大于手臂在肩以下的动作强度；手臂动作变化多的一组动作就难于手臂动作变化少的动作组合。另外，健美操的手臂动作除了自然摆动和一些舞蹈动作外，主要是模仿上肢力量练习的一些动作。这样做既美观，又使练习更加有效。

(1) 常用手形。

掌形：五指伸直并拢（见图 4-2-27）。

拳形：握拳，拇指在外，压在食指弯曲部位（见图 4-2-28）。

五指张开形．五指用力伸直张开（见图 4-2-29）。

图　4-2-27

图　4-2-28

图　4-2-29

(2) 上肢动作。

举：臂伸直向某方向抬起。

屈臂：前臂与上臂角度不断减小。

伸臂：前臂与上臂角度不断增大。

屈臂摆动：屈肘在体侧自然地摆动，可依次和同时进行。

上提：直臂或屈臂由下至上提抬起，如屈臂前提、直臂侧提。

下拉：臂由上举或侧上举拉至身体两侧。

胸前推：立掌，臂由肩部向前推。

冲拳：屈臂握拳，由腰间猛力向前冲拳。

肩上推：立掌，屈臂由肩部向上推。

4.2.3　健美操选项课考核评价标准

1. 第一学期健美操运动课程成绩计算

课程成绩（100 分）＝体育专项考试成绩（20 分）＋四项体能测试成绩（40 分）＋学生

平时成绩(40 分＝上课出勤率、学习态度等 10 分＋线上课程学习 10 分＋课外体育锻炼 20 分)

2. 第二学期、第三学期、第四学期健美操运动课程成绩计算

课程成绩(100 分)＝体育专项考试成绩(40 分)＋四项体能测试成绩(20 分)＋学生平时成绩(40 分＝上课出勤率、学习态度等 10 分＋线上课程学习 10 分＋课外体育锻炼 20 分)

3. 健美操课程各测试项目及评分标准

(1) 体育专项考试项目和标准。

规定套路与徒手自编套路：根据规则及规程要求由各队自己创编的成套动作。自编套路的时间为 2'10″±10″(从第一个可听见的声音开始,到最后一个声音结束,不包括提示音)。每队参赛人数为 3～8 人、性别不限。考试场地可为地板或地毯,清楚地标出 10×10m² 的比赛区域。标志带为 5cm 宽的醒目色带,标志带是场地的一部分。评分因素主要包括艺术分和完成分。

动作的力度：成套动作的力度、爆发力、肌肉耐久力。

动作的准确性：部位准确,技术规范,动作方向清楚,完美控制。开始与结束动作清晰明了。运动员的节奏感与动作的韵律性协调一致,完美体现动作的弹动与控制。

动作的熟练性：动作技术娴熟,轻松流畅。

动作的幅度：动作幅度要大,但要避免"过伸"动作和大幅度的反关节运动。

(2) 四项体能测试项目和标准。

男生：50m 跑、1000m 跑、立定跳远、引体向上。

女生：50m 跑、800m 跑、立定跳远、1min 仰卧起坐。

评分标准：严格执行教育部印发的《国家学生体质健康标准(2014 年修订)》。

体能测试项目成绩：四单项平均得分。第一学期,每项 10 分,第二学期、第三学期和第四学期,每项 5 分。

(3) 学生平时成绩和标准。

上课出勤率：请假、迟到、早退一次扣 1 分,旷课一次扣 2 分。

学习态度、课后作业等：教师根据学生平时上课的表现和作业完成情况来进行评定。

线上课程学习：由学校公体部制定统一的评价标准。

课外体育锻炼：由学校公体部制定统一的评价标准。具体评价按照当年学校文件来执行。

4.3　体　育　舞　蹈

4.3.1　体育舞蹈概述

1. 体育舞蹈的概念

从体育舞蹈的起源和狭义的体育舞蹈概念来看,仅包括竞技舞厅舞的范畴。当体育舞蹈作为一项运动项目的集成来讲,随着社会发展的变化和舞蹈竞技的需求,它已经包含了越来越多的身体舞蹈项目。目前,在国际体育舞蹈组织的赛事中,竞赛的舞种主要包括体育舞蹈、摇滚舞、阿根廷探戈舞、撒萨舞、街舞、排舞等内容。这些项目教学训练的内容体系和参赛的具体形式都有着各自不同的体系。而本书主要针对的是体育舞蹈的教学、竞赛组织等内容进行介绍。

体育舞蹈是一种由男女双人配合,在界定的音乐和节奏范图内,正确展示和运用身体技术与技巧,包括身体姿势的控制能力,动作力量的表现能力,地板空间的应用能力等能突显舞蹈质感的动作,并结合艺术表现力来完成的具有规范性和程序性的运动项目。

对体育舞蹈进行剖析,不难发现其具备以下特性:体育舞蹈的根本属性是竞技性,它的本质是舞蹈,体育舞蹈是运用具有舞蹈语言功能的舞蹈组合在表现不同民族、不同地域、不同风格的舞蹈竞技。具备舞蹈语言功能的舞蹈组合在体育舞蹈中体现为:能传情达意的拉丁舞舞蹈组合;具有某种抽象美感的标准舞舞蹈组合;表现某种技巧的舞蹈组合。因而欣赏体育舞蹈既要符合舞蹈艺术规律,又要遵循竞技体育的竞赛原则,要从运动技术技巧和艺术表现两方面进行鉴赏。

在体育舞蹈的发展史上,体育舞蹈一直保持其观赏性、娱乐性和竞技特性共同发展,才得以让体育舞蹈像常青树一样保持活力。

体育舞蹈是由属于文艺范畴的舞蹈演变而来的体育项目,它兼有艺术和体育的双重特点,是以竞赛为目的,具有自娱性和表演观赏性的竞技舞蹈。

2. 体育舞蹈的起源

舞蹈的起源还与体育的起源有着密不可分的关联。早在原始社会,原始舞蹈的出现一方面表达了人类的情感,另一方面也使人类无意识地锻炼了身体,增强了身体素质。"手之舞之,足之蹈之",其实,舞蹈就是一种人体的运动,没有人体动作和运动,舞蹈则不存在。舞蹈本应归属于体育,有其健身的价值,但舞蹈的主要目的是供人欣赏和娱乐,当舞蹈演变成体育竞技项目时,其"体育属性"才逐渐明朗起来。

简言之,舞蹈是一种动态性的人体非语言文化,它来源于生活,却又高于生活。在早期的民间舞蹈中经常出现男女青年成对跳舞的形式,这往往是他们求爱活动的一部分。体育舞蹈的意识形态和雏形,就是诞生于那个时期的部分民间舞蹈。所以,体育舞蹈起源于原始舞蹈,萌芽于民间舞蹈。初期的体育舞蹈与民族民间舞蹈联系密切,是伴随舞蹈的发展而逐渐发展起来的新兴的运动项目。

3. 体育舞蹈的发展

最新体育舞蹈史学研究成果表明,体育舞蹈起源于原始舞蹈,成形于民间舞蹈,并经历宫廷舞——舞厅舞——国际标准交际舞几个发展过程。民间舞蹈的种类较多,从史学资料得知,早期的宫廷与民间社会同时传承着民间舞蹈的内容。当一部分民间舞蹈被引入宫廷,成为贵族们喜爱的宫廷舞时;民间舞蹈的另一部分却没有经历宫廷,只是通过民间社会自身的不断演化最终被带入社会舞场,成为一种舞厅舞。例如,拉丁舞系列就没有经历宫廷舞,而是直接由民间舞蹈不断完善后发展而来。因而,在宫廷盛行体育舞蹈内容的同时,社会舞场也并行发展着体育舞蹈的内容,宫廷与社会两个平台同步推动着现代体育舞蹈的发展。

4. 体育舞蹈的竞赛形式

（1）体育舞蹈竞赛的内容和特点。

内容：体育舞蹈比赛分两个系列，标准舞系列和拉丁舞系列，每类舞包括 5 种舞。除此之外还有团体舞比赛。

体育舞蹈的特点如下。

主持人制：比赛自始至终是在主持人的控制下进行的，由主持人把握整个比赛的节奏。

比赛与表演相结合：这样既能丰富比赛内容，增加比赛亮点，又可给选手、裁判员、记分组充足的准备时间和休息时间。

淘汰制与顺位法相结合：预赛与半决赛采用淘汰制比赛方式，决赛采用顺位法确定单项和全能比赛的名次。

快速判定结果：裁判必须在 1 分 30 秒至 2 分 30 秒的时间内，对于不同的组别确定下一轮入选选手名单或决赛名次。这要求裁判必须精通业务，迅速作出正确的判断。

（2）体育舞蹈竞赛的种类。

① 国际赛事。

体育舞蹈的国际比赛主要由职业舞协会"世界舞蹈与体育舞蹈理事会"（WDDSC）和业余舞协会"国际体育舞蹈联合会"（IDSF）两大组织举办

WDDSC 举办的主要赛事：标准舞国际竞技舞锦标赛；拉丁舞国际竞技锦标赛；十项国际竞技舞锦标赛；欧洲国际竞技舞锦标赛；亚洲太平洋国际竞技舞锦标赛；历史最悠久、水平最高、最具有影响的是每年在英国黑池举办的国际竞技舞锦标赛（包括标准舞和拉丁舞）。

IDSF 举办的主要赛事：锦标赛；东京、俄罗斯等国国内的循环赛；亚太锦标赛、公开赛。

② 国内比赛。

国内比赛有锦标赛、公开赛、城市锦标赛、精英赛、邀请赛、对抗赛、团体锦标赛等。中国体育舞蹈联合会每年举办的主要赛事有体育舞锦标赛、体育舞蹈公开赛、青少年锦标赛。

（3）体育舞蹈竞赛的编排。

编排原则及注意事项如下。

① 符合规则和国际惯例。

② 有利于选手技术水平的发挥和公平竞争，有利于裁判组和记分组工作。

③ 标准舞、拉丁舞交叉编排。

④ 各场次中包含各组别比赛。

⑤ 一个组别的比赛最好在一天内完成，若不能在一天内完成，也应当尽量把初赛、复赛放在一个单元内进行，半决赛和决赛放在一个单元。

⑥ 高组别精彩比赛放在最后。

竞赛方案如下。

核对报名单：确定分组选手背号。

制订竞赛日程：根据参赛选手对数确定分组情况。根据分组确定轮次和录取对数，初、复、半决赛采用淘汰法，48 取 24、24 取 12、12 取 6，或 48 取 24、24 取 16、16 取 8。计算竞赛所需时间，制订竞赛日程安排表。

制订竞赛顺序和时间安排：在时间安排中应注意留出表演和加赛时间，以保证参加两项比赛的选手有时间更换衣服。

抽签和成绩公布：由领队抽签，决定参赛各组别选手的对数和号码。尽快公布参加下一轮的选手名单。

编制秩序册：秩序册内容包括比赛通知、组委会人员名单及下属各机构人员名单、裁判员名单、各参赛队名单、大会活动日程安排、竞赛日程安排、插图及宣传广告资料。

（4）体育舞蹈竞赛的评判。

评判标准如下。

裁判工作自选手进入比赛位置时开始，当音乐停止时方告结束。在整个舞蹈表演过程中，裁判必须不断地给选手打分并在必要时修正分数，但不得在舞蹈结束后修改分数。

如果音乐尚未结束而选手停止表演，则其该项舞蹈的分数列最后一位。如果在决赛中发生这种情况，处理办法相同。

裁判必须在规定的时间内对选手的特定舞蹈表演进行单独评判。不允许考虑任何其他因素，如选手的名气、以往的表现或在其他舞种中的表现等。

裁判无须向选手解释评分结果。在比赛过程中或两轮比赛之间，不允许裁判和任何人讨论参赛选手及其表现。

对于所有舞种，选手的时值和基本节奏都是裁判打分的首要项目。因此，如果选手在这两方面重复犯错误，那么其该项舞蹈的分数列所有参赛选手的最后一位。

评判内容如下。

时值和基本节奏：裁判必须确定选手是否按时值和基本节奏进行表演，时值是指每一个舞步的时间值正好与音乐合拍；基本节奏是指舞步在规定的时间内完成并且保持舞步之间正确的时间关系。选手的时值和基本节奏错误时，其该项舞蹈的所有分数必须是最低的。这种错误不能通过其他评判内容的良好表现来弥补。

身体线条：指作为一个整体的两位选手在运动中身体各部位构成的整体效果。身体线条包括手臂线条、背部线条、肩部线条、胯部线条（骨盆姿势）、腿部线条、颈部和头部线条、右侧和左侧线系。

整体动作：裁判必须确定选手是否准确掌握该舞蹈的风格特点，并且评估选手动作的起伏、倾斜和平衡。在控制和平衡掌握良好的情况下，动作幅度越大，评分越高。在拉丁舞中，必须评估每种舞蹈典型的胯部动作。

节奏表现力：裁判必须评估选手的舞蹈节奏表现力。这反映出选手对舞蹈节奏的感受、理解和适应能力。但若表演与节奏不合，应按违反"时值和基本节奏"处理。

步法技巧：裁判必须正确评估选手舞步，评价内容有对每一步落地部位（脚掌、脚跟、脚趾)的要求、对脚步移动的控制和艺术表现力。

裁判方法如下。

国际体育舞蹈联合会比赛的初赛、复赛、半决赛均采用淘汰法,决赛采用顺位法(名次法)。入围选手用马克(marker)表示,即用 V 或 O 表示。决赛时,用数字表示名次 1～6,然后用顺位法评出名次。具体的裁判方法如下。

从下往上看,先看脚下基本节奏再看身体整体效果,最后面部表情,即艺术表现力。

用去少原则(淘汰法)进入下一轮比赛、采取先挑选少数好的方法。

均值(淘汰法)。

抓两头,评中间。

裁判过程(2 分 30 秒内完成)。

注意事项:裁判员拿到表格,首先应看清楚内容,然后决定自己采用的方法。淘汰赛时应尽量打满进入下一轮选手的 mark,如有困难,起码打满 80%,但绝不能多打,否则此票作废。选手在赛场出现意外,应适度处理。

5. 体育舞蹈的功能

(1) 健身功能。

体育舞蹈根据人体结构、生理特征,借助音乐的伴奏,完成不同难度的形体动作和造型,使人体产生特殊的运动与负荷量,并刺激呼吸、循环、消化、神经等系统机能活动,维持机体功能新的平衡,达到增强体质的作用。学术界提出:心率在 110 次/分钟以下,机体的血压、血液成分,尿蛋白和心电图等都没有明显的变化,健身价值不大;心率在 130 次/分钟,脉搏输出量开始出现接近或达到一般人的最佳状态,健身效果明显;心率在 150 次/分钟,脉搏输出量开始出现缓慢下降;心率增加到 160～170 次/分钟,虽无不良反应,但亦未能出现更好的健身迹象。因此,通常把一般人的健身效果的最佳区间保持在 120～140次/分钟。为了寻求其健身价值的科学性,研究者对不同年龄组的 384 人分别进行心功能测试(跳一支舞曲和两支舞曲),结果显示:跳一支舞曲的心率为 109.1～148.1 次/分钟,平均心率为 130 次/分钟;连续跳两支舞曲的心率为 116～151 次/分钟,平均心率为 140次/分钟。其测试结果与加拿大学者利格对大学生参加舞会的实验结果基本一致,可见,参加体育舞蹈活动者的心肺系统,需要承受中等强度的负荷。因此,体育舞蹈活动能使心血管系统得到良好的锻炼,加速新陈代谢,提高机体的运动能力,延缓身体机能的衰退。

(2) 健心功能。

当前社会已经步入科学化、自动化、信息化时代,人们繁重的劳动量减少,工作时间缩短、休闲时间增多,丰富多样的体育活动则成为人们提高生活质量、满足自我需要的高级精神享受和追求。另外,社会分工的细化、独立生活趋势日益明显,加强人际交往已经成为人们的重要需求。当代心理学家认为,人类的交际需求,包含情感因素在内。情感是人对客观事物是否符合自己的需要而产生的态度体验,每个人都需要他人的帮助与关爱,因而就有了交际的需求。我国著名心理卫生学家丁瓒先生说:"人际交往是一种智慧和才能,成功交往的全部奥秘就在于把握分寸感。所谓分寸感就是要适当、适度、适时、适事等,这一切均在你的言行举止之中。"

体育舞蹈既是一项双人运动,又是一种休闲娱乐活动,在运动中有交流,在运动中有愉悦的放松,体育舞蹈严格规范的礼仪要求就是把握交际分寸的最好体现。人们通过体育舞蹈运动,用舞步与音乐"会话",在翩翩起舞的过程中转移人的注意力,不仅能够增加交际的机会,调节交际的气氛,满足交际者的心理需要,促进人与人之间思想感情的沟通,消除心理障碍,培养奋发向上、乐于进取的创新精神,还能培养良好的礼仪风度,使交际者更加自信。

(3) 美育功能。

体育舞蹈是一项融体育、舞蹈、音乐为一体的运动项目,其综合性、艺术性很强,具有丰富的美学内容。美既不是人的主观精神意识的产物,也不是纯自然进化的结果,美是人类社会实践改造客观世界的产物。从摆脱自然生产开始,人类社会就朝着物质生产实践和精神生产实践两个方向发展,并具有审美属性。体育舞蹈是美中的佼佼者,美是体育舞蹈的灵魂,它在不断地创造美、展示美。风格各异的舞步、舞曲把舞者带入了美妙的境界,有的婉转流畅,旋转起伏,似行云流水;有的刚劲顿挫,潇洒奔放,动静交织;有的步态从容,平稳大方,悠闲轻松;有的轻快活泼,跳跃自然,洋溢着青春的活力;有的缠绵抒情,舞姿柔美动人。这些都让人有强烈的感受,使人情绪激奋,以至产生刹那间的情感幻象,使舞者获得美的享受。体育舞蹈的美,是在舞步与舞曲的配合中产生的,它是舞步和音乐的"对话",舞蹈中既能表现男子的阳刚之美,又能展示女子的娇柔之美。通过体育舞蹈的训练,可使人体外形更加匀称和谐,体态更加刚健优美,动作刚柔相济,既能满足自我实现美的愿望,也能成为他人的审美客体。体育舞蹈所具有的审美特性,在体育教学中也有特殊的美育功能。学生们的审美情感,可以通过体育舞蹈得到合理的宣泄,从而满足学生们的审美需求,丰富其审美体验。

另外,体育舞蹈中的团体舞更是美不胜收,群体配合的位置、队形的变化,伴以相应的音乐,构成一幅幅刚健、优美、丰富多彩的动态画面,在供人欣赏的同时,将自己看到的形体美、姿态美、动作美、服饰美和听到的音乐美结合起来,在情感上进行调整梳理,并得到美的享受。

(4) 经济价值功能。

体育舞蹈所带来的社会经济效益,是通过健身价值转化而来的隐形价值。实践证明,经常参加体育舞蹈活动能提升人们的健康水平,从而提高劳动生产率,这是一种无法估量的经济价值。正如国际运动医学联合会主席普罗科普所说:"经常锻炼的人比不锻炼的人要年轻 20～30 岁"。可见,健康水平的提高是一笔宝贵的财富,能为国家节约大笔的医疗保健费。

相关研究机构对 115 名体弱多病的老年人进行了一年的追踪调查。调查前,每人年均医疗保健费开支为 1000～1400 元,没有显著差异;经宣传后,有 69 人经常参加体育舞蹈活动。一年后调查结果发现,经常参加体育舞蹈活动者比不参加锻炼者每人年均少用医疗保健费 750 元,差异十分显著。有研究资料表明,从 2000 年起,我国开始出现老年化社会的特征,在当时,60 岁以上老人已达到 1.3 亿人。这些老人中多数都有不同程度的疾病,他们中如果有 70% 的人经常参加体育舞蹈健身活动,使健康状况得到改善与提高,以每人年均少用 150 元医疗费计算,一年就可为国家节省 15.5 亿元。

体育舞蹈对服饰要求较高,对舞鞋也有专门的要求。在我国参与体育舞蹈赛事评定与学习的人不计其数。体育舞蹈能带动相关产业的发展,新型的体育舞蹈服饰、鞋化业生产企业的规模不断扩大,其潜在的经济效益更是相当可观。

(5) 竞技价值功能。

体育舞蹈是一项新兴的体育竞技项目,从其发展趋势来看,将有可能成为正式的奥运竞赛项目。1998 年第十三届曼谷亚运会、2000 年悉尼夏季奥运会,都将体育舞蹈列为正式表演项目,2010 年广州亚运会将其列为正式比赛项目,体育舞蹈跻身于世界体育大家庭指日可待。从宏观的角度来看,体育舞蹈开展得好坏,对我国部分竞技体育项目能否腾飞具有关键的作用。例如,女子的自由体操、艺术体操、花样滑冰、花样游泳和冰上舞蹈等项目,都离不开舞蹈素养,在上述项目中我国普遍落后于世界先进国家,尤其是舞蹈素养方面。获得第 25 届世界体操锦标赛女子自由体操冠军的俄罗斯选手博金斯卡娅,技巧动作难度虽然不比其他选手大,但是,她将现代舞的动作恰到好处地与技巧难度动作融合在一起,达到了完美无缺的程度,最后六名裁判员同时打出满分。这也充分说明体育舞蹈在表现运动美方面的重要作用。因此,开展体育舞蹈活动,不仅可以促进体育舞蹈本身的发展,而且也是加快我国部分竞技体育项目发展的需要。

4.3.2 体育舞蹈之拉丁舞基本技术

1. 拉丁舞基本站姿

(1) 基本站姿。

两脚合并站立,脚尖略打开,双膝伸直内侧夹紧,骨盆关闭,臀部内收;两脚踩住地板,同时脊椎拉长,头顶向上。这时要反复强调对身体部位的力量使用。如脚和小腿向下,大腿向上撑住骨盆,肋骨内收,肩部向下,颈部和头部向上。

(2) 两脚合并垂直站立。

脚跟并紧,脚尖略打开,将身体重心放在单脚,这只脚被称为主力脚,而另一只动力脚用脚尖内侧点住地板。这时骨盆打开八分之一,动力脚的膝部向内收至中间线。

(3) 主力脚、动力脚重心位置的站姿。

主要站姿如下。

① 左、右动力脚在前点地,脚尖外侧着地(见图 4-3-1 和图 4-3-2)。

② 左、右动力脚在旁点地,脚尖中间着地(见图 4-3-3 和图 4-3-4)。

③ 左、右动力脚在后点地,脚尖内侧着地(见图 4-3-5 和图 4-3-6)。

练习方法:

由自然站立状态向预备舞姿(拉丁舞基本站立姿态)转换,反复多次练习。

图　4-3-1

图　4-3-2

图　4-3-3

图　4-3-4

图　4-3-5

图　4-3-6

注意事项.

长期练习这些动作,可以培养学生正确的舞蹈习惯、漂亮的舞蹈姿态和线条。在跳每个基本步伐时都应该认真检查学生的脚位。两腿尽量拉长,并保持一直、一斜两条线,同时主力脚始终保持稍稍向外打开。

2. 拉丁舞身体位置

(1) 闭式位置(见图 4-3-7 和图 4-3-8)。

男女相距约 15cm,且女方略靠男士的右侧。重心可以落在任一脚,女方重心脚通常与男方相反。男方的右手放在女方背后至女方左肩脚之下半部。其手肘的高度约与女方的胸部相齐。女方的左臂则顺此曲线轻轻地靠在男方右臂的上方,而左手也轻轻置于男方的右肩之上。

图　4-3-7　　　　　　　　　　　　　　　图　4-3-8

男方左臂与右臂高度相互平齐,左前臂上举。左手腕平直,手心约在鼻子的高度;并以左手握女方右手,其相握的位置,约在两人身体相距的中心点。

(2) 分式位置(见图 4-3-9 和图 4-3-10)。

图　4-3-9　　　　　　　　　　　　　　　图　4-3-10

分式位置的握手方法为,男女分开约一个手臂的距离,重心落在任一脚,女方的重心落点与男方相反。双脚正确的位置因进行不同的舞步而有所不同。

当男女相握时,相握的手臂趋前互握,但略为回收弯曲,双手位置略低于胸骨。另一双不握的手向外侧伸出并略微下收弯曲,与肩膀呈一柔和曲线。

(3) 扇形位置(见图 4-3-11 和图 4-3-12)。

女方在男方的左侧相隔一个手臂的距离,女方的身体与男方的身体呈直角形排列,而女方左脚向后踏出一整步,重心落在左脚上。男方右脚向侧并稍微向前跨出,重心落在右脚。女方的右脚向前投射一条假想的虚线,约在男方身体前方的 15cm 处。

处于扇形位置时,男方的左手掌心向上,女方的掌心向下。男方的左手在女方之下并以大拇指扣住女方的手背。女方向前伸出的右手稍微下收弯曲到比肩膀略低一些的高度。女方的左手和男方的右手则向外伸出并略微下收弯曲,与肩膀成一柔和曲线。

图　4-3-11　　　　　　　　　　　　图　4-3-12

（4）分式并退位置（见图 4-3-13）。

男方左手握女方的右手；男方向右、女方向左各
转 1/4 圈后，男方右脚、女方左脚向后各踏一步；男
方的左手、女方的右手向前推出且略向下收，两手的
位置稍低于其胸骨；男方的右手和女方左手则向外
侧伸出，与肩同高。

男方右手握女方左手的分式并退位置，必须男
方向左、女方向右各转 1/4 圈后，男方左脚和女方右
脚向后各踏一步。而男女的手臂位置与男方左手握
住女方的分式并退位置相反。

图　4-3-13

（5）侧行位置（见图 4-3-14 和图 4-3-15）。

图　4-3-14　　　　　　　　　　　　图　4-3-15

男女双方各向外转 1/8 圈（男向左、女向右）后，男方左手和女方右手向下压到略低于
肩膀的位置，最多只能男方向左转 1/4 圈，女方向右转 1/4 圈。

若双方的臀部相靠或离得很近（如侧行桑巴走步），此时男方的右手和女方的左手会
有所改变，男方的右手会滑到女方的右肩胛的下方，而女方的左手臂会轻放在男方的背脊
处，约在其肩胛的高度。

（6）开式反向侧行位置（见图 4-3-16）。

开式反向侧行位置也叫作 Open CPP。女方立于男方左侧，男方的身体左侧与女方的身体右侧相对，两人的另一侧身体向外稍打开，双方的位置关系成 V 字形。男方的右侧方向是舞伴双方下一动作的前进方向。

舞伴双方之间的距离视具体动作要求而定。

手部配合动作可握持、可分离。

（7）右侧肩并肩位（见图 4-3-17）。

舞伴双方面向同一方向，女方站立于男方右侧。

手部动作根据具体舞步动作要求进行配合。

图　4-3-16　　　　　　　　　　　图　4-3-17

（8）左侧肩并肩位。

舞伴双方面向同一方向，女方站立于男方左侧。

手部动作根据具体舞步动作要求进行配合。

（9）影子位（见图 4-3-18 和图 4-3-19）。

图　4-3-18　　　　　　　　　　　图　4-3-19

影子位多见右侧影子位。

舞伴双方面向同一方向，女方站立于男方右侧稍前位置。男方右手放于女方右肩胛骨稍下方位置，男方左手托住女方左手、左手腕或左小臂。

双手不接触的影子位也是可以的。

（10）串联位（见图 4-3-20 和图 4-3-21）。

图　4-3-20　　　　　　　　　　　　　图　4-3-21

舞伴双方面向同一方向，女方站立于男方正前方，两人身体位置形成重叠关系。

3. 基本技术动作

（1）伦巴舞的基本技术。

伦巴舞（rumba）是拉丁舞的项目之一。节奏为 4/4 拍，每分钟 27～29 小节。每小节四拍。舞步具有舒展优美，婀娜多姿，柔媚抒情的风格。其产生与西班牙和非洲的舞蹈有密切关系，后在古巴得到发展。

原地律动（见图 4-3-22）；移动步（见图 4-3-23）；方形步（见图 4-3-24）；前进与后退步（见图 4-3-25）；纽约步（见图 4-3-26）；定点转（见图 4-3-27）；手对手（见图 4-3-28）。

伦巴原地律动　　　　　　伦巴移动步　　　　　　伦巴方形步　　　　　伦巴前进与后退步

图　4-3-22　　　　　图　4-3-23　　　　　图　4-3-24　　　　　图　4-3-25

伦巴纽约步

伦巴定点转

伦巴手对手

图　4-3-26

图　4-3-27

图　4-3-28

（2）恰恰舞的基本技术。

恰恰舞（cha-cha-cha）是拉丁舞的项目之一。节奏为 4/4 拍，每分钟 30～32 小节。每小节四拍。舞步热情奔放，舞步花哨利落步频较快，诙谐风趣。源于非洲，后传入拉丁美洲，在古巴得到发展。

原地律动（见图 4-3-29）；移动步（见图 4-3-30）；方形步（见图 4-3-31）；前进与后退（见图 4-3-32）；纽约步（见图 4-3-33）；定点转（见图 4-3-34）；手对手（见图 4-3-35）。

标注：伦巴节奏 one　two　three　four

恰恰节奏 one　two　three　　&　　&　　& 为半拍

恰恰原地律动

恰恰移动步

恰恰方形步

恰恰前进与后退步

恰恰纽约步

恰恰定点转

恰恰手对手

图　4-3-29

图　4-3-30

图　4-3-31

图　4-3-32

图　4-3-33

图　4-3-34

图　4-3-35

4.3.3　体育舞蹈选项课考核评价标准

1. 第一学期课程成绩计算

课程成绩(100 分)＝体育专项考试成绩(20 分)＋四项体能测试成绩(40 分)＋学生平时成绩(40 分＝上课出勤率、学习态度等 10 分＋线上课程学习 10 分＋课外体育锻炼 20 分)

2. 第二学期、第三学期、第四学期定成绩计算

课程成绩(100 分)＝体育专项考试成绩(40 分)＋四项体能测试成绩(20 分)＋学生平时成绩(40 分＝上课出勤率、学习态度等 10 分＋线上课程学习 10 分＋课外体育锻炼 20 分)

3. 体育舞蹈课程各测试项目及评分标准

(1) 体育舞蹈专项考试项目和标准如表 4-3-1 所示。

(2) 四项体能测试项目和标准。

男生：50m 跑、1000m 跑、立定跳远、引体向上。

女生：50m 跑、800m 跑、立定跳远、1min 仰卧起坐。

评分标准：严格执行教育部印发的《国家学生体质健康标准(2014 年修订)》。

体能测试项目成绩：四单项平均得分。第一学期，每项 10 分，第二学期、第三学期和第四学期，每项 5 分。

表 4-3-1　体育舞蹈专项考试项目和标准表

分　　值	标　　准
90～100	技术动作规范，动作正确优美，幅度大，力度强，协调性好，节奏感强，并有一定的艺术表现力
80～89	技术动作规范，幅度大，力度、协调性、音乐节奏感强，但熟练性较差，艺术表现力一般
70～79	技术动作规范，但不流畅，幅度、力度、音乐节奏感欠佳，艺术表现力较差
60～69	能独立完成动作，但不熟练，质量不好，协调性、节奏感较差，无艺术表现力
59 分以下	不能完成整套动作，动作严重走样

（3）学生平时成绩和标准。

上课出勤率：请假、迟到、早退一次扣 1 分，旷课一次扣 2 分。

学习态度、课后作业等：教师根据学生平时上课的表现和作业完成情况来进行评定。

线上课程学习：由学校公体部制定统一的评价标准。

课外体育锻炼：由学校公体部制定统一的评价标准。具体评价按照当年学校文件来执行。

4.4　形体训练

4.4.1　形体训练概述

1. 形体训练的概念

形体训练是一项比较优美、高雅的健身项目，主要通过舒展优美的舞蹈基础练习（以芭蕾为基础），结合古典舞、身韵、民族民间舞蹈进行综合训练，可塑造人们优美的体态，培养高雅的气质，纠正生活中不正确的姿态。可以说它是所有运动项目的基础。形体训练起源于芭蕾、舞蹈、体操的基本功训练。

2. 形体训练的项目特点

（1）高度艺术性。

形体训练是塑造形体美的训练，它有别于竞技体操、艺术体操、健美操和舞蹈，融合了多种有效的健身训练方式，使人们在锻炼中感受人体运动的协调与流畅，舒缓与优美，体现人体运动身体姿态的造型美。这些训练内容不仅使练习者锻炼了身体、增强了体质，而且从中得到了"美"的享受，提高了艺术修养。因此，它具有高度的艺术性。

（2）健身娱乐性。

形体训练能使人们在愉悦、轻松的气氛和音乐的伴奏中强身健体、调节精神、塑造形体。可以说，形体训练结合了舞蹈、艺术体操、健身操、瑜伽、普拉提等健身的内容，不仅培养正确的身体姿态、优美的体形、高雅的气质和鉴赏能力，还可以提高人的身体素质。这种有针对性的多种有效的健身项目的组合，是对传统、单一、程式化的体育锻炼方式的一种巨大的冲击。

（3）广泛适用性。

形体训练形式的多样性，为练习者提供了锻炼身体、娱乐身心等不同的练习内容与科学的健身方法。使不同人群可以根据自己的年龄、身体素质、锻炼目的，选择适合自己所需的练习内容，使每个练习者在形体训练中找到适合自己的锻炼方式，并从中得到乐趣。

（4）锻炼时效性。

形体训练属于有氧运动，坚持长期练习能有效提高人体心血管系统、下呼吸系统以及运动系统的功能，达到增进生理健康的目的。由于练习者在优美的音乐伴奏下，轻松、安全、有效地锻炼，也有利于消除疲劳，提高心理健康水平。系统的形体训练是塑造形体的能工巧匠，它不仅能消除体内多余脂肪，还能重塑健美体型。

3. 形体训练的主要功能

（1）促进形体健美。

形体训练是以身体练习为基础手段，匀称和谐地发展人体、增强体质、促进形体更加健美的一种体育运动。它通过基本动作练习和强度不同的成套动作练习，对身体各关节韧带、各主要肌群和内脏器官实施合理的运动负荷，对改善心血管功能、柔初性、协调性、力量及耐力素质，对有效地改变体重、体脂等身体成分，有十分显著的作用。

（2）提高表现力和自信心。

现在大多数学生缺乏表现动作美感和展现自我的勇气，这也是一种内心缺乏自信的表现。形体训练可以使我们的表现力和自信心得到不同程度的提高。气质就是人体内在的文化艺术素养，且通过外在的身体动作、语言进行展示，因此应加强文化修养，保持得体的言行举止，不断完善内在和外在的自我，形成良好的气质。拥有良好的形体美，气质就会提升。好的气质会增强自信心，也就更加具有表现力。

（3）开发智力，培养创造性思维。

医学研究成果已经表明，舞蹈是一项对右脑发育极为有益的运动。丰富的舞蹈语汇可以激发学生的想象力，在不断地学习、模仿、表现的过程中，达到培养创造性思维的目的。可能有人会说，开发右脑可以用其他的方式来代替，如通过音乐、美术、体育等。的确，开发右脑有许多途径，但唯有舞蹈是从人体出发，在音乐中完成身、心、脑的统一行动，因此，这种开启思维的方式更为直接、有效和全面。

形体训练既是一种运动又是一种音乐欣赏，它将人对音乐的理解用肢体的形式展现出来。在身体力行的实践中融入自己对音乐的理解与鉴赏，通过对承载着各民族、各时代的人类文化的音乐的理解与鉴赏，不自觉地学习各民族、各时代的风土人情与人文地理。学生健康的体态美与内心充实的情感世界在形体舞蹈中获得统一，这是"在玩中学"的最好注解，是单纯的音乐课和单纯的体育课无法达到的。

总之，形体训练能够充分调动积极性，培养了端庄、高贵的气质，提高了艺术修养，为学生在今后激烈的社会竞争中立足打下了基础。

4.4.2 形体训练基本技术

1. 正步位站立

双脚脚跟与脚尖并拢,两腿伸直并拢,两腿肌肉收紧并上提;收腹,提气,挺胸,收臀;立腰背,两肩要平,放松,并向下沉压,臂自然下垂并适当向下伸;头要正,下颌微收,头向上顶,两眼平视前方,保持挺拔姿势(见图 4-4-1)。

2. 小八字位站立

在正步位站立的基础上,脚尖向外打开 45°,脚趾、脚跟、脚掌平铺于地面稳定重心,双腿内侧夹紧,提胯、立腰、收腹,肩胛骨自然向外展开,脖子直立,头顶向上,双手自然下垂于身体两侧(见图 4-4-2)。

图 4-4-1　　　　　　　　　　　图 4-4-2

3. 站立姿势的练习方法

(1)靠墙站立练习。

按照基本站立姿势的要求,脚跟、小腿肚、臀部、肩背、后脑勺靠着墙进行站立练习,使身体挺拔(见图 4-4-3)。

(2)提踵站立练习。

两腿伸直并拢,两脚跟向上提起,两脚的前脚掌着地,腿部肌肉收缩上提,两手自然放于体侧,保持基本站立姿势(见图 4-4-4)。

4. 手的基本形态与位置

(1)手的基本形态。

大拇指与中指相对(初学时可以大拇指到中指指根的位置防止大指向外),食指微翘,无名指、小指与中指靠拢,手指不要过于绷直,保持放松状态(见图 4-4-5)。

(2)手的基本位置。

一位手的做法:双手放于大腿前侧,小指不要紧贴腿,手臂自然弯曲呈圆形,手心向上,指尖相对,距离约 10cm,保持身体的基本形态(见图 4-4-6)。

二位手的做法:在一位手的基础上,食指主动抬起,手心对着胃的正前方,保持手形及手臂的形态(见图 4-4-7)。

手的基本位置

图 4-4-3

图 4-4-4

图 4-4-5

图 4-4-6

图 4-4-7

三位手的做法：在二位手的基础上，食指主动抬起到额头斜上方的位置，手心对着额头，同时保持手形及手臂的形态（见图4-4-8）。

四位手的做法：在三位手的基础上，左手保持不动，右手从面前切至二位手的位置，保持手形及手臂的形态（见图4-4-9）。

图 4-4-8   图 4-4-9

五位手的做法：在二位手的基础上，左手继续保持不动，右手在二位的位置上向旁打开，注意向旁打开后大臂不要高于肩膀，同时保持手形及手臂的形态（见图4-4-10）。

六位手的做法：在五位手的基础上，右手保持不动，左手从面前切至二位手的位置，保持手形及手臂的形态（见图4-4-11）。

七位手的做法：在六位手的基础上，右手继续保持不动，左手在二位的位置上向旁打开，同样注意向旁打开后大臂不要高于肩膀，同时保持手形及手臂的形态（见图4-4-12）。

图 4-4-10   图 4-4-11   图 4-4-12

5. 脚的基本形态与位置

（1）一位脚。

做法：在正步的基础上以脚后跟为轴心，从髋关节开始，两脚脚尖向外打开呈"一"字形状，注意两只脚不要向里倒脚，保持脚尖、脚掌与脚后跟平铺于地面（见图 4-4-13）。

（2）二位脚。

做法：在一位脚的基础上，一只脚保持不动，另一只脚向旁打开至一个脚的距离（见图 4-4-14）。

脚的基本形态和位置

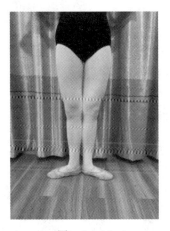

图　4-4-13　　　　　　　　　　　　图　4-4-14

（3）三位脚。

做法：一脚脚跟贴于另一脚的脚踝前（见图 4-4-15）。

（4）四位脚。

做法：在三位脚的基础上，前脚向前迈出一竖脚的距离，同时保持脚尖的外开（见图 4-4-16）。

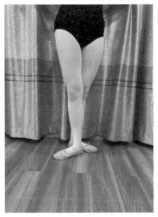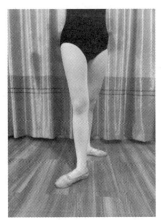

图　4-4-15　　　　　　　　　　　　图　4-4-16

（5）五位脚。

做法：一只脚保持在一位脚的位置上，另一只脚的脚后跟放在这只脚的脚尖位置，保持双脚紧贴（见图 4-4-17）。

6. 地面练习

（1）勾、绷脚练习。

训练特点：简单的勾、绷脚训练，可有效地活动脚趾、脚掌与脚腕。

训练目的：通过勾、绷脚训练，区分勾脚与绷脚的区别，为日后脚下的训练奠定基础。

勾、绷脚的坐姿准备：绷脚背，由脚背带动，脚掌向前推，脚趾保持不动，膝盖绷直，两腿内侧肌夹紧（见图 4-4-18）。

腕：勾脚脚趾尖继续向上带动勾起，脚后跟向远处蹬出去，保持膝盖的紧绷状态（见图 4-4-19）。

图　4-4-17

脚腕的环动：即两脚从关节开始到脚趾尖同时最大幅度地向外旋转（见图 4-4-20）。

图　4-4-18　　　　图　4-4-19　　　　图　4-4-20

（2）压腿练习。

预备姿势：双腿并拢，绷脚；上身保持直立，手臂三位。

1～4 拍：上身向前压腿，手臂前伸，胸尽量贴腿（见图 4-4-21）。5～8 拍：上身抬起，直立（见图 4-4-22）。

1～4 拍：双腿两侧分开，脚，右臂向上举向左侧下侧腰（见图 4-4-23）。5～8 拍：上身抬起，直立（见图 4-4-24）。

1～4 拍：左小腿收回，右腿伸直，右臂上举，向后下腰（见图 4-4-25）。

5～8 拍：上身抬起，直立（见图 4-4-26）。

（3）踢腿练习。

预备姿势：仰卧，双腿并拢，绷脚伸直，双臂贴于身体两侧，手掌自然放松（见图 4-4-27）。

图　4-4-21

图　4-4-22

图　4-4-23

图　4-4-24

图　4-4-25

图　4-4-26

　　1～4 拍：右腿伸直,左腿用力向上踢起(见图 4-4-28)。5～8 拍：左腿轻轻落下,回到(见图 4-4-27)准备姿势。

　　在相同要求下踢右腿。接着左臂平伸,掌心朝下,头枕在左臂上,右臂置于胸前,掌心朝下扶地板。

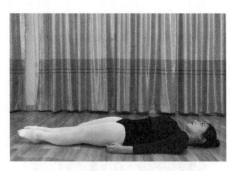
图 4-4-27

图 4-4-28

1～4拍：右腿伸直,绷脚,朝耳朵方向踢起(见图4-4-29)。5～8拍：右腿轻轻落下,回原位(见图4-4-30)。在相同要求下踢左腿。

图 4-4-29

图 4-4-30

接着1～4拍：跪立,向后踢左腿,踢腿时要抬头,尽量向高踢(见图4-4-31)。5～8拍：左腿轻轻落下,回原位(见图4-4-32)。在相同要求下踢右腿后结束。

图 4-4-31

图 4-4-32

4.4.3 形体训练选项课考核评价标准

1. 第一学期课程成绩计算

课程成绩(100分)＝体育专项考试成绩(20分)＋四项体能测试成绩(40分)＋学生

平时成绩(40 分＝上课出勤率、学习态度等 10 分＋线上课程学习 10 分＋课外体育锻炼 20 分)

2. 第二学期、第三学期、第四学期定成绩计算

课程成绩(100 分)＝体育专项考试成绩(40 分)＋四项体能测试成绩(20 分)＋学生平时成绩(40 分＝上课出勤率、学习态度等 10 分＋线上课程学习 10 分＋课外体育锻炼 20 分)

3. 形体训练课程考核标准

(1) 形体训练课程评分标准。

形体训练课程评分标准如表 4-4-1 所示。

表 4-4-1　形体训练课程评分标准

分　值	标　准
90～100	技术动作规范,动作正确优美,幅度大,力度强,协调性好,节奏感强,并有一定的艺术表现力
80～89	技术动作规范,幅度大,力度、协调性、节奏感强,但熟练性较差,艺术表现力一般
70～79	技术动作规范,但不流畅,幅度、力度、节奏感欠佳,艺术表现力较差
60～69	能独立完成动作,但不熟练,质量不好,协调性、节奏感较差,无艺术表现力
59 分以下	不能完成整套动作,动作严重走样

(2) 四项体能测试项目和标准。

男生：50m 跑、1000m 跑、立定跳远、引体向上。

女生：50m 跑、800m 跑、立定跳远、1min 仰卧起坐。

评分标准：严格执行教育部印发的《国家学生体质健康标准(2014 年修订)》。

体能测试项目成绩：四单项平均得分。第一学期,每项 10 分,第二学期、第三学期和第四学期,每项 5 分。

(3) 学生平时成绩和标准。

上课出勤率：请假、迟到、早退一次扣 1 分,旷课一次扣 2 分。

学习态度、课后作业等：教师根据学生平时上课的表现和作业完成情况来进行评定。

线上课程学习：由学校公体部制定统一的评价标准。

课外体育锻炼：由学校公体部制定统一的评价标准。具体评价按照当年学校文件来执行。

第 5 章　武术运动——兼修文武　弘扬国粹

5.1　武术基本功

武术作为中国传统体育的主要项目,在其长期的发展过程中形成了一套独特的体系,其中基本功是主要的练习手段。基本功的内容比较丰富,本节只介绍一些简单的基本功。通过基本功的练习,促使身体各部位的全面锻炼,较快地提高学生的身体素质。

5.1.1　基本手型

拳:四指并拢由指尖向下卷握,大拇指放于食指与中指的第二指节处。

掌:四指并拢并伸直,大拇指弯曲紧扣于虎口处。

勾:腕关节弯曲,五指的第一指节自然相捏。

拳　　　　　　　　掌　　　　　　　　勾

5.1.2　基本手法

武术的手法较多,本节列举冲拳、架拳、推掌、亮掌 4 个动作。

1. 冲拳

冲拳分为平拳和立拳两种。平拳的拳心向下,立拳的拳眼向上。

两脚左右开立,与肩同宽,脚尖向前,两拳抱于腰间,拳心向上,肘尖向后,挺胸收腹,立腰,目视前方。右拳从腰间向前冲出,拧腰顺肩,在肘关节过腰时,右前臂内旋。力达拳面,臂伸直与肩平。同时左肘向后牵拉。在冲拳练习时可左右交替进行。

冲拳

2. 架拳

两脚左右开立,与肩同宽,脚尖向前,两拳抱于腰间,拳心向上,肘尖向后,挺胸收腹,立腰,目视前方。右拳向下、向左、向上经头前向右上方划弧,同时前臂内旋架起,拳眼向左斜下方,目视左方。在架拳练习时可左右交替进行。

3. 推掌

两脚左右开立,与肩同宽,脚尖向前,两拳抱于腰间,拳心向上,肘尖向后,挺胸收腹,立腰,目视前方。右拳变掌,右掌根为着力点迅速向前推出,臂伸直与肩平。推出时要拧腰顺肩,同时左肘向后牵拉。在推掌练习时可左右交替进行。

推掌

4. 亮掌

两脚左右开立,与肩同宽,双手抱拳于腰间。右手上举至左肩成立掌,然后在体前沿逆时针方向摆至头右上方时迅速抖腕翻掌,臂微屈,掌心斜向上方,掌指向左。头向左盼,目视左方。亮掌是掌臂自下摆至上,抖腕翻掌成亮架势的掌法。

5.1.3　基本步型

1. 弓步

两脚前后开立,前腿屈膝,大腿成水平或接近水平,后腿蹬直,脚尖内扣,上体正对前方。眼平视前方。前腿要如弓箭之弓一样绷上劲,后腿如箭一般挺直。左脚前弓为左弓步,右脚前弓为右弓步。

2. 马步

两脚平行开立,脚掌贴地,脚尖稍内扣,屈膝下蹲至两大腿水平。两脚间距为本人三个脚掌长度。

3. 仆步

两脚左右开立,一腿全蹲,大小腿贴紧,全脚掌着地,膝与脚尖外展约 45°;另一腿伸直,脚尖内扣;挺胸塌腰,身体正直或前倾。左脚仆直成左仆步,右腿仆直为右仆步。

弓步

马步

仆步

4. 虚步

两脚前后开立,后脚外展 45°,屈膝坐蹲,其大小腿夹角略大于 90°;前脚面绷直稍内扣,虚点地面,膝微屈,重心落在后腿上;挺胸塌腰,眼向前平视。左脚在前叫左虚步,右脚在前为右虚步。

5. 歇步

两腿前后站立,屈膝全蹲,前脚全掌着地,脚尖外展;后脚前掌着地,大小腿重叠。臀部坐于后小腿接近脚跟处。左脚在前为左歇步,右脚在前为右歇步。

歇步

6. 丁步

两腿屈膝半蹲,一脚全掌踏地,另一脚悬提,脚面悬直向下,脚尖虚点于另一脚的内侧。左脚尖点地为左丁步,右脚尖点地为右丁步。

5.1.4 基本步法

武术的步法较多,这里仅介绍以下 4 种。

1. 击步

并步叉腰,左脚向左侧直腿点地。左转体,身体前倾,右脚提离地面,左脚随即蹬地向前上跳起,右脚迅速以脚内侧在空中碰击左脚跟。碰击后右脚先落地,左脚再前落或侧点步。右势动作相同,方向相反。

2. 上步

一脚向前一步或半步后成一定步型。

3. 跟步

一脚向前上一步,另一脚随后跟上半步或一步,落在前脚后面。

4. 撤步

一脚向后退半步或一步,另一脚随之向后撤半步或一步,停落在后脚前。

5.1.5 基本腿法

武术的腿法较多,这里仅介绍以下 4 种。

1. 正踢腿

预备姿势:并步站立,两臂侧平举,两手为掌,指尖向上,目视前方。

动作要领:并步站立,两臂侧平举。左脚上步直立,右腿挺膝,脚尖勾起向前额处猛踢;双目向前平视。

动作要点:挺胸、收腹、立腰。踢腿时,迅速收髋、收腹,脚尖勾起绷落,过腰后动作加快,要有寸劲。

2. 侧踢腿

预备姿势:同正踢腿。

动作要领:右脚上步,脚尖外展;左脚跟稍提起,身体略右转,两臂后举。随后,左腿勾脚向左耳际踢起,右臂上举亮掌,左臂立于右肩前;双目向前平视。

侧踢腿

动作要点:开髋、侧身、猛收腹。

3. 外摆腿

预备姿势:同正踢腿。

动作要领:右脚上步;左脚尖勾紧,向右侧上方踢起,经面前向左侧上方摆动,直腿落在右脚旁;双目向前平视,可用掌在面前依次迎击脚面。

外摆腿

动作要点:展髋,腿成扇形外摆,幅度要大。

4．里合腿

预备姿势：同正踢腿。

动作要领：同外摆腿，但由外向内合。

5.1.6 柔韧性练习

武术的柔韧性练习较多，这里仅介绍以下 4 种。

1．压肩

练习者面对肋木两脚开立。双手抓握肋木，手臂伸直，上体前俯并做下振动作；背对肋木，双臂内旋后伸，手心向上抓握肋木，然后屈膝向下，向前拉压。

2．正压腿

并步站立。左脚跟搁在肋木上，脚尖勾紧，上体向前下做振压动作。

3．侧压腿

左脚跟放在肋木上，脚尖勾紧，右臂上举，左掌附于右胸前，上体向左侧压振。

4．后压腿

左脚背放在肋木上，脚面绷直。上体后屈并做振压动作。

5.1.7 平衡练习

武术的平衡练习较多，这里仅介绍提膝平衡和燕式平衡两种。

1．提膝平衡

一腿直立支撑，另一腿屈膝向前上提，膝高过腰，小腿内扣斜垂，脚面绷直。

2．燕式平衡

上身前俯约 90°，一腿直立支撑重心。另一腿向后上伸举，脚面绷直，高过臀部。抬头挺胸，双臂侧平举或成燕翅形。

提膝平衡

燕式平衡

5.2 太 极 拳

5.2.1 太极拳运动概述

"太"，大也，有最大、最高之意；"极"，至也，是开始或顶点。"太极"是指宇宙最原始的秩序状态，出现于阴阳未分的混沌时期之后，而后形成宇宙的本源，是本土道家文化中的一个重要概念，最早现于《庄子》："大道，在太极之上而不为高；在六极之下而不为深；先天地而不为久；长于上古而不为老"。后见于《易传》："易有太极，是生两仪。两仪生四象，四象生八卦。"太极阴阳学说是古人对宇宙世界的辩证认识观。

由上可知，"太极"一词历史悠远，但用"太极"来命名一项拳术——"太极拳"，其具体产生时间至今仍是一个谜，据考证约起源于明末清初，由河南温县乡兵守备武术家陈王廷所创，距今有三四百年的历史。早期的太极拳吸取了众多拳法的精华，特别是明代抗倭将领戚继光所整理的《拳经三十二式》，动作幅度大、难度大，采用螺旋、缠绕手法并有很多"发劲、跳跃、震脚"等动作，具有一定的实战性。随着火器的出现，冷兵器逐渐退出历史舞台，传统太极拳的发展也逐步演变为一种具有中国智慧的养生拳种。随着时间的推移，传统太极拳产生了众多风格独特的流派体系，目前较为流行的主要有：陈式、杨式、孙式、吴式、武式，其中杨式太极拳以其动作舒展大方、速度连绵均匀、姿势中正安舒等独特风格成为目前流行最广泛的太极拳流派之一。太极拳的运动形式有"掤、捋、挤、按、采、挒、肘、靠、进、退、顾、盼、定"，又被称作"太极十三势"，早期还将太极拳称为"长拳""绵拳""软手"等。

现代太极拳是国家为了规范和普及太极拳运动，组织有关专家在传统太极拳动作的基础上编写出太极拳简化套路和各式太极拳竞赛套路。简化套路基本上是在传统杨式太极拳动作的基础上整理编写并组织推广，最早的太极拳简化套路《简化太极拳》于 1955 年由原国家体委组织当时的太极拳前辈创编推出，因为全套由 24 个动作组成，又被称为《二十四式太极拳》。简化后的太极拳套路精选出具有代表性的太极拳动作，既满足了普通人健身的需求，又避免了长时间烦琐的学习难度，使参与太极拳运动的人数增加，受益面更加广泛。在此简化太极拳套路推广成果的基础上，为了满足不同水平的大众对太极拳运动的不同要求，为了适应现代社会的短平快的生活节奏，国家体育总局武术运动管理中心于 2000 年前后又组织专家编写出更精炼的段位制太极拳，一段位（八式太极拳）、二段位（十六式太极拳），它们和三段位（二十四式太极拳）被统称为段位制太极拳中的初段位。

太极拳运动是中华传统武术大家庭中极具代表的项目之一，是中国传统文化中身体文化形式的杰出代表，它流传广泛，妇孺皆知，有着深厚的群众基础。太极拳各个动作环环相扣，处处体现圆弧，从起势到收势势势相承，一气呵成，如同一个完整的圆，体现了中国传统的"和"文化；太极拳动作的刚柔相济、升降有序、虚虚实实、开开合合、含展结合、松紧相间、上下相随、一动无有不动的运动特性无不运用着中国传统的"阴阳辩证"法则，是中华民族辩证思维与武术、气功、导引术等技巧的完美结合，高度融合了中国传统哲学、力学、中医、美学和兵学，逐渐成为集健身、修身、防身于一体的现代体育运动项目。

5.2.2　简化太极拳的基本手型、步型和手法、步法、腿法、技法

1. 基本手型、步型

"型"意为"模型"，指的是固定的基本姿势。

（1）手型。

拳：四指并拢卷曲，拇指轻扣于食指第二指节处，手心涵虚，拳面要平。

掌：四指并拢,五指自然伸直,手心涵虚。

勾：五指第一指节捏拢,扣腕,使勾尖和勾顶分明。

（2）步型。

马步：两脚自然平行,屈膝下蹲,膝关节不要超过脚尖。马步时两脚之间的距离大小依据动作的要求和个人的腿部力量进行调整,但基本要求不变。

弓步：左(右)脚向前跨一大步,脚尖向前,屈膝,膝关节不要超过脚尖;右(左)脚自然伸直,脚尖外展斜向前;两侧肩、胯向前,身体正向前;左右脚横向距离一胯左右,纵向距离依据腿部力量的大小调节(不能过大和过小);重心在前脚。

虚步：左(右)脚向前跨一小步,脚尖内侧点地向前,微屈膝;右(左)脚屈膝下蹲,脚尖外展斜向前;两侧肩、胯向前,身体正向前;左右脚横向距离 10cm,纵向距离依据腿部力量的大小调节(不能过大和过小);重心在后脚。

丁步：两腿屈膝下蹲;左(右)脚踏实,支撑重心,右(左)脚脚尖虚点地贴于左(右)脚内测足弓处。

侧弓步：左(右)脚向身体左(右)侧跨一大步,左脚尖外展向前,屈膝侧弓,膝关节不要超过脚尖;右(左)脚自然伸直,右脚尖内扣斜向前;两侧肩、胯向前,身体正向前;左右脚横向距离依据腿部力量的大小调节(不能过大和过小);重心在左(右)脚上。

仆步：两腿左右打开,一腿屈膝全蹲靠紧,脚尖外展;另一腿平铺伸直,脚尖内扣。

独立步：一腿自然伸直,膝微屈,五指抓地,支撑体重,另一腿提膝,大腿高于水平,小腿自然下垂,脚尖斜向下。

平行步：两脚自然平行,脚尖正向前,两膝微屈。

2. 基本手法、步法、腿法、技法

“法”意为方法或方式,是动作的移动转换规律。

（1）手法。

搬拳：右拳以肘关节为轴,屈肘由左肋间向右体前翻拳,拳眼向外,拳心斜向上。

贯拳：两拳经两侧由下向上内旋画弧至与两耳同高,拳眼斜向下。

推掌：掌心斜向下经耳侧,旋臂立掌平推出,力达掌根。

搂掌：掌从大腿内侧画弧至膝外侧,掌心向下,掌指朝前。

拦掌：掌从腹前向斜上画弧,立掌,掌指斜向上,掌心向异侧。

分掌：两掌胸前手腕交叉,两臂内旋经面前画弧左右分开,指尖向上高于耳平,掌心向外。

云掌：两掌依次经腹前、胸前、肩外侧立面画圆。

穿掌：侧掌指尖引领,沿手臂内侧和体前(掌心向内),转掌沿大腿内侧(掌心向外),力达指尖。

架掌：手臂内旋,掌从体前、体侧由下向上翻至头上方,掌心向上,手臂成弧线。

抱掌：两掌胸腹前合抱,掌心斜向对,大小如一篮球,手臂成弧线。

掤：大臂和前臂成弧形,由下向上举于胸前,掌心向内,力达前臂。

捋：两臂成弧形向斜前上，后经腹前向后斜上画弧，两掌心斜相对。

挤：一手臂呈弧形于胸前，另一手掌指斜向上轻扶于其腕内侧，然后两臂同时向前撑圆。

按：两掌心向下，平行收回，自胸前下按至腹前，掌指向前，然后掌指向斜上弧形推出，力达掌跟。

（2）步法。

上步：一腿支撑体重，另一脚经支撑腿内侧向前迈出，脚跟着地，移动重心逐渐过渡到全脚掌着地。

跟步：重心在前腿上，后脚向前跟进一步或半步，脚前掌轻轻着地。

退步：一腿支撑体重，另一腿经支撑腿内侧向后退一步，脚前掌先落地，平稳移动重心后逐渐变为全脚掌着地。

侧行步：一腿支撑，另一脚脚跟抬起向体侧横跨一步，脚前掌先落地，随着重心的移动慢慢变成全脚掌着地，两脚保持平行，开步比肩略宽，收步比肩略窄。

摆脚：一腿支撑体重，另一脚脚尖外摆斜向前，脚跟落地，随着重心的移动变为全脚掌着地。

扣脚：以脚跟为轴，脚尖向内旋转。

碾脚：以脚前掌为轴，脚跟外展。

（3）腿法。

蹬腿：一腿支撑，膝盖自然伸直（微曲），另一腿提膝上举，然后小腿慢慢伸直，勾脚尖，高不低于腰，力达脚跟。

分腿：一腿支撑，膝盖自然伸直（微曲），另一腿提膝上举，然后小腿慢慢伸直，绷住脚面，高不低于腰，力达脚尖。

（4）技法。

技法贯穿在太极拳运动的始终，当技法熟练之后，太极拳的动作表达自然而然上升到更高的阶段。

虚灵顶劲：太极拳运动讲究头要自然正直，头顶百会穴要有向上微微顶起的意念，这样做就能在练拳时精神贯注。

气沉丹田：这里的丹田一般指下丹田，位于任脉上的关元穴，在人体脐下三寸，是藏精之所在。练习太极拳时，要求用意识引导"细、匀、深、长、缓"的腹式呼吸，经气息直接运输到丹田，使得练拳时"宽胸实腹"，动作更加沉稳。呼吸和动作配合的一般原则是：开吸合呼、升吸降呼、屈吸伸呼。

含胸拔背：含胸拔背是为了配合腹式呼吸，让气息顺畅地到达下丹田，含胸时胸廓要有向内虚涵之意，有含胸就会背拔，使背部肌肉自然下沉。

松腰敛臀：松腰可帮助气沉丹田，同时因为松腰，可以使得下盘活动更加灵活自如。敛臀要求臀部轻轻向内向上微收，配合松腰，帮助放松臀部和腰部的肌肉。

圆裆松胯：要求两胯撑圆，两膝微内敛，产生裆劲的同时保证下肢气血畅通，它又和"虚灵顶劲"相互呼应,保持身体的正直,上下气息贯通。圆裆松胯还可以保持下肢运动的灵活。

沉肩坠肘:放松脊背,肩膀下沉,肘关节别外展,手臂遒劲,但不僵硬,使劲力贯穿到上肢。

舒指坐腕:手掌成自然手掌,掌心微含,力贯指尖;坐腕是动作定形时,手腕向手背方向用力。舒指坐腕是将"根在脚,发于腿,主宰于腰"的劲力,体现在手指上。

尾闾中正:太极拳运动讲究"中正安舒",也就是要求"尾闾"与"脊柱"在一条直线上,处于中正状态,这样可以使下盘更为稳固,整套动作不偏不倚。

内宜鼓荡,外示安逸:内在的精神和情感活动要丰富多彩,精神贯注,但外展的表现要动作平稳,中正安舒。

运动如抽丝,迈步如猫行:太极拳动作遵循的原则是"轻、匀、缓、稳",也就是说迈步像猫抓老鼠似的轻巧、灵活,手上动作像抽丝剥茧一般均匀而有章法。

5.2.3　八式太极拳(一段位)套路动作

1. 预备

两脚并立(见图 5-2-1)。

八式太极拳

图　5-2-1

2. 起势

开步平举(见图 5-2-2)。屈膝下按(见图 5-2-3)。

图　5-2-2　　　　　　　　　　　图　5-2-3

3. 右左卷肱式

马步翻托掌(见图 5-2-4),马步收掌(见图 5-2-5),马步推掌(见图 5-2-6)。左式同右式,只是方向相反。

图　5-2-4　　　　　　　　　　　　　　图　5-2-5

图　5-2-6

4. 左右搂膝拗步

丁步托掌(见图 5-2-7),上步落掌(见图 5-2-8)。弓步搂推(见图 5-2-9),后座翻掌(见图 5-2-10)。右式同左式,只是方向相反。

图　5-2-7　　　　　　　　　　　　　　图　5-2-8

图　5-2-9　　　　　　　　　　　　　　图　5-2-10

5. 左右野马分鬃

丁步抱球（见图 5-2-11），上步滚球（见图 5-2-12），弓步分鬃（见图 5-2-13），后座翻掌（见图 5-2-14）。右式同左式，只是方向相反。

图　5-2-11　　　　　　　　　　　　　图　5-2-12

图　5-2-13　　　　　　　　　　　　　图　5-2-14

6. 左右云手

扣碾脚（开步）云手，收脚云手，开步云手（见图 5-2-15 和图 5-2-16），再云手一圈。右式同左式，只是方向相反。

图　5-2-15　　　　　　　　　　图　5-2-16

7. 右左金鸡独立

两手下按(见图 5-2-17),提膝挑掌(见图 5-2-18)。左式同右式,只是方向相反。

图　5-2-17　　　　　　　　　　图　5-2-18

8. 右左蹬脚

两手相合(见图 5-2-19),提膝抱掌(见图 5-2-20),蹬腿分掌(见图 5-2-21)。左式同右式,只是方向相反。

图　5-2-19　　　　　　图　5-2-20　　　　　　图　5-2-21

9. 右左揽雀尾

丁步抱球(见图 5-2-22),弓步掤(见图 5-2-23),步捋(弓步捋)(见图 5-2-24),后坐捋(见图 5-2-25),弓步挤(见图 5-2-26),按(弓步穿掌)(见图 5-2-27),后坐收掌(见图 5-2-28),翘脚下按(见图 5-2-29),弓步按推(见图 5-2-30)。左式同右式,只是方向相反。

图　5-2-22

图　5-2-23

图　5-2-24

图　5-2-25

图　5-2-26

图　5-2-27

图 5-2-28

图 5-2-29

图 5-2-30

10. 十字手

扣脚摆左手(见图 5-2-31),扣脚收手(见图 5-2-32),收脚抱掌(见图 5-2-33)。

图 5-2-31

图 5-2-32

图 5-2-33

11. 收势

直立翻掌(见图 5-2-34),并步还原同图 5-2-1。

图　5-2-34

5.2.4　十六式太极拳(二段位)套路动作

十六式太极拳

1. 预备

两脚并立。

2. 起势

开步平举,屈膝下按。

3. 左右野马分鬃

丁步抱球、上步滚球、弓步分鬃、后坐翻掌、丁步抱球、上步滚球、弓步分鬃。

4. 白鹤亮翅

跟步抱球、后坐挥掌、虚步亮掌。

5. 右左搂膝拗步

丁步托掌、上步落掌、弓步搂推、后坐翻掌,左搂膝拗步同右搂膝拗步,只是方向相反。

6. 进步搬拦捶

丁步披身锤、进步搬、进步拦、弓步捶。

7. 如封似闭

穿掌翻掌、收掌按掌、弓步按推。

8. 单鞭

转身收掌、丁步勾手、转身步推掌。

9. 手挥琵琶

跟步挥掌、后坐挑掌、虚步合肘。

10. 倒卷肱

虚步翻托掌、落脚尖收手、移重心推掌,左式同右式,只是动作相反。

11. 左右穿梭

转身抱球、上步滚球、弓步推架,右式同左式,只是动作相反。

12. 海底针

跟步提手、虚步插掌。

13. 闪通背

弓架推掌。

14. 云手

扣碾脚(开步)云手、收脚云手、开步云手、扣脚云手。

15. 右左揽雀尾

弓步掤、捋(弓步捋、后坐捋)、弓步挤、按(弓步穿掌、后坐收掌、翘脚下按、弓步按推),左式同右式,只是方向相反。

16. 十字手

扣脚摆手、扣脚收手、收脚抱掌。

17. 收势

直立翻掌、并步还原。

5.2.5 太极拳选项课考核评价标准

比赛场地规格:个人项目的场地长 14m,宽 8m,场地四周内沿有 5cm 宽的白色边线,周围至少有 2m 宽的安全区。集体项目比赛场地长 16m,宽 14m,场地四周内沿有 5cm 宽的白色边线,周围至少有 1m 宽的安全区。

1. 课程考核方式与成绩评定

(1)考核类别:技术考试。

(2)考核形式:期末小组统一考试。

2. 第一学期成绩计算

课程成绩(100 分)=体育专项考试成绩(20 分)+四项体能测试成绩(40 分)+学生平时成绩(40 分=上课出勤率、学习态度等 10 分+线上课程学习 10 分+课外体育锻炼 20 分)

3. 第二学期、第三学期、第四学期成绩计算

课程成绩(100 分)=体育专项考试成绩(40 分)+四项体能测试成绩(20 分)+学生平时成绩(40 分=上课出勤率、学习态度等 10 分+线上课程学习 10 分+课外体育锻炼 20 分)

4. 测试项目及评分标准

(1)体育专项评判方法与标准。

段位制太极拳属于无难度的规定项目,一般从两个方面进行评判,一是动作质量,主要是手型、步型的动作规格是否符合要求;二是演练水平,主要是看手法、步法、腿法、技法等动作是否表达清晰,劲力是否充足顺达,手眼身法步配合协调。公共体育太极拳的考试标准基本按照这两方面进行技术评分,动作完成过程中的错误进行扣分,重复错误不重复扣分。

(2)四项体能测试项目和标准。

男生:50m 跑、1000m 跑、立定跳远、引体向上。

女生：50m 跑、800m 跑、立定跳远、1min 仰卧起坐。

评分标准：严格执行教育部印发的《国家学生体质健康标准(2014 年修订)》。

体能测试项目成绩：四单项平均得分。第一学期，每项 10 分，第二学期、第三学期和第四学期，每项 5 分。

(3) 学生平时成绩和标准。

上课出勤率：请假、迟到、早退一次扣 1 分，旷课一次扣 2 分。

学习态度、课后作业等：教师根据学生平时上课的表现和作业完成情况来进行评定。

线上课程学习：由学校公体部制定统一的评价标准。

课外体育锻炼：由学校公体部制定统一的评价标准。具体评价按照当年学校文件来执行。

5.3　健 身 气 功

5.3.1　健身气功概述

中华民族历史悠久，文化积淀深厚，其表现形式也是丰富多彩的，在健身养生方面，无疑展现在民族传统体育运动项目——气功上。气功主要通过"三调"(调身、调息、调心)理论，自我主动地调节身心和谐有序，使之达到协调统一，进而潜移默化地使人体与大自然的规律相吻合，达到"天人合一"境界。

为了促进祖国传统健身功法健康科学地发展，丰富人们的日常生活并满足健康需求多样化的选择，推动全民健身运动蓬勃地开展，"健身气功"孕育而生。2001 年 6 月，国家体育总局健身气功管理中心成立；2003 年 2 月，国家体育总局将"健身气功"确立为第 97 个体育运动项目。国家体育总局先后共推出 9 种适合大众健身的健身气功，它们分别是 2003 年推出的四种老功法——健身气功·易筋经、健身气功·五禽戏、健身气功·六字诀、健身气功·八段锦；2009 年推出的五种新功法——健身气功·十二段锦、健身气功·大舞、健身气功·导引养生功十二法、健身气功·马王堆导引术、健身气功·太极养生杖。

健身气功·八段锦是中国古代导引术中的一个重要组成部分，由八节动作组成，被比喻成"锦"(精美的织品)，因简便易学，深受人们的喜爱，故名八段锦。它也是最早、最普及的、校园推广的健身气功项目。它是一套针对一定的脏腑调理、疾病治疗而设计的功法，每一个动作对应着人体的特定脏器，对脏器具有良好的修复作用，同时每个动作又是相互关联的，具有综合性、全身性，经常进行单个或全套动作练习能起到健身保健作用。

八段锦功法特点：(1)柔和缓慢，圆活连贯；(2)松紧结合，动静相乘；(3)神与形合，气寓其中。

八段锦练习要领：(1)松静自然；(2)准确灵活；(3)练养相兼；(4)循序渐进。

在初学阶段，练习者首要先克服由于练功而给身体带来的不适，如肌肉关节酸痛、动作僵硬、紧张、手脚配合不协调、顾此失彼等。只有经过一段时间和数量的练习，才会做到姿势逐渐工整，方法逐步准确，动作的连贯性与控制能力得到提高，对动作要领的体会不断加深,对动作细节更加注意,等等。其次,要求练习者采取自然呼吸方法。待动作熟练后,逐步对呼吸提出要求,练习者可平时注意经常练习使用腹式呼吸方法,在掌握腹式呼吸方法后,再注意呼吸与动作进行配合,不可急于求成。最后,逐渐达到动作、呼吸、意念的有机结合。

良好的练功效果是在科学练功方法的指导下,随着时间和练习数量的积累而逐步达到的。因此,练习者不要"三天打渔,两天晒网",应持之以恒,循序渐进,合理安排运动量。

健身气功·八段锦,是中华民族传统的健身养生功法之一,其内涵丰富,传统文化特征明显,在教学中不仅有"形"——技术动作的要求,还有"气"——动作和呼吸配合的需要,以及更深层的"神"——在意念指导下完成动作的必要,进行技术动作教学的同时需将涉及的传统中医基础理论和中华传统文化融入其中。

5.3.2 健身气功——八段锦基本技术

1. 八段锦·预备式

(1)理论讲解。

基本步型——马步。两脚平行略宽于肩,双腿微屈半蹲状态,圆档松垮。

基本手型——掌。自然手掌,手指自然伸直展平,力贯指尖。

八段锦

预备式主要是用于调整呼吸,气沉丹田,为练功做好准备。丹田——人体穴位之一,分上、中、下三丹田:上丹田为督脉印堂之处,又称"泥丸宫";中丹田为胸中膻中穴处,为宗气之所聚;下丹田为任脉关元穴,脐下三寸之处,为藏精之所。不特别指出时,丹田一般指下丹田。

(2)动作分解。

① 左脚开步:百会上顶,舌抵上腭,下颏微收,调整身体姿势在最佳状态,呼吸自然,心静神宁(见图5-3-1)。

② 两手内旋:左脚开步约与肩同宽,脚尖正朝前,使肩井对涌泉(见图5-3-2)。

③ 屈蹲外旋合抱:两臂向前合抱于与脐同高,掌心向内,两掌指间距约10cm(见图5-3-3)。

图 5-3-1

图 5-3-2

图　5-3-3

2. 八段锦·第一式　两手托天理三焦

（1）理论讲解。

三焦是中医学名称，为六腑之一，主要功能为疏通水道与主持气化，具体指人体在胸腹之间的腔隙，胸膈以上为上焦，脐以上为中焦，脐以下为下焦。三焦好比是五脏六腑所住的"房了"，就上焦而言，包括心、肺，中焦指脾、胃，下焦指肾、膀胱、大肠、小肠、肝、胆等脏腑。通过长期重复的练习，"两手托天理三焦"可以使体内三焦通畅、气血调和。

（2）动作分解。

① 两臂下落（见图5-3-4）。

② 十指交叉向上（见图5-3-5）。

图　5-3-4

图　5-3-5

③ 翻掌抬头（见图5-3-6）。

④ 头回正上撑双臂，下落屈膝（见图5-3-7）。

以上动作重复三次。

双掌上托时不可耸肩端肘；抬头要充分，而不是仅仅翻眼向上看；头回正时，两手还要有继续向上托掌之意，此时要求屏住呼吸停3秒左右；松掌下落时脊柱要有节节放松的感觉；通过四肢带动躯干上拉下松运动，可以通畅三焦，对内脏器官起到气血重新调节分配的作用。

图 5-3-6

图 5-3-7

3. 八段锦·第二式　左右开弓似射雕

（1）理论讲解。

基本步型——侧弓步：一腿屈膝前弓，膝部与脚尖大体上下相对；另一腿侧向开撑，自然伸直；开胯圆裆。

基本手型——爪：五指并拢，第一、第二指节弯曲（见图5-3-8）。

基本手型——八字掌：三指并拢，第一、第二指节弯曲；食指、大拇指撑开成"八"字型。八字掌和爪的转换可以刺激手上的肺经和大肠经（见图5-3-9）。

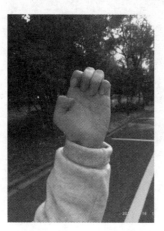

图 5-3-8

图 5-3-9

肺经：十二经脉之一，手三阴经之一，与手阳明大肠经相表里；经脉分布于胸前、上肢内侧前、拇指桡侧。

大肠经：十二经脉之一，手三阳经之一，与手太阴肺经相表里，经脉分布于食指、上肢外侧前、肩前、颈、颊、鼻旁。上接手太阴肺经于食指，下接足阳明胃经于鼻旁。

肺经走拇指的里面,大肠经走食指的外面,肺与大肠相表里,肺主气,司呼吸,朝百脉,故八字掌侧推,用力外展拇指和食指,有抻拉肺经和大肠经的作用,有助于畅通手太阴肺经和手阳明大肠经,起到益气养肺,润肠化结的作用。

(2) 动作分解。

① 开左腿,两手交叉(见图 5-3-10)。

② 马步左手八字掌右手爪(左手在外)(见图 5-3-11)。

图　5-3-10　　　　　　　　　　　　图　5-3-11

③ 右侧弓步分掌(见图 5-3-12)。

④ 收脚收手下落(见图 5-3-13)。

图　5-3-12　　　　　　　　　　　　图　5-3-13

右式同左式,只是动作相反。

开右脚右手在外;侧拉弓时爪的五指要并拢屈紧,肩臂放平,展肩扩胸;随八字掌外撑,屈腕,竖指,转头鼻尖对指尖;根据自己腿部力量状况调整马步的高低,不可勉强,随着下肢力量的发展,可逐渐将马步放低。

4. 八段锦·第三式　调理脾胃须单举

(1) 理论讲解。

中医中的脾胃,是指脾经和胃经。

胃主受纳与腐熟水谷,《素问·玉机真藏论》中说:"五脏者,皆禀气于胃;胃者,五脏之本也。"胃虽有受纳与腐熟水谷的功能,但必须和脾的运化功能配合,才能使水谷化为精微,以化生气血津液,供养全身。

脾主运化,以升清为主,是指脾具有把水谷(饮食物)化为精微,并将精微物质转输至全身的生理功能,并通过心肺化生气血的作用,营养全身。脾在志为思、在液为涎、在窍为口,脾主身之肌肉。

脾胃五行属土,属于中焦,脾与胃互为表里关系。胃主受纳主降,脾主运化主升,共同承担着化生气血的重任,所以说脾胃同为"气血生化之源",被称为"后天之本"。脾气升,则水谷之精微得以输布;胃气降,则水谷及其糟粕才得以下行。

(2)动作分解。

① 马步合抱(见图5-3-14)。

② 上撑下按(见图5-3-15)。

图   5-3-14   图   5-3-15

下落路径同上撑路径;右式同左式,只是动作相反;右上撑下按结束时,右手从前按掌下落。

一撑一按上下弧线对拉(静力牵张),可以牵动腹腔内的脾胃,对中焦肝胆也起到按摩作用;整体动作要求舒胸展体,拔长腰背脊,对脊柱内各椎骨间的小关节及小肌肉群进行运动调节,有利于预防和治疗颈肩疾病。

5.八段锦·第四式   五劳七伤往后瞧

(1)理论讲解。

"五劳"指心、肝、脾、肺、肾五脏劳损。《素问》曰:久视伤血,久卧伤气,久坐伤肉,久立伤骨,久行伤筋,是谓五劳所伤。

"七伤"指喜、怒、哀、乐、悲、恐、惊七情伤害。隋巢元方《诸病源候论》中有"大饱伤脾,大怒气逆伤肝,强力举重久坐湿地伤肾,形寒饮冷伤肺,形劳意损伤神,风雨寒暑伤形,恐惧不节伤志"。

大椎穴：位于背部，第一胸与第七颈椎棘突之间的凹陷处；本穴为手、足三阳经的阳气及督脉的阳气汇合而成，故为手足三阳及督脉之汇。

膏肓穴：膏肓穴是足太阳膀胱经的常用腧穴之一，位于背部 4 胸椎棘突下，旁开 3 寸；膏，膏脂、油脂也；肓，心脏与膈膜之间也；膏肓名意指膜中的脂类物质，因为隐藏较深，平时难以活动到。做动作"旋臂后瞧"时正好可以刺激到此重要穴位。

（2）动作分解。

① 屈膝按掌（见图 5-3-16）。

② 旋臂后瞧（见图 5-3-17）。

图　5-3-16　　　　　　　　　　　　图　5-3-17

右式同左式，只是动作相反。

旋臂时两肩后张、下沉，置于体侧，充分运动肩胛按摩膏肓穴，不要旋转过度到体后；转头时不能转体，头顶百会向上顶，不低头不仰面，目视斜下方。通过上肢伸展外旋扩张牵拉胸腔、腹腔内的脏腑；转头后瞧可刺激颈部大椎穴，通达阳脉，从而防治"五劳七伤"。

6. 八段锦·第五式　摇头摆尾去心火

（1）理论讲解。

尾闾：广义的尾闾指五节骶骨和四节尾骨的总称，狭义的尾闾专指尾骨。

心火：心居于上焦，心在五行中属火。《素问·宣明五气论》中说："心藏神、肺藏魄、肝藏魂、脾藏意、肾藏志。"（亦称"五志"）因思虑过度、五志化火，或过食辛辣、温补之品，或因脏腑功能失调等，都会导致内火自生而引发心火。中医认为肾在五行中属水，只有壮腰强肾才能以水克火，调埋心火。

该式动作通过两腿下蹲，旋动尾闾可以刺激脊柱和命门穴，可使居于下焦之肾水上升，能清养心火；摆头可以刺激大椎穴，大椎穴为六阳经的汇总点，可疏经泄热，解表通阳，从而去除心火。在这一摇一摆、一升一降中，可达到平衡阴阳、调理脏腑的作用。

（2）动作分解。

① 右脚开步举掌（见图 5-3-18）。

② 马步按掌(见图 5-3-19)。

图　5-3-18

图　5-3-19

③ 起身、右侧旋、前旋、左摇(见图 5-3-20)。

④ 摇头摆尾(见图 5-3-21)。

图　5-3-20

图　5-3-21

左式同右式,只是动作向反。

⑤ 起身(见图 5-3-22)。

⑥ 屈膝下按(见图 5-3-23)。

马步下蹲要圆裆松胯,上体中正;侧旋、前旋要以腰为轴,速度应柔和缓慢,动作圆活连贯;依据自身状况选择动作幅度的大小,循序渐进,切不可强求。

7. 八段锦·第六式　两手攀足固肾腰

(1) 理论讲解。

腰阳关:位于脊柱第四与第五腰椎棘突之间的凹陷处,是人体活动承受最大着力之处,肾气、阳气至此最容易受到阻滞,也最容易产生腰椎间盘突出。

图　5-3-22

图　5-3-23

委中:位于腘横纹中点,是"四大总穴"之一,是足太阳膀胱经下行与足少阴肾经上行的交会处,故经常按揉委中对腰部的保健和痛症有效果。

肾脏被称为"先天元气之本",是人体重要脏器之一。肾主藏,叫以说是身体的"能量库",人的生、长、壮、老、已的整个过程都与肾的功能有着直接的关系。

(2) 动作分解。

① 直立上举掌(见图 5-3-24)。

② 转掌相对下按、反穿掌摩运(见图 5-3-25)。

图　5-3-24

图　5-3-25

③ 攀足按掌抬头(见图 5-3-26)。

④ 抬臂上举(见图 5-3-27)。

图 5-3-26   图 5-3-27

本式重复做三遍。

上体不要主动前俯,两掌反穿摩运至臀部时再前俯;继续下摩运至两脚面时需按掌、抬头,引体向后,两臂前伸,指尖引领,举臂起身;通过上体前屈后引,可刺激整条脊柱及周边的经脉、穴位,还可以牵引按摩肾脏,达到固肾壮腰的作用。练习者可以根据自身状况调整向下摩运的动作幅度,但动作环节不可少。

8. 八段锦·第七式　攒拳怒目增气力

（1）理论讲解。

攒拳:又称握固,是将大拇指内扣于无名指(第四指)的根部,其余四指微曲,将大拇指握牢。握固对于人体的"精、气、神"具有固守的作用,久练攒拳,则气力倍增,所以是道家养生修炼常用的手法(见图 5-3-28)。

图 5-3-28

怒目:中医认为肝开窍于目,通过怒目瞪眼,可以刺激肝经系统,使肝血充盈,经脉得以涵养,从而强筋健骨;怒目还可以疏泄肝气,从而调和气血。一则养血,一则疏肝,保证了肝的正常生理功能。

肝在五脏中占有重要的地位,五行属木,主疏泄、藏血、情志,开窍于目,在体为筋,在志为怒,在液为泪。肝主疏泄的功能主要表现在调节精神情志,促进消化吸收,以及维持津液的正常运行三方面。

（2）动作分解。

① 马步握固（见图 5-3-29）。

② 冲拳怒目、旋臂握固、收拳（见图 5-3-30）。

图　5-3-29　　　　　　　　　　　　　图　5-3-30

右式同左式,只是动作相反。

马步时要有脚趾抓地的感觉,高低可依据个人的腿部力量适当调节;脚趾抓地和握固冲拳可以使全身肌肉、筋脉受到静力牵张刺激,长期锻炼可使全身筋肉结实,气力增加。

9. 八段锦·第八式　背后七颠百病消

（1）理论讲解。

百会穴:两耳上缘连线中点处,头顶正中,别名"三阳五会",意为手足三阳经及五脏六腑之气血皆交会于此穴位,它是百脉之会,因此可以通达全身。

七:"七者,天地四时人之始也。"——《汉书·律历志》。古人通过对月亮圆缺的观察,发现由半圆月至满月,由圆月至半圆月,时间分别是 7 天,由半圆月至月消失,由月消失至半圆月,也分别是 7 天,所以"七"代表轮回,并非终止,也预示着练习到健身气功八段锦的最后一个动作,这即是一次练习的结束,又是下一次练习的开始,只有周而复始的不断练习体悟,才能体会到健身气功八段锦的练习妙处及健身功效。

（2）动作分解。

① 并步提踵百会上领（见图 5-3-31）。

② 颠足咬牙（见图 5-3-32）。

练习时要特别注意一起一落之间的一松一紧配合。起的时候"紧":两腿并拢,脚趾抓地,提肛收腹,两脚跟尽力提起,百会穴上顶,沉肩坠肘,掌握好平衡,目视前方,停顿约两秒钟。落的时候"松":两脚跟下落,放松肢体,轻震地面,同时沉肩舒臂,松腹舒腰坐胯,目视前方,此时要全身放松,上下牙齿轻轻咬合,以避免身体震动过大而产生不适感。

图　5-3-31　　　　　　　　　　　　　　　图　5-3-32

10. 八段锦·收势

（1）理论讲解。

左、右：中医以左为阳，以右为阴，男子以养阳为主，女子以养阴为主。

阴、阳：阴阳的概念源自中国古代人民的自然观，是一个简朴而博大的中国古代哲学，它代表一切事物的最基本对立关系。古人观察到自然界中各种对立又相联的大自然现象，如天地、日月、昼夜、寒暑、男女、上下等，便以哲学的思想方式归纳出"阴阳"概念。周易里的孔子所写的《易传》曰"一阴一阳谓之道"。

中医理论认为：人体生病是由于人体的阴阳失衡，治病的根本是帮助病人调节阴阳，使其达到阴阳平衡的过程，如果一个人阴阳平衡了，身体自然会健康。

（2）动作分解。

两臂内旋打开，外旋合手（男左女右）（见图 5-3-33），收手下落（见图 5-3-34）。

图　5-3-33　　　　　　　　　　　　　　　图　5-3-34

两掌劳宫穴相叠置于下丹田处(男性左手在内,女性右手在内),气息归元,周身放松,气沉丹田,让身体逐渐恢复到练功前安静时的状态。

5.3.3 健身气功——八段锦选项课考核评价标准

1. 课程考核方式与成绩评定

(1) 考核类别:技术考试。

(2) 考核形式:期末小组统一考试。

2. 第一学期成绩计算

课程成绩(100 分)=体育专项考试成绩(20 分)+四项体能测试成绩(40 分)+学生平时成绩(40 分=上课出勤率、学习态度等 10 分+线上课程学习 10 分+课外体育锻炼 20 分)

3. 第二学期、第三学期、第四学期成绩计算

课程成绩(100 分)=体育专项考试成绩(40 分)+四项体能测试成绩(20 分)+学生平时成绩(40 分=上课出勤率、学习态度等 10 分+线上课程学习 10 分+课外体育锻炼 20 分)

4. 测试项目及评分标准

(1) 体育专项。

健身气功项目讲究动作和呼吸配合,要求肢体运动和意念相合,达到"身心合一"的境地,因此在动作路线正确、准确的情况下,思想一定要和动作统一,因此不仅在动作质量上要求手型、步型、行动路线符合规范要求;而且要求呼吸和动作配合,意识指导动作路线等。公共体育健身气功——八段锦的考试标准基本按照这两方面进行技术评分,再减去动作完成过程中的错误进行扣分,重复错误不重复扣分。

(2) 四项体能测试项目和标准。

男生:50m 跑、1000m 跑、立定跳远、引体向上。

女生:50m 跑、800m 跑、立定跳远、1min 仰卧起坐。

评分标准:严格执行教育部印发的《国家学生体质健康标准(2014 年修订)》。

体能测试项目成绩:四单项平均得分。第一学期,每项 10 分,第二学期、第三学期和第四学期,每项 5 分。

(3) 学生平时成绩和标准。

上课出勤率:请假、迟到、早退一次扣 1 分,旷课一次扣 2 分。

学习态度、课后作业等:教师根据学生平时上课的表现和作业完成情况来进行评定。

线上课程学习:由学校公体部制定统一的评价标准。

课外体育锻炼:由学校公体部制定统一的评价标准。具体评价按照当年学校文件来执行。

5.4 女子防身术

5.4.1 女子防身术概述

女子防身术是一项运用踢、打、摔、拿等武术技击方法,以制服对方,保护自己为目的的专门技术。防身术中的奇妙招法,实质上是中华武术的精华"集锦"。它把武术中各种适合实践应用的招法分离出来,经过摘编、加工、提炼、创造、完善,使其成为一种散招,并具备简单、实用、易记、易学的特点。它没有既定的套路,更没有比赛,只是广大女性的一种贴身防卫手段,不注重花哨,只求实用。

1. 自卫的首要前提——利用歹徒的无防范心理

一般来说,歹徒对女性通常是防备松懈的、不以为然的,男子要麻痹男子不容易,女子要麻痹男子却容易得多,这就为女性抗暴提供了一个可乘之机。女性在遭受骚扰或侵犯时,首要的前提就是利用歹徒的无防范心理,采取合适的方法以达到一招制敌。

2. 狠与不"手忍"

武术谚语中有"一狠、二毒、三功夫",狠排在第一位,女子防身术也强调一个字"狠"。女子防身抗暴中,对手是凶暴的歹徒,敌我力量相差悬殊,一击不中或中而无效,多数时候就没有机会了,后果不堪设想,所以"狠"是非常重要的。狠就是要全力地、准确地击中目标。全力,就是要百分之百地使出力量,最大力量是50kg,就不能只打出45kg。准确就是要尽可能保证攻击尽量准地落在攻击点上,绝不能因为心慈手软使攻击力量减弱分毫,使攻击方向偏离分毫。

手忍而下手不狠,往往导致两个直接的、在自卫防身的搏斗中不可饶恕的错误。第一个错误是"失机",即失去时机。对敌搏斗,情况复杂,瞬息万变,机会往往稍纵即逝。敌人或者露出要害,或者麻痹大意,分心走神,制造出一个机会,时间可能很短暂,手忍而不狠,当断不断,略一迟疑,机会就失去了。第二个错误是不狠,虽然跟歹徒交了手,但力量不够,偏移了要害,结果不但不能奏效,反而使得麻痹疏忽的歹徒警觉起来,使得歹徒被激怒,甚至完全丧失理智,使得残忍的歹徒更加残忍,这样自卫的结果,比不自卫还糟。因此,要做到手狠,首先要做到心狠。武术讲究心意为先,手上要下多大力量,首先心中要下多大力量;手上要准确击中,首先心中要准(横向方位);手上要击打到位,首先心中要到位(纵向距离);手上要置敌于死地,首先心中要置敌于死地。然后就是必要的训练,手忍而不敢打人是一种先天性的本能习惯,必要的搏斗训练就能改变这种习惯,从而形成另一种后天的非本能的习惯,既不怕人打,也不惧怕打人。训练中打来打去,动作定型,方法定型,心意也定型,出手必狠,就成了习惯。对敌唯狠,对敌必狠,女子防身自卫就有一个很好的基础了。另外,在能狠的基础上,再加以必要训练,女子也能够做到在不同情况下,面对不同的对手,根据需要而随心所欲地决定下手狠还是不狠,或者手下留情的程度。狠绝不是外表的咬牙切齿,横眉怒目,叉腰握拳,愤怒叫喊,狠是效果,是击打时准、稳、力量与速度的总和。做到了这一点,面无表情也是狠,面带微笑也是狠,面有惧色也是狠。

3. 要害与打要害意识

女子抗暴,讲究"一招制敌"。要做到一招制敌,既要狠,还要攻打对方的要害部位。因为人体不同部位承受打击的能力存在着很大的差异,有些部位承受能力较强,有些部位承受能力较弱。如果击打在承受能力强的部位,力度不够,便不能奏效。如果击打在承受能力特别强的部位,即便再狠,作用也不会太大。如人的前额,它位于人体的前上方,易受伤害,而大脑又是人体的重要器官,千万年的进化,在这里形成了坚固的保护层。研究证明,人的前额能承受 1000kg 以上的压力,如果攻打在前额上,即便使出了 100 分的力量,也难以奏效,甚至会适得其反。可是如果击打在承受能力弱的部位,即便力量弱些,也能达到一招制敌的效果。

(1) 男性最容易遭受攻击的五大要害部位。

裆部:人的肛门和会阴穴(位于肛门与外生殖器之间)遭到插戳、踢打等攻击,会难受异常,但一般不会丧失战斗力。男性的阴茎有相当的承受力,裆部之所以被称为男性要害部位,主要是因为睾丸位于裆部。大脑有头骨保护,心脏、肺脏有胸腔肋骨保护,胃、肠也有厚厚的皮肉保护。而精子只有在低温下才活跃的特点,使得进化造成了这么一个结果,即睾丸悬垂于体外,成了人体唯一的没有任何保护的内脏器官。攻击裆部,根本就无须太大的力量即可奏效。所以老武术家常说:“搜裆,四两力就够了。”一旦睾丸遭受损伤,往往发生阴囊血肿,使人剧痛难忍,轻者倒地不起、呕吐恶心,稍重者神经性休克,再重者当场毙命。

对手的裆部应当是女子自卫防身攻击的首选目标,由于这一部位的不堪一击,可以让女性轻而易举、毫不费力地完成致命一击,转危为安。

眼睛:眼睛也是防护薄弱、容易受到损伤的人体部位。武术家一般都将双眼称为“明穴”,说明了它既是公开暴露的,又是要害。攻击眼睛不需要太大的力量,眼睛遭到打击,会感到痛楚,流泪不止,怕光而睁不开。如遭到重创,眼内会大量出血或发生水肿,再重者会眼球爆裂或脱落,视觉功能产生严重障碍甚至丧失,这样,歹徒对外界的反应和主动行动能力大大减弱,或者完全丧失。自顾不暇,何谈施暴。

咽喉:咽喉下有食管、气管、静脉、膈神经与迷走神经分支,是又一处要害部位,所以古人把形势险要处比喻成咽喉。咽喉一旦遭遇攻击,呼吸、血流受阻,神经反射作用出现,轻者说不出话,难受异常,几天后吞口水都痛,重者昏迷窒息。

咽喉这一要害部位面积较大,由颈部正前方两锁骨内侧、胸骨柄上缘的凹陷处——即中医针灸学所讲的“天突穴”,一直往上到喉结一片,都可称为咽喉。

颈侧:颈部两侧有颈动脉,遭遇有力打击,会导致脑部供血、供氧不足,严重者会昏厥甚至死亡。

腋下:位于腋窝之下的这一部位是人体又一薄弱部位。这一部位下有丰富的神经,又有人体重要内脏器官——肺脏,而人体背骨、胸骨的防护,在这里恰巧形成交接空缺。腋下遭遇打击,轻则疼痛憋闷难忍,重则吐血窒息。若此处受击,伤了内气(肺气),即便医治好了,也会一辈子哮喘咳嗽,阴尸倒阳。

裆部、眼睛、咽喉、颈侧、腋下这五个部位是不需要太大力量即能攻击奏效的部位,因此是女子防身术中攻击歹徒最重要的选择部位,一定要认准并记牢。对这五个部位攻击的效果,无须实战验证就能明了。

对这五个部位的攻击,依难易程度而论,当数裆部最为容易,因为裆部暴露,位置又靠下,用任何一种手段攻击可能动作都很隐蔽;其次,攻击颈侧、咽喉也较容易;攻击眼睛、腋下比较起来难度相对大些,因为腋下一般情况下是藏匿起来的,只有在歹徒双臂举起时才显露。而眼睛是人的视觉器官,对它的攻击较难隐蔽,而且眼睛位于人体上部——头部,女性一般个子较男性低。依攻击难易程度,这五个部位应当这样排列:裆部——咽喉——颈侧——眼睛——腋下。

这五个部位承受打击的能力当然也有所不同,裆部、眼睛无疑是最为薄弱的,而腋下、颈侧、咽喉次之。依承受打击的能力,这五个部位应当这样排列:裆部——眼睛——腋下——颈部——咽喉。裆部最容易攻击也最薄弱,所以说,裆部是女子防身术攻击歹徒时的首选部位。

(2)需要相当力量攻击才能奏效的要害部位。

太阳穴:太阳穴位于前额两侧,外眼角的斜上方。这里不同的颅骨交汇,骨质最薄、最弱。太阳穴受到打击时,往往形成颞骨动脉沟处的骨折,引起颅内血肿,太阳穴下的若干神经受刺激,又会使人平衡感一时丧失,头晕目眩。受到重击后,还可能造成脑震荡,意识丧失,神志失常,眼球掉出,甚至致死。

太阳穴虽然也是要害部位,拳家历来重视,但若击打力度不够、击打不准,就难以奏效。女性自卫防身攻击选择这一部位时,一是注意一定要准,二是一定要有相当力量。女性的手(拳掌)未经特殊训练很难达到有效的力度,所以攻击太阳穴,最好用肘。

玉枕穴:脑后部也是一个要害部位,其中心是后脑枕骨隆起部,稍下即是玉枕穴。这一部位遭受重击,也会形成颅内血肿,造成脑震荡,甚至死亡。旧时比武,玉枕穴遭遇重击,有一分钟内即至疯狂而死的。

击打玉枕穴同样需要重手法方能奏效。建议女子防身时也最好使用肘击,如能借助酒瓶、铁棍等工具最好。

肘、膝等反关节:肘、膝等反关节如被折断,虽不致命,但也等于解除了歹徒的战斗力。肘、膝一般情况下虽不容易折断,但在某些特定情况下(如腿站得太直,手臂伸得太直而且手臂前端被固定住等),正确地发力攻击,折断肘、膝等反关节也不是难事。

膝关节被折断,歹徒不能行走,当然无法再施暴。但歹徒若特别凶暴,即使一肘关节被折断,仍然可能用另一手施暴。女性这时要注意:一是不要被其吓住,要勇敢地和其搏斗,因对方手已折,疼痛难忍,最多也只剩下一半搏杀能力,女性不必再怕他;二是折断其关节后,待其疼痛正剧,一时迷糊,要迅速给以再度打击,或击其裆部,或插其双目,以求彻底解决战斗,这在武术中被称为"补手"。

这三个部位,如果攻击时运用得当,有相当力度,击打准确,效果会很不错。女性自卫防身时可考虑采用。

4. "毒"与不择手段

"一狠、二毒、三功夫",排在功夫技术前面的还有一个"毒"字。狠字是说发出全力,不忍手。毒是指攻击时不择手段。具体包括如下4点。

(1)尽量攻击敌手要害部位,前文已经介绍,这里不再提及。

(2)使用自身一切可能的部位攻击,如拳、脚、肘、膝是人人都知道的惯常用于攻击的部位。但除了这些部位外,人身上还有许多可用于攻击的有效部位,如头、肩、臀。头部前额用于迎面撞击,如果要领掌握得当,贯注身体整体之力,威力是很大的,女性完全可以用于自卫防身。肩、臀打人难度较大,但特定时候,也不是不能用。手是攻击的主要武器,但手并不是只能握成拳用,更不是只有一个拳面可用。手可用于抓,伸开手掌可用指戳,掌外侧、掌根都可用于攻击。手指屈回,有瓦楞拳,有风眼锤。握成拳,拳面、拳背、拳棱、拳轮都是攻击利器。脚也一样,脚尖、脚背、脚侧、脚后跟、全脚掌威力都很大。

(3) 使用可能采用的一切方法攻击,具体可见防身基本动作。

(4) 使用可能采用的一切武器攻击,武谚讲"一寸长,一寸强",手里有家伙,肯定比赤手空拳强。赤手空拳不如手里有家伙,钝器不如利器,刀剑冷兵器不如枪炮火器,因此,女性自卫时,有棍就要用棍,有刀就要用刀,能抓过歹徒的手枪,就要敢于扣动扳机。只要能用来自卫,木棍、砖头、石块、板凳、酒瓶、菜刀、开水、火把乃至水果刀、簪针、胸针、头发夹子等都可以随手抄起用于自卫。要紧的是,使用这些物器,仍然要遵循打要害的原则。用头发夹子不要刺扎歹徒的手,而要去扎刺歹徒的眼睛。

5. 机会与"打机"

女性自卫成功的秘诀是一招制敌。狠、不择手段攻其要害是保证一招制敌的关键。但是如果被歹徒发现了企图,有了准备,护住要害,或者也操起家伙,女性再男致,自卫成功的可能性也不大,所以说,要充分利用歹徒的无防范心理。"出其不意""攻其无备",是女子自卫防身的主要战略战术基点。而歹徒无防范,给自卫女性造成的攻击机会就会多得多。女性由于身体条件限制一般不大可能与歹徒对博,自卫防身应尽量避免陷入与歹徒对博的状态,所以"机会"就显得很重要,对"机会"的掌握要注意以下 4 点。

(1) 等待机会。

歹徒对女性的侵犯,主要以钱财劫掠和性侵犯为主,一般并不直接以生命侵害为目的。而且女性自卫能力弱,歹徒一般以为总能达到目的,所以不像对男性的侵犯一样,上来就先将其打昏或伤残,以解除其自卫能力。这样一来,就给了女性一个可以等待机会的可能。警惕的歹徒可能变得松懈大意;冷静的歹徒可能变得浮躁;本来没有暴露的要害部位暴露了;抓住女性手臂的手松开了;外面的一个动静使歹徒心慌了,头转过去了;移动中的歹徒正好把要害部位置于女性的攻击范围;拿着的刀放下了,而且正好放在女性的身边等情况出现,可以说,女性自卫的机会就来了。必须耐心地等待机会,没有机会,机会不成熟,女性自卫就没有成功的可能,至少成功的可能性较小。

(2) 寻找机会。

机会一方面是歹徒大意造成的,另一方面又是自卫者自己有意捕捉到的。因此,掌握机会,不完全只是被动地等待,还要主动地观察、寻找。第一,要留心观察歹徒,发现机会。例如,他的手是举起来的,那么下身要害部位就要暴露。他有东看西看的毛病,就要趁他目光移开时下手。第二,要留心观察身边的环境,看看有哪些条件可以自卫所用。例如,身边有没有可用的利器;自己身后有没有逃路;歹徒身后若是悬崖、水池,那就有把他推下去的可能。第三,要留心观察自己哪些攻击部位攻击歹徒距离最近、角度正好、最隐蔽,发力也最顺等。

一般说来,机会总是可以寻找到的,歹徒一般并不是武术行家,知道隐藏、保护自己的要害,歹徒总是会不自觉地亮开某些要害部位。

(3)制造机会。

如果说捕捉机会还不够主动的话,那么制造机会就是更主动地把握机会的行为。如果机会一直没有出现,估计被动等待,歹徒也不一定暴露弱点,再等下去对女性不利,那么自卫者应主动地制造出机会来。刀子离得很远,可以假装害怕往后退或往旁边躲避,待拿到刀子,机会就来了;歹徒一直盯着,没机会动手,可以假装他身后有什么动静,他略一转头,机会就来了;歹徒始终侧身对你,想攻击他裆部却角度不对,可以假装没站稳往旁边斜一步,他转而正面对你,机会就来了;歹徒用手撑着,保持较远距离,可以用言语激恼他,他往回抓,距离变近,就着他的力,机会就来了。

制造机会是主动使歹徒就范,既可以逼其就范,也可以诱其就范。诱是使他渴望如此,推动他如此。歹徒好色,以色诱之,朝他抛媚眼、露娇态等,歹徒拿刀的手就会酥软无力,警惕心就会荡然无存,就有了机会;歹徒好财,以财诱之,装作不小心把钱包掉到地上,歹徒低头去拾,后脑勺正在眼下,就有了机会。或者以某种方式使其以为左路是公共场所,有警察,有你的朋友,这不得不带着你走右路,而右路其实才是真正的公共场所,有警察,有你的朋友,你就有了机会;他一手下垂(实际上护住了裆部),一手抓你,不让他抓动,他被迫使用两手,露出裆部要害,这就有了机会。在制造机会的过程中,要充分运用自己的智慧。力敌不如智取,力胜不如智胜。中国武术是一种智慧的技击术,女子自卫防身要充分领悟、充分运用这种智慧的技击术。

(4)抓住机会。

机会总会有的,但机会又不是很多。机会一旦出现,就要抓住、抓紧,机会稍纵即逝,略一犹豫,机会就错过了。所以说,一旦瞅准机会,千万不要放过。

两个武术家对搏,心思一样,都在如何攻击对方破绽,而自己不露出破绽,自己如何抓住机会,不给对方机会上。即便如此,还是谁也不可能防守得天衣无缝,滴水不漏。歹徒侵犯女性,心思根本不在防范女性攻击、守住自己要害上。而自卫的女性,则一门心思只在如何把歹徒收拾了。江湖有句话说"你看你的财路,我看我的刀路",说的就是劫路强盗和自卫者各有不同的心思。这句话送给女性自卫者,再合适不过了。一门心思要把歹徒收拾了,机会总是抓得住的。抓住机会就动手,武术谚语叫"打机"。当然,机会如果不成熟,贸然下手,显然也不利。定要等待机会成熟,推动机会成熟。

6. 胆与艺

女性面临强暴时很少有不惊慌失措的。闭目、掉头、掩面、尖叫、哭泣、手脚发软、浑身战栗甚至昏厥或丧失心志等,都是女性遭遇不测时的典型反应。因此,要真正掌握女子防身术,必须克服胆小的天性。也就是说,从技术上掌握女子防身术是非常容易的,而真正能够使用它克敌制胜,必须要有胆勇的基础。也就是说,女性自卫要战胜歹徒,先要战胜自己。不先解决"胆"的问题,技术的东西便无从附着,一点儿也用不上。"一打胆、二打眼"，其实是在说搏击中胆勇和眼睛的重要，也是在说二者存在一种关系。女性自卫时胆子一旦大了，脑子冷静下来了，自然知道用眼睛去仔细观察，辨明情况，摸清歹徒底细，熟悉身边环境，认真捕捉机会，机会是靠眼睛来搜寻的，女性自卫万不可不用自己的眼睛，闭上眼想对策，闭上眼盲目打。当然，女性自卫也不可不隐蔽自己的眼睛——眼光，别老老实实地用眼睛去搜寻机会，寻找要害，让眼睛暴露了企图。武术家的眼睛是经过特殊训练的，武术中有一整套练眼的方法，这样经过特殊训练的眼睛平日明亮而有神，与人一交手则目露凶光，更不会像常人那样，眼前有什么稍　晃或稍有刺激，便闭上眼睛。当然，不能这样要求从未练过武术的女性，但要注意用眼睛来仔细捕捉机会，却是女性自卫时基本的要求。要做到一点不害怕，对女性来说可能办不到，这时除了要横下心来以外，还要注意使自己的身体和神经尽量放松。放松有时能促使人冷静，而只有冷静下来，才说得上其他。攻击的刹那是需要紧张起来的，只有紧张起来，才能调动全身的力量，发出致命的一击。但该紧张的时候才需要紧张，不该紧张的时候过早紧张或一直处于紧张状态，到该紧张时反倒无法再紧张起来。这和弓弦的松紧是一个道理，由松到紧，产生很大力量。由紧到紧，能有多大力量呢？没准还把弓弦拉断了。一直处于紧张状态，人的神经和肌肉都会高度疲惫，到该用力的时候却无力了。人处于不正常的紧张状态时，身体会不协调，这样攻击发出的力量，会大打折扣。另外，紧张时气血上浮，也会使人四肢乏力，下身不稳，这都是搏击的大忌，当然也是女子自卫时的大忌。

"胆大艺更高"和"艺高人胆大"，这是两种不同的说法，明代著名武术家、军事家何良臣、戚继光二人便各执一端。仔细研究，胆与艺二者应该是相辅相成的，两句话一并提，都没错，但单独提，或许就有欠缺。要送给女性朋友，平日该送"艺高人胆大"一句，平日要有些训练，学会些技术和方法，这样才能够心中有数，胆子自然大些。遭遇危险时，该送"胆大艺更高"一句，胆大心细，冷静果敢，自卫技术便能发挥出来，发挥得好。

7. 区分不同的对象

根据侵犯程度的不同，可以区分侵犯者为不同的对象，而针对不同的对象，要采用不同的自卫手段。

（1）恶棍歹徒。

强盗、强奸犯、杀人犯之类恶性犯罪歹徒，对这一类，当然要毫不心软、手软，毫不留情，动手绝对要狠、要毒、一招制敌。女子防身手段主要就是针对这一类人拟定的，前面谈到的种种原则、战术等，也主要是针对如何对付这类人制定的。对付这类人的防身技术，都是致残致死的技术，最低限度，也是使其昏厥休克。

（2）一般性的小流氓。

这一类人无疑也是品行不端者，但尚且说不上凶残狠毒、十恶不赦，他们的行为尚不至于发展为恶性犯罪事件。具体说，这一类人对女性的侵犯，无非是要耍小流氓，如公共汽车上在身后蹭来蹭去；拥挤的柜台前伸手拧掐女性的身体；酒吧里借着酒劲行为不端；夜晚街道上骑车尾随骚扰；拦路起哄言语下流等。对这一类人，防身使用的技术，应限制在致痛、致伤的技术范围内（当然，必要时也可能使用使其昏厥、休克的技术），尽量不要使用致残致死的技术。因为，女子防身术的目的，是保护自己不受侵犯，而对付这一类人，致痛、致伤的技术就足以使其中止侵犯行为了。

（3）一时冲动的骚扰者。

这类人与上两类人的区别是，他们并无犯罪动机，严格说来道德上也没什么大问题。他们的侵犯只是因为某种原因，如因一时冲动或喝多了酒等暂时失去理智，这类人大多与当事女性本来熟悉或有密切关系。如本来就是恋人、上下级、亲密同事、好朋友、师生等。这类人的行为和耍流氓有本质的不同，但也不能任其发展。如上司、同事、朋友、恋人等突然提出了出格的要求并且开始了出格的动作等。这时女性要做的事是让一时冲动失去理智的人恢复理智，恢复理智的方法可以是先用语言制止他，严厉斥责他；在使用这些方法不奏效时，也只好使用自卫防身术的方法。一般而言，对付这一类人，最多用致痛的方法便能达到使之清醒的目的。防卫过当，把恋人或朋友打伤了，毕竟不是好事。

5.4.2　女子防身术基本技术

1. 马步冲拳

动作要领：预备姿势为马步（见图 5-4-1），当准备冲拳时，两腿用力蹬直，左拳快速从腰间向前冲出，拳心向下，拳面向前，眼睛看向攻击的目标（见图 5-4-2）。出拳时的高度因对方的身高而定，练习时要高于自己的肩部，左侧冲拳后收回左拳放在腰间，再出右拳。

拳法

攻击部位：用拳面击打对方的鼻子。

图　5-4-1　　　　　　　　　　　　　图　5-4-2

2. 左侧拳击步冲拳

动作要领：在左侧拳击步姿势（见图 5-4-3）的基础上，两腿用力蹬地，两脚尖向右侧，同时左拳用力向前冲出，拳面正对对方面部，右拳不动，双眼向前看（见图 5-4-4），然后左拳快速收回成左侧拳击步姿势。

攻击部位：用拳面击打对方的鼻子。

图　5-4-3　　　　　　　　　　　　　图　5-4-4

3. 右侧拳击步冲拳

动作要领：和左侧拳击步冲拳动作相反。

攻击部位：用拳面击打对方的鼻子。

4. 侧勾摆拳

动作要领：在左侧拳击步姿势的基础上，两腿用力蹬地，两脚尖向右侧，同时左拳用力向前冲出，拳面正对对方面部，右拳不动，双眼向前看，然后左脚向左侧转动，左脚尖向前，左手臂顺势收回放在腰际，左拳面向前，拳眼向上，接着右脚向前迈出一步，重心前移，左脚跟离地，同时右拳快速由下经侧向前上方侧勾摆拳，拳面在内侧，拳心正对面部，拳高于肘，肘高于肩，眼睛看向拳心（见图 5-4-5），收回时右脚后退成左侧拳击步姿势。

攻击部位：先用左拳面击打对方的鼻子，然后顺势用右拳面击打对方的太阳穴（位于头部侧面，眉梢和外眼角中间向后一横指凹陷处）。

5. 鞭拳

动作要领：预备姿势两脚左右开立，与肩同宽或略宽于肩，两手握拳放在腰间，拳心向上，左手臂准备鞭拳时身体向右侧转动，左手臂在面部前方举起，大小臂约为 90°，拳面向上，拳眼正对面部，随着腰部的转动，带动左手臂向左侧鞭打，拳面扔向上，拳眼正对面部（见图 5-4-6）。鞭打结束后左拳收回放在腰间，再出右拳继续练习。

图　5-4-5　　　　　　　　　　　　　图　5-4-6

攻击部位：用左拳背击打对方的左侧颈动脉，或用右拳背击打对方的右侧颈动脉。

6. 横插掌

动作要领：预备姿势为两脚左右开立，与肩同宽或略宽于肩，两掌放在腰间，掌尖斜向下方。然后左手臂用力向前插出，掌心向下，掌尖向前，手臂的高度随对方的身高变化而变，一般练习时手臂高于肩部，眼睛看向击打部位（见图5-4-7）。当左手臂收回放在腰间时再出右手进行循环练习。

掌法

攻击部位：用左（右）掌掌尖插击对方的咽喉部。

7. 竖插掌

动作要领：预备姿势为两脚左右开立，与肩同宽或略宽于肩，两掌放在腰间，掌尖斜向下方。然后左手臂用力向前插出，掌心向内侧，掌尖向前，手臂的高度随对方的身高变化而变，一般练习时手臂高于肩部，眼睛看向击打部位（见图5-4-8）。当左手臂收回放在腰间时再出右手进行循环练习。

攻击部位：用左（右）掌掌尖插击对方的眼睛或腹部。

图 5-4-7　　　　　　　　　　　　图 5-4-8

8. 砍掌

动作要领：预备姿势为两脚左右开立，与肩同宽或略宽于肩，两掌放在腰间，掌尖斜向下方。身体向左侧转动时左手臂在面部前方举起，掌心正对面部，然后以腰部带动手臂向人体正中线前方砍出，掌心正对面部（见图5-4-9），手臂的高度随对方的身高变化而变，一般练习时手臂在面部前方即可，眼睛看向击打部位。当左手臂收回放在腰间时再出右手进行循环练习。

攻击部位：用左（右）掌掌外侧砍击对方的颈动脉。

9. 切掌

动作要领：预备姿势为两脚左右开立，与肩同宽或略宽于肩，两掌放在腰间，掌尖斜向下方。身体向右侧转动时左手臂在面部前方举起，掌背正对面部，然后以腰部带动手臂向人体正中线前方切出，掌背正对面部（见图5-4-10），手臂的高度随对方的身高变化而变，一般练习时手臂在面部前方即可，眼睛看向击打部位。当左手臂收回放在腰间时再出右手进行循环练习。

攻击部位：用左(右)掌掌外侧切击对方的颈动脉。

图 5-4-9 图 5-4-10

10. 前推掌

动作要领：预备姿势为两脚左右开立，与肩同宽或略宽于肩，两掌放在腰间，掌尖斜向下方。左手臂用力向前上方推出，掌跟向前，掌尖向上(见图 5-4-11)，手臂的高度随对方的身高变化而变，一般练习时手臂稍高于肩部即可，眼睛看向击打部位。当左手臂收回放在腰间时再出右手进行循环练习。

攻击部位：用左(右)掌掌跟推击对方的鼻子。

11. 上推掌

动作要领：预备姿势为两脚左右开立，与肩同宽或略宽于肩，两掌放在腰间，掌尖斜向下方。左手臂用力向上推出，掌跟向上，掌尖向后(见图 5-4-12)，该动作在被对方按压在地，且手臂没有被束缚的情况下使用。一般练习时手臂向上推出即可，眼睛看向击打部位。当左手臂收回放在腰间时再出右手进行循环练习。

攻击部位：用左(右)掌掌跟推击对方的鼻子。

图 5-4-11 图 5-4-12

12. 前二指手

动作要领：预备姿势为两脚左右开立，与肩同宽或略宽于肩，两拳放在腰间，拳心向上。左二指手用力向前插出，二指向前，二指可伸直用来插击对方的眼睛（见图 5-4-13），二指也可弯曲用来攻击对方的眼睛（见图 5-4-14）。一般练习时二指用力向前插出即可，眼睛看向击打部位。当左手收回放在腰间时再出右手进行循环练习。

指法

图　5-4-13　　　　　　　　　　　　图　5-4-14

动作要求：拇指一定要放在无名指和小指的第二指节上；无名指和小指一定要握紧，与手掌间不能出现空隙。

攻击部位：用左（右）二指手插击对方的眼睛。

13. 后二指手

动作要领：预备姿势为两脚左右开立，与肩同宽或略宽于肩，两拳放在腰间，拳心向上。左二指手由肩部用力向后插出，腰部向后弯曲，头后仰，用眼睛的余光看向击打部位（见图 5-4-15）。二指可伸直也可弯曲来插击对方的眼睛，该动作在被对方由后锁喉时使用。如后二指手插上了对方的眼睛，便达到了一招制敌的目的，如后二指手没有插上对方的眼睛，那么该动作也可用来转移对方的注意力，为接下来的技击动作做准备。一般练习时后二指用力向后插出即可，当左手收回放在腰间时再出右手进行循环练习。

动作要求：拇指一定要放在无名指和小指的第二指节上；无名指和小指一定要握紧，与手掌间不能出现空隙。

攻击部位：用左（右）后二指手插击对方的眼睛。

14. 前撩手

动作要领：预备姿势为两脚并拢，两拳放在腰间，拳心向上。当左脚向左侧迈出时，左手变指，左手臂由后向前撩出，五指向上，两腿弯曲变成马步，头部也随之由后向前转动，眼睛看向五指（见图 5-4-16）。一般练习时左手收回放在腰间时再出右手进行循环练习。

攻击部位：前撩手主要用来攻击对方的裆部。

图　5-4-15

图　5-4-16

15. 后撩手

动作要领：预备姿势为两脚并拢，两拳放在腰间，拳心向上。当左脚向左侧迈出时，左手变指，左手臂由前向后撩出，五指向上，两腿弯曲变成马步，头部也随之由前向后转动，用眼睛的余光看向五指（见图 5-4-17）。一般练习时左手收回放在腰间时再出右手进行循环练习。

攻击部位：后撩手主要用来攻击对方的裆部。

16. 前推手

动作要领：预备姿势为两脚左右开立，与肩同宽或略宽于肩，五指放在腰间，指尖向上。左手臂用力向前推出，五指向前（见图 5-4-18），手臂的高度随对方的身高变化而变，一般练习时手臂稍高于肩部即可，眼睛看向击打部位。当左手臂收回放在腰间时再出右手进行循环练习。

攻击部位：用左（右）五指攻击对方的面部。

图　5-4-17

图　5-4-18

17. 上推掌

动作要领：预备姿势为两脚左右开立，与肩同宽或略宽于肩，两掌放在腰间，掌尖斜向下方。左手臂用力向上推出，掌心向上（见图 5-4-19）。一般练习时手臂向上推出即可，眼睛看向击打部位。当左手臂收回放在腰间时再出右手进行循环练习。

攻击部位：用左（右）五指攻击对方的面部。

18. 拳击步前撩手

动作要领：在左侧拳击步姿势的基础上，两腿用力蹬地，两脚尖向右侧，同时左拳用力向前冲出，拳面正对对方面部，右拳不动，双眼向前看，然后左脚向左侧转动，左脚尖向前，左手臂顺势收回放在面部前方，左拳面向上，拳眼正对自己面部，右手臂快速有力地由后向前撩出，右手五指向上，撩到人体正中线前方，右腿蹬直变弓步，头部由后向前转动，眼睛看向右手五指（见图 5-4-20），收回时右脚小跳一下成左侧拳击步姿势。

攻击部位：先用左拳面击打对方的鼻子，然后顺势用右手五指撩击对方的裆部。

图 5-4-19 　　　　　　　　　　　　　　图 5-4-20

19. 前顶肘

动作要领：预备姿势为两脚并拢，两拳放在腰间，拳心向上。当左脚向前迈出成弓步时，左手为拳，右手为掌，用右掌掌跟推击左拳拳面，由右向前将左肘推出，头部也随之由后向前转动，眼睛看向左肘尖（见图 5-4-21）。一般练习时左肘收回放在腰间时再出右肘进行循环练习。

肘法

攻击部位：前顶肘主要用来攻击对方的胸腹部。

20. 侧顶肘

动作要领：预备姿势为两脚并拢，两拳放在腰间，拳心向上。当左脚向左侧迈出成马步时，左手臂胸前平屈，大小臂与地面齐平，拳背在上，左肘由右向左进行顶肘，同时头部向左侧转动，眼睛看向左肘尖（见图 5-4-22）。一般练习时左肘收回放在腰间时再出右肘进行循环练习。

攻击部位：侧顶肘主要用来攻击对方的胸腹部或裆部。

21. 后顶肘

动作要领：预备姿势为两脚并拢，两拳放在腰间，拳心向上。当左脚向左侧迈出成马步时，左手臂向前举起，拳面向上，拳心向内侧，眼睛看向拳眼，然后左手臂由前经下向后顶肘，同时头部向后转动，用眼睛的余光看向后方（见图 5-4-23）。一般练习时左肘收回放在腰间时再出右肘进行循环练习。

图　5-4-21

图　5-4-22

攻击部位：后顶肘主要用来攻击对方的腹部或裆部。

22. 后扫肘

动作要领：预备姿势两脚左右开立，与肩同宽或略宽于肩，两手握拳放在腰间，拳心向上，左手臂举起，拳背在前额头上方，拳高于肘，肘高于肩，眼睛看拳背，然后以腰带动左手臂向后扫出，同时头部向后转动，用眼睛的余光看向后方（见图 5-4-24）。一般练习时左肘收回放在腰间时再出右肘进行循环练习。

攻击部位：后扫肘主要用来攻击对方的腹部或裆部。

图　5-4-23

图　5-4-24

23. 提膝顶撞

动作要领：以右膝顶撞为例，两脚并拢，两手臂自然下垂放于体侧，左脚向前迈出一步，同时两手臂由前向两侧打开（见图 5-4-25），然后右大腿向上抬起，脚尖绷直，大小腿约为 90°，膝尖高提，借着惯性，以膝尖上部撞击对手裆部，同时两手臂自然摆至体侧（见图 5-4-26）。

提膝顶撞

动作要求：抬腿提膝要猛，要协调地发出腰腿之力；在提膝的过程中，脚尖要尽量绷直，以免出现膝部没有碰到对手，而脚尖却触及了对方的身体，引起了对方的注意，便丧失了制敌的良好时机；大小腿尽量保持在 90°左右，角度过大,脚尖会早于膝部触及对手,角度过小,大腿不容易抬高,膝部既不容易发力,又难以攻击到对手的裆部;提膝时可用手帮助发力,即提膝的同时,以手抓住对方头发、肩头、胸部衣服,或抱住脖颈,抱住腰猛往下拉。

　　攻击部位:提膝顶撞主要用来攻击对方的裆部。当然也可用于攻击对方的胸、腹部。

图　5-4-25　　　　　　　　　　　图　5-4-26

24. 前蹬腿

　　动作要领:以右脚蹬腿为例,蹬腿时,左腿支撑,右腿膝上抬,脚尖要勾,力达脚跟(见图 5-4-27),然后用大腿带动小腿,脚跟用力向前蹬出(见图 5-4-28)。

腿法

　　动作要求:蹬腿时身体不可前后俯仰,要快速有力,蹬出后要迅速收回。

　　攻击部位:前蹬腿可用于攻击对手腹部、裆部、膝盖(反关节)等。

图　5-4-27　　　　　　　　　　　图　5-4-28

25. 弹踢腿

　　动作要领:以右腿弹踢为例,左腿支撑,右腿提膝,脚尖绷直,大小腿折叠约为 90°(见图 5-4-29),然后用大腿带动小腿,脚尖用力向正前方踢出(见图 5-4-30)。然后再快速收回。

动作要求：脚背绷直，力达脚背或脚尖。弹踢时要快速有力。

攻击部位：用弹踢腿攻击对方裆部或小腿骨。

图　5-4-29　　　　　　　　　　　　　　　图　5-4-30

5.4.3　女子防身术选项课考核评价标准

1. 课程考核方式与成绩评定

（1）考核类别：技术考试。

（2）考核形式：期末小组统一考试。

2. 第一学期女子防身术课程成绩计算

课程成绩（100 分）＝体育专项考试成绩（20 分）＋四项体能测试成绩（40 分）＋学生平时成绩（40 分＝上课出勤率、学习态度等 10 分＋线上课程学习 10 分＋课外体育锻炼 20 分）

3. 第二学期、第三学期、第四学期女子防身术课程成绩计算

课程成绩（100 分）＝体育专项考试成绩（40 分）＋四项体能测试成绩（20 分）＋学生平时成绩（40 分＝上课出勤率学习态度等 10 分＋线上课程学习 10 分＋课外体育锻炼 20 分）

4. 测试项目及评分标准

（1）女子防身术专项：防身基本动作。

（2）四项体能测试项目和标准。

男生：50m 跑、1000m 跑、立定跳远、引体向上。

女生：50m 跑、800m 跑、立定跳远、1min 仰卧起坐。

评分标准：严格执行教育部印发的《国家大学生体质健康标准（2014 年修订）》。

体能测试项目成绩：四单项平均得分。第一学期，每项 10 分，第二学期、第三学期和第四学期每项 5 分。

（3）学生平时成绩和标准。

上课出勤率：请假、迟到、早退一次扣 1 分，旷课一次扣 2 分。

学习态度、课后作业等：教师根据学生平时上课的表现和作业完成情况来进行评定。

线上课程学习：由学校公体部制定统一的评价标准。

课外体育锻炼：由学校公体部制定统一的评价标准。具体评价按照当年学校文件来执行。

5.5 空 手 道

5.5.1 空手道概述

空手道是以脚踢、拳打、靠身摔在一定规则限制下及型（套路）为演练的徒手技击运动形式，基于严格的精神约束下追求至真、至善、超越的武道，空手道亦称空手，发源于日本，其前身是古代日本武术"手"，融入中国古老武术后，形成一套运动。通过空手道课程的学习，可使学生养成终身体育的意识，培养学生坚强的意志品质，激发学生热爱生活的兴趣。自 2006 年 7 月 5 日至今，空手道在中国发展并普及，2007 年 3 月，首支国家空手道队正式成立。2010 年 4 月 23 日，中国大学生体育协会空手道分会在北京体育大学成立，意味着该项目进一步在各大高校进行推广和普及。目前，空手道各种赛事在中国积极开展。

1. 空手道的流派

传统空手道主要分为松涛馆流、刚柔流、和道流、糸东流四大流派。按现代空手道开展的方式可以分为大众空手道和竞技空手道，按运动形式分为型和组手。

松涛馆流的创始人即为现代空手道始祖船越义珍，该流派是目前世界上最大的空手道流派。它是由船越义珍和其子船越义豪在融合冲绳武术和柔术的基础上发展起来的。其技术特点为大开大合，动作幅度大，刚健有力，动作走直线，步伐稳健，采用弓步大马步，注重脚法运用，是刚猛型空手道的典范。刚柔流空手道的创始人是宫城长顺。其技术特点是以小架三站步、猫足立为主，讲究刚柔并济。和道流的创始人为大冢博纪。该流派受到"神道扬心流"柔术的影响颇深，其技法中体现"别""流""押""引"等柔术的技法特征。和道流最具特色的是格斗技术，是极少数在格斗中能体现流派特征的空手道。糸东流的创始人是摩文贤和。该流派的特点为"守、破、离"。

2. 空手道的技术形式

空手道的技术分为"型"和"组手"。"型"是具有攻防的技法，通过手、腿以及身体各个部位的运动，结合呼吸与发力组成了具有刚烈风格的套路。"型"的种类较多，每个流派都有自己规定的"型"。"组手"是双人进行攻防格斗的竞技形式，与散手项目相似，但是在比赛时不允许击中对手的任何身体部位，必须在触及对手身体前的一瞬间停止，否则将被判犯规。

3. 空手道的作用

（1）健身健脑作用。

空手道特殊的运动形式和运动规律对练习者的体能、智能、技能等综合素质要求较高。空手道运动是有氧代谢和无氧代谢的共同交替进行，能够改善呼吸系统、血液循环系统的生理功能,各种技法灵活使用能改善神经系统的兴奋性以及灵活性,提高感知觉、反应时的能力等。

（2）防身自卫作用。

空手道本身就是攻防格斗类的项目,其本身就具有防身自卫的功能。面对现如今的社会,学生练习具有攻防作用的空手道,当遇到危险时可以给自己争取到逃跑求救的机会。

（3）修心修身作用。

空手道中的立礼和坐礼都体现了该项目注重礼仪。练习者用简单的礼节来展现修心修身的作用。通过空手道的练习,练习者可以陶冶情操,艰苦的练习与单个动作的重复可以使练习者养成艰苦奋斗和顽强拼搏的品性,在和对手的比赛中使练习者养成冷静、果敢、积极进取等品质。

5.5.2　空手道基本技术动作

1. 空手道礼仪

（1）立礼。

两脚并立,两手自然垂于体侧,身体正直,目视前方,两脚的脚后跟并拢并形成 $60°$ 的夹角。施礼时,上体向前倾斜 $30°$ 角,颈部不随身体弯曲,目光随身体自然移动,之后上体直立恢复原有姿势（见图 5-5-1 和图 5-5-2）。

图　5-5-1　　　　　　　　　　　　　　图　5-5-2

（2）坐礼。

立正姿势站立,左脚后退,左腿屈膝呈半跪姿势,右脚后撤,右腿屈膝跪地,两脚背紧贴地面,臀部坐在两脚跟上,双手放于大腿上,两膝关节的间距为 25cm,挺胸直背,目视前方;双手（先左后右）在两膝盖前方约为 10cm 处呈八字形着地,上体直背前倾,臀部不离开脚后跟;以右手、左手的顺序依次收回原位;以右腿、左腿的顺序依次恢复站立姿势。

2. 空手道站姿

（1）闭足立（见图 5-5-3）。

脚的位置:身体直立,双手自然垂于体侧,两脚自然并拢,目视前方。

脚趾方向：正前方，垂直线两侧。

膝和重心：膝伸直，重心在两腿之间。

（2）结立（见图 5-5-4）。

脚的位置：身体直立，双手自然垂于体侧，两脚后跟自然并拢，左右脚趾方向向左右各分开 30°，八字形站立，目视前方。

脚趾方向：垂直线两侧的 30°角。

膝和重心：膝自然伸直，重心在两腿之间。

（3）平行立（见图 5-5-5）。

脚的位置：身体直立，双手自然垂于体侧，两脚后跟分开，左右脚的间距为 30cm，目视前方。

脚趾方向：与垂直线平行。

膝和重心：膝自然伸直，重心在两腿之间。

（4）外八字立（见图 5-5-6）。

脚的位置：身体直立，双手自然垂于体侧，以两脚后跟为轴，左右脚趾向左右各分开 20°，两脚后跟的间距为 30cm，外八字形站立，目视前方。

脚趾方向：两脚趾分别向外展开 20°。

膝和重心：膝自然伸直，重心在两腿之间。

图 5-5-3　　　　图 5-5-4　　　　图 5-5-5　　　　图 5-5-6

（5）内八字立（见图 5-5-7）。

脚的位置：身体直立，双手自然垂于体侧，两脚后跟的间距约为 60～65cm，目视前方。

脚趾方向：两脚趾内扣，脚拇指与脚后跟的内角约为 70°。

膝和重心：提裆敛臀，膝自然弯曲，重心在两腿之间。

（6）骑马立（见图 5-5-8）。

脚的位置：身体直立，双手自然垂于体侧，呈骑马姿势，目视前方。

脚趾方向：两脚趾与垂直线平行。

膝和重心：膝自然弯曲，重心在两腿之间。

（7）四股立（见图 5-5-9）。

脚的位置：身体直立，双手自然垂于体侧，两脚后跟的间距约为 65cm，目视前方。

脚趾方向：两脚尖外展约为 50°。

膝和重心：膝自然弯曲，外分外展，沉腰敛臀，重心在两腿之间。

（8）基本立（见图 5-5-10）。

脚的位置：身体直立，双手自然垂于体侧，前后脚跟的距离为 50cm，两脚后跟的间距约为 10cm，目视前方。

脚趾方向：脚跟向外展 20°，前脚尖内扣 20°，基本上两脚呈平行。

膝和重心：膝自然微屈，重心略在前脚。

图　5-5-7　　　　　图　5-5-8　　　　　图　5-5-9　　　　　图　5-5-10

（9）前屈立（见图 5-5-11）。

脚的位置：身体直立，双手自然垂于体侧，前后脚跟的距离为 80～85cm，小腿与地面垂直，后腿伸直，目视前方。

脚趾方向：前脚拇指稍微内扣，使足刀与水平线呈 90°直角。后脚脚趾向外展约 20°。

膝和重心：前脚的膝关节自然微屈，重心略在前脚。

（10）猫足立（见图 5-5-12）。

脚的位置：身体直立，双手自然垂于体侧，后脚的脚跟与前脚的脚跟、脚拇指在一条直线上，从后脚脚跟到前脚脚趾约为 50cm，目视前方。

脚趾方向：后脚脚尖向外展 30°，前脚脚趾自然面向正前方，脚跟离地，用前脚掌支撑。

膝和重心：后脚膝关节自然微屈，前脚掌自然着地，重心在后腿。

3. 冲拳

平行立站立，两手握拳，右手臂向前伸直，右拳的拳心朝下，左拳放于腰间，左拳的拳心向上，左拳内旋向前冲出且拳心朝下，右拳外旋收于腰间且拳心朝上（见图 5-5-13 和图 5-5-14）。

图 5-5-11　　　　图 5-5-12　　　　图 5-5-13　　　　图 5-5-14

4. 空手道格挡技术

（1）下格挡。

平行立站立，两手握拳，左手屈臂左拳护耳，左拳心对着自己，右拳腹前伸直，右拳心朝下，左拳顺右手的前臂下截，右拳收至腰间（见图 5-5-15）。

（2）上格挡。

平行立站立，上体微微右转，左臂上架格挡，拳掌胸前十字交叉，右拳在外，上体微微左转，右臂上架格挡（见图 5-5-16 和图 5-5-17）。

格挡

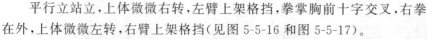

图 5-5-15　　　　　图 5-5-16　　　　　图 5-5-17

（3）外格挡。

平行立站立，左手屈臂横置于胸腹前，右手握拳伸直于左手肘下，右拳由内向外旋转格挡，左手收至腰间（见图 5-5-18 和图 5-5-19）。

（4）内格挡。

平行立站立，右手握拳屈臂上举，右手的拳心朝前，左拳向前伸直，右拳向内格挡防守，原地弓步右冲拳，左手收至腰间（见图 5-5-20～图 5-5-22）。

5. 组手的基本站姿

（1）准备式。

两脚开立，约与肩宽，两脚平行，两脚尖朝前，双手握拳，两手的拳眼相对，双臂自然下垂微屈并置于体前，上体正直，目视正前方。

图　5-5-18

图　5-5-19

图　5-5-20

图　5-5-21

图　5-5-22

（2）实战姿势。

以左站架为例，两脚前后站立，约与肩宽，左脚前脚掌支撑，左脚的脚尖斜向左前方45°，后脚偏向右侧，后脚的脚后跟抬起，并蹬地发力，重心落于两脚之间，同时，两手握拳经身体体侧抬起，左臂弯曲约135°并握拳于下颚高度，右臂弯曲约45°并握拳于腰带上部，身体侧对前方，下颚回收，目视前方。

6. 组手的步法

（1）前滑步。

实战姿势站立，后脚蹬地，前脚向前上半步，落地时前脚脚掌先着地，紧接着后脚再向前跟半步。

（2）后滑步。

实战姿势站立，前脚蹬地，后脚先后退半步落地时脚掌先着地，随之前脚向后跟半步，落地后保持实战姿势不变。

7. 组手拳法

（1）中段后手拳冲拳（见图 5-5-23）。

以左站架为例，左脚向左侧方的前面迈出、屈膝并且重心下沉，左脚稍微内扣，右脚蹬地发力，形成弓步，期间利用腰髋的转动发力来带动右手拳紧紧贴着身体直线出击对方中段；利用腰的转动和左脚向内回的蹬力带动右手拳快速收回腰间并有防守动作。

（2）上段前手拳冲拳（见图 5-5-24 和图 5-5-25）。

以左站架为例，右脚发力蹬地的同时左脚往前迈步，期间腰部扭转带动左臂迅速伸出，拳心向下转动，重心前移，左前以拳面直线击打对方上段，力达拳峰，目视对方；收左拳的同时左脚落地，右手防守，保持警惕心。

（3）上段后手拳冲拳（见图 5-5-26）。

以左站架为例，右脚蹬地发力，重心前移，利用腰转动身体配合右臂前伸，右拳内旋，右臂即将伸直的同时直线击打对方上段；左拳回收，步伐积极向上紧跟，右手回收时左手作出积极防守的动作。

图　5-5-23　　　　　图　5-5-24　　　　　图　5-5-25　　　　　图　5-5-26

（4）拳法组合。

前手上段后手中段；前手上段后手上段；后手中段前手上段。

8. 空手道腿法

（1）中段弧形腿（见图 5-5-27～图 5-5-29）。

弧形腿

以左站架为例，右腿为支撑腿，左腿直线提膝至腰带位置，右脚旋转向外，大小腿折合，其中脚背绷紧，上体、髋部和折叠腿成一条直线，左大腿带动小腿迅速击打对方中段，击打后迅速回收小腿，还原到预备式。

图　5-5-27　　　　　　图　5-5-28　　　　　　图　5-5-29

（2）前刺腿（见图 5-5-30）。

以左站架为例，左脚支撑，以左脚的前脚掌为轴，脚后跟旋转向外的同时右脚向中线迅速提膝关节,脚背绷直,足趾上翘,双手握拳保护胸部,髋关节继续前送,左脚发力的同时右脚踢打目标,右腿迅速回收,折叠大小腿,还原到预备式。

前刺腿

图　5-5-30

(3)拳腿组合。

前手拳后弧形腿;前弧形腿后手拳;前弧形腿两拳连击。

5.5.3　空手道选项课考核评价标准

1. 第一学期课程成绩计算

课程成绩(100 分)=体育专项考试成绩(20 分)+四项体能测试成绩(40 分)+学生平时成绩(40 分=上课出勤率、学习态度等 10 分+线上课程学习 10 分+课外体育锻炼 20 分)

2. 第二学期、第三学期、第四学期课程成绩计算

课程成绩(100 分)=体育专项考试成绩(40 分)+四项体能测试成绩(20 分)+学生平时成绩(40 分=上课出勤率、学习态度等 10 分+线上课程学习 10 分+课外体育锻炼 20 分)

3. 空手道课程各测试项目及评分标准

(1)体育专项考试项目和标准。

方法:3~5 人为一组完成所学空手道动作。

要求:良好的姿态,良好的运动精神,意志集中,力量、潜在的打击劲道,展现力量、速度,以及优雅、节奏和平衡感。

评分标准如表 5-5-1 所示。

表 5-5-1　评分标准表

分　值	技评标准
90~100	动作规范熟练,良好的时机,律动、速度、平衡及劲道,正确的目标集中力及意志集中力;正确的步法及合适的腿部张力,适当的腹部张力,表现出意志集中、力量、潜在的打击劲道;展现力量、速度,以及优雅、节奏和平衡感;重心无起伏,发声响亮
80~89	动作较为规范正确,精神较饱满,意志较集中,力量、速度配合较好,重心无起伏,发声较响
70~79	动作正确,精神饱满,意志集中,力量、速度配合,重心起伏小,发声响

续表

分　值	技评标准
60～69	动作基本正确,自选动作能完成,有个别动作停顿,冲拳的力度较好,重心起伏较大,节奏较清晰,发声较小
59 及以下	不能完成自选动作,注意力不集中或有大的错误

（2）四项体能测试项目和标准。

男生：50m 跑、1000m 跑、立定跳远、引体向上。

女生：50m 跑、800m 跑、立定跳远、1min 仰卧起坐。

评分标准：严格执行教育部印发的《国家学生体质健康标准(2014 年修订)》。

体能测试项目成绩：四单项平均得分。第一学期,每项 10 分;第二学期、第三学期和第四学期,每项 5 分。

（3）学生平时成绩和标准。

上课出勤率：请假、迟到、早退一次扣 1 分,旷课一次扣 2 分。

学习态度、课后作业等：教师根据学生平时上课的表现和作业完成情况来进行评定。

线上课程学习：由学校公体部制定统一的评价标准。

课外体育锻炼：由学校公体部制定统一的评价标准。具体评价按照当年学校文件来执行。

5.6　跆　拳　道

5.6.1　跆拳道概述

跆拳道运动是一项起源于朝鲜半岛的古老而又新颖的竞技体育运动,是朝鲜人民在生产和生活基础上发展起来的一项运用手、脚技术和身体能力进行自身修炼和搏击格斗的传统体育项目。说它古老,是因为它在有记载的朝鲜历史上已有三千多年;说它新颖,是因为跆拳道自 20 世纪 50 年代中期在朝鲜半岛重新崛起到现在,努力向世界传播,已经风靡全球,成为一项新颖的竞技体育项目。跆拳道运动的内容十分丰富,但主要内容包括品势修炼(动作组合)、搏击格斗和功力检验三大部分。跆拳道的“跆”字,意为像台风一样猛烈地、强烈地跳踢的“脚”;“拳”字意为拳头,是用来进攻的武器;“道”是指人生的正确道路,在这里寓意使用手脚的方法和原理。跆拳道运动要求练习者不仅学习跆拳道的技术,更注重对跆拳道礼仪、道德修养的学习和遵从,每一次练习都要求“以礼始,以礼终”,培养人的礼仪、忍耐、谦虚和坚忍不拔的精神。跆拳道练习者身穿专用的白色跆拳道道服,腰系代表不同段位的腰带进行训练或比赛。跆拳道水平的高低是由练习者的级别和段位体现的,水平越高,其段位也就越高。跆拳道的段位分为初级的十级至一级和高级的一段至九段。跆拳道的比赛是分男、女两个组别按体重分级进行的。

1. 跆拳道运动的礼节和作用礼节

跆拳道中的“礼仪”是跆拳道基本精神的具体体现。跆拳道练习虽然是以双方格斗的形式进行,但是不管它怎样激烈,由于双方都是以提高技艺和磨炼意志品质为目的,所以在双方各自内心深处都必须持有向对方表示敬意和学习的心理。因此,在练习和比赛前后都要向对方敬礼,即跆拳道始终倡导的"以礼始,以礼终"的尚武精神。跆拳道的练习者在练习时,要衣着端正,头发整洁,对教练、同伴时刻都要表现出恭敬、服从、谦虚、互助互学的心态。谦逊和正确的语言,忍让和友好的态度,虚心和好学的作风是跆拳道练习者应遵循的重要礼仪。

2. 跆拳道的特点

(1) 以腿为主,以手为辅,主要关节武器化。

跆拳道技术方法中占主导地位的是腿法,腿法技术在整体运用中约占 4/5,因为腿的长度和力量是人体中最长、最大的,其次才是手。腿的技法有很多形式,可高可低、可近可远、可左可右、可直可屈、可转可旋,威力极大,是比赛时得分和实用制敌的有效方法。其次是手法,手臂的灵活性很好,可以自如地控制完成防守和进攻动作,同时可以变化为拳、掌、肘、肩的多种用法,进行实战。在竞赛规则之外的跆拳道实战中,人体的一些主要关节部位亦可用来作进攻的武器或防守的盾牌,这是跆拳道技术的本质,如人体的手、肘、脚等关节部位,是跆拳道实战中最常用、最有效的打击武器。

(2) 方法简捷,刚直相向。

不论是在比赛时还是在格斗中,跆拳道的进攻方法都是十分简捷而有效的。对抗时双方都是直接接触,以简练的方法直接击打对方,速度快,变化多。

(3) 内外兼修,方法独特,以功力验水平。

跆拳道理论认为,经过专门训练,人的关节部位能产生不可思议的威力,特别是拳、肘、膝和脚四个部位,尤以脚和手为甚。长期练习跆拳道,可以使人达到内外合一的程度,即内功和外力达到统一的巅峰。无法确定人体关节部位武器化的威力和潜力到底有多大,只有通过对木板、砖和瓦等物体的击打来测量验定练习者的功力水平。功力测验是跆拳道训练水平、晋级考试、表演和比赛的一个重要内容,以此显示出跆拳道独特的功法和特点。

3. 跆拳道的作用

(1) 修身养性,培养优秀的意志品质。

跆拳道练习推崇"以礼始,以礼终"的尚武精神,练习中要以"礼义廉耻,忍耐克己,百折不屈"为宗旨,因此,可以培养顽强果断、吃苦耐劳的精神,磨炼坚忍不拔、积极向上的意志,养成礼让谦逊、宽厚待人的美德,造就热爱祖国、勇于献身的思想。

(2) 强体防身,练就健全的体魄。

跆拳道运动紧张激烈,对抗性强,可使人强壮身骨,提高每个关节的灵活性及肌肉的伸展性和收缩能力,提高人内脏器官的机能和人体神经系统的灵活性,增强人体的击打和抗击打能力。通过攻防练习,可以学习掌握实用技击术和防身自卫能力,为保护自身安全和维护正义学习真正本领。

(3) 观赏竞技,享受击打艺术的美感。

跆拳道比赛或实战时,双方队员不仅要斗智斗勇,而且还要通过高超的技艺展示跆拳道技术动作的优势。尤其是跆拳道变化多端、尽现人体机能特点的腿法技术,在对抗中高来低往,不仅给人以美的享受,还能激发人的斗志,鼓舞人奋发向上的精神,陶冶人的道德情操,使人在欣赏跆拳道竞技比赛的同时,潜移默化地受到良好的意志品质教育。

4. 跆拳道运动的段位标准及区别

跆拳道与柔道、围棋等项目一样,是利用段位来表示练习者的跆拳道学识造诣、技术水平和功力高下的。跆拳道根据练习者的水平分为十级和九段,初学者从十级开始逐渐升至一级,然后再入段,段位越高表明水平也越高,最高段位为九段。从十级到一级是初学者的等级标准;其中十级至七级是初学者,系白色腰带,六级至四级系蓝色腰带,三级至一级系红色腰带。进段后都以黑腰带表示,一段至三段被认为是黑带新手的段位,四段到六段属于高水平的段位,七段到九段是授予那些有很高学识造诣的杰出人物或对跆拳道运动有杰出贡献的人的段位。黑带的段位是通过黑带上的特殊标记区分的。

5. 跆拳道运动的发展

跆拳道最早是由韩国人推向世界的一项体育运动,经过多年的发展,现在已经形成了完全独立的国际体育组织和正规的国际比赛。随着跆拳道在国际体育界的蓬勃开展和奥运会正式项目的确立,我国体育界意识到开展跆拳道运动的重要性和必要性。1992年10月,中国跆拳道协会筹备小组正式成立,我国正式开展跆拳道运动。1994年5月,在河北正定举行了首届全国跆拳道教练员、裁判员学习班;9月,首届全国跆拳道比赛在昆明举行,15个单位约150余名运动员参加了比赛。这次比赛标志着跆拳道在我国正式开始。1995年5月,首届全国跆拳道锦标赛在北京体育大学举行,从此开启了两年一届的全国跆拳道锦标赛。1995年7月,中国跆拳道协会成立。中国跆拳道运动从此有了自己的专门组织,同年被世界跆拳道联盟接纳为正式会员。此后,中国跆拳道不断选派运动员参加各种比赛,并取得了一定的成绩,在与外交流的同时,中国的跆拳道运动不断进步,显示了中国跆拳道运动后来居上的气势。

5.6.2 跆拳道基本技术动作

1. 基本步法

上步:以实战姿势站好,以前脚掌为轴,后脚迅速用力蹬地贴近地面向前迈步,使身体成为另一侧的实战姿势。

后撤步:以实战姿势站好,前脚经后脚内侧向后撤一步,转成另一侧的实战姿势。

前滑步:以实战姿势站好,后脚用力蹬地,前脚向前滑步,后脚随即跟上。

后滑步:前脚的脚掌用力蹬地,后脚先向后滑行一步,前脚迅速后退紧跟。

2. 前踢

以左势实战姿势开始;右脚用力蹬地,髋关节稍左旋转,右腿屈膝上提,脚面绷直,双手握拳置于体侧,右腿迅速以膝关节为轴伸膝、送髋、顶髋,快速向前踢出右脚,踢击目标后右腿迅速放松弹回,落回顺势站为右势实战姿势。

3. 推踢

以左势实战姿势开始。右脚用力蹬地,重心前移,右脚以髋关节为轴提膝,直线向前踢出,用右脚脚掌向前推踢,力达脚掌,推力向正前方,推踢结束后迅速屈膝,调整重心。

4. 横踢

以右实战姿势开始,左脚蹬地,重心右移,左腿屈膝上提,大小腿折叠,脚面绷直,右脚以脚掌为轴外旋约180°,左腿膝关节向前抬至水平状态后,膝向右侧,快速向前踢出左脚。击打目标后迅速收回左腿,调整重心,还原成实战姿势。

5. 下劈

以左实战姿势开始,右脚用力蹬地,重心前移至左腿,右腿屈膝上提至胸部,右腿以膝关节为轴向上伸直并紧贴胸部举于体前,右脚过头,右腿快速下压,用脚掌或脚后跟下劈,还原成实战姿势。

6. 格挡技术

上段格挡:从准备势开始,右臂弯曲置于腹部,留一拳距离,左臂弯曲置于右臂下,从右臂于身体空隙处上格置头顶上方,右手收回腰带部位。右手同此。上格挡用于防御一切对头部的攻击。

中段格挡:从准备势开始,左手握拳与肩膀齐平,拳眼向正前方,右手握拳向前伸直。左手向前旋转格挡,右手收回腰带部位。右手同此。中格挡用于防御一切对胸部的攻击。

下段格挡:从准备势开始,左手弯曲,左拳放在右肩上,右手伸直。左手向下伸直出拳,右手收回腰带部位。右手同此。下格挡用于防御对身体侧面的攻击。

5.6.3 跆拳道选项课考核评价标准

1. 第一学期跆拳道课程成绩计算

课程成绩(100 分)=体育专项考试成绩(20 分)+四项体能测试成绩(40 分)+学生平时成绩(40 分=上课出勤率、学习态度等 10 分+线上课程学习 10 分+课外体育锻炼 20 分)

2. 第二学期、第三学期、第四学期跆拳道课程成绩计算

课程成绩(100 分)=体育专项考试成绩(40 分)+四项体能测试成绩(20 分)+学生平时成绩(40 分=上课出勤率、学习态度等 10 分+线上课程学习 10 分+课外体育锻炼 20 分)

3. 选项课考核评价标准

(1)体育专项考试项目和标准。

跆拳道专项考试成绩评定方法:跆拳道课程期末考试成绩由 3 项技术和素质考核成绩的总和组成。考试技术内容为学期教学的技术动作,评价标准包括技术动作规范、速度力量、实战意识及气势、礼仪礼节等内容,现场考核,须公开、公平、公正。

(2)四项体能测试项目和标准。

男生:50m 跑、1000m 跑、立定跳远、引体向上。

女生:50m 跑、800m 跑、立定跳远、1min 仰卧起坐。

评分标准:严格执行教育部印发的《国家学生体质健康标准(2014 年修订)》。

体能测试项目成绩:四单项平均得分。第一学期,每项 10 分;第二学期、第三学期和第四学期,每项 5 分。

（3）学生平时成绩和标准。

上课出勤率：请假、迟到、早退一次扣 1 分，旷课一次扣 2 分。

学习态度、课后作业等：教师根据学生平时上课的表现和作业完成情况来进行评定。

线上课程学习：由学校公体部制定统一的评价标准。

课外体育锻炼：由学校公体部制定统一的评价标准。具体评价按照当年学校文件来执行。

第 6 章　新兴体育运动——放松身心　张弛有度

6.1　拓展趣味运动

6.1.1　拓展趣味运动概述

拓展趣味运动是近年来新兴的一项体育运动项目,它主要是以培养团队合作能力、增强体质、增进健康为主的运动项目,主要包括同心鼓、旋风跑、大脚板和毛毛虫竞技四大项。

6.1.2　拓展趣味运动技术及规则

1.同心鼓

(1)同心鼓技术及要求。

同心鼓又叫击鼓颠球。同心,顾名思义就是要求大家齐心协力将鼓上的球颠起来。鼓的四周拴有 16 根围绳,绳的长度约为 1.8～2.0m,鼓面直径为 44cm。要求每人手拉两根绳将鼓面上的排球颠起来。排球弹起高度一般不低于 20cm 为有效(见图 6-1-1 和图 6-1-2)。

同心鼓

图　6-1-1

图　6-1-2

（2）同心鼓的比赛规则。

一名运动员将排球放在鼓面上，其他运动员将绳子拉紧，当听到比赛开始的信号（如枪声、哨声等）时，7 名运动员快速将排球颠起来，放球的运动员则快速后退将绳子拉紧，然后 8 名运动员齐心协力继续颠球，比赛时间为 2min，2min 内颠球次数多者为胜，如遇颠球个数相同时，则以掉球次数少者为胜。

比赛场地一般为 30m×30m，比赛中运动员必须在指定的区域内进行颠球，如超出比赛区域，则裁判员可令其回到自己所在比赛区域继续颠球，如球落地，任何一名队员均可捡球放在鼓面上，并在颠起 3 次内参与拉绳颠球，每名队员至少拉 1 根围绳。

排球颠起高度不低于 20cm，即至少一个排球的高度，低于该高度不计入总数。

排球落地后计数中断，第一次颠起即累加计数一次。2min 到时颠球计数结束。

每队比赛设两名计数裁判，数字不统一时取平均数。两名裁判数字差距不可以超过 3 次，最多与最少数字不可以超过 5 次。

2. 旋风跑

（1）旋风跑的技术及要求。

旋风跑的参加人员为 8 名，每名队员手握 4m 长杆站在起跑线后，当听到信号（鼓声、枪声、哨声等）时，8 名队员手持旋风杆分别按照逆时针、顺时针、逆时针、顺时针、逆时针方向绕过 3 个标志杆，其中绕过第 3 个标志杆后为折返点，折返点距起点 30m，标志杆间距 10m，团队整体返回起跑线后计时结束（见图 6-1-3 和图 6-1-4）。整个过程每名队员手不得脱离

旋风跑

杆跑动，否则即判违规，取消成绩。旋风跑主要锻炼人们的奔跑能力和团结合作能力。

图　6-1-3

图　6-1-4

（2）比赛规则。

比赛发令后计时开始,用时少者获胜;单手脱杆即为犯规,取消比赛成绩;触碰标志杆即为违规,每次罚时 5s;撞倒标志杆即为违规,取消比赛成绩;绕圈方向错误或漏绕标志杆即为违规,取消比赛成绩;比赛后扔杆等行为可依据情节轻重罚时 5s 或取消比赛成绩。

3. 大脚板

（1）大脚板技术及要求。

大脚板

大脚板参赛队员 8 名,每人均提拉提绳,站在两块 3.6～4m 的长板上（见图 6-1-5 和图 6-1-6）,在确保安全的情况下完成 40m 直行距离,若中途出现失误则从原地开始继续比赛,大脚板完全过终点线计时结束。用时少的队伍获胜。

图　6-1-5

图　6-1-6

（2）裁判法则。

比赛发令后计时开始,用时少者获胜;有人从大脚板上落下即为违规,取消比赛成绩;大脚板和人整体冲过终点线比赛结束;大脚板按既定 3m 宽轨道区域前进,进入他人比赛轨道即为违规,取消比赛成绩;比赛中途停顿后可继续比赛,需在原地启动继续前进。

4. 毛毛虫竞技

（1）毛毛虫竞技技术及要求。

毛毛虫竞技

毛毛虫竞技参赛队员 8 名,要求每位运动员都要骑在充气毛毛虫上,双手抓住固定把手立于起跑线后（见图 6-1-7 和图 6-1-8）,裁判发令后,队员之间通过配合让毛毛虫在跑道上行进,行进中毛毛虫不得接触地面,各参赛队毛毛虫尾部触及终点线所在垂直平面时计时停止,用时少者为胜。赛道长为 50m。

图 6-1-7

图 6-1-8

（2）裁判法则。

比赛发令后计时开始，用时少者获胜；有人从毛毛虫上落下即为违规，取消比赛成绩；所有参赛运动员的双手不能离开毛毛虫，离开即为违规，取消比赛成绩；参赛队毛毛虫尾部触及终点线所在垂直平面为计时停止；参赛队毛毛虫按既定 3m 宽赛道区域前进，进入他人赛道即为违规，取消比赛成绩。

6.1.3 拓展趣味运动选项课考核评价标准

1. 第一学期课程成绩计算

课程成绩（100 分）＝拓展趣味考试成绩（20 分）＋四项体能测试成绩（40 分）＋学生平时成绩（40 分＝上课出勤率、学习态度等 10 分＋线上课程学习 10 分＋课外体育锻炼 20 分）

2. 第二学期、第三学期、第四学期课程成绩计算

课程成绩（100 分）＝拓展趣味考试成绩（40 分）＋四项体能测试成绩（20 分）＋学生平时成绩（40 分＝上课出勤率、学习态度等 10 分＋线上课程学习 10 分＋课外体育锻炼 20 分）

3. 拓展趣味课程测试项目及评分标准

（1）同心鼓考试评分标准如表 6-1-1 所示。

表 6-1-1　同心鼓考试评分标准

2min 有效颠球个数	分　　数
≥130	100 分
120～129	95 分
110～119	90 分
100～109	85 分
90～99	80 分
80～89	75 分
70～79	70 分
60～69	65 分
50～59	60 分
＜50	50 分

（2）旋风跑考试评分标准如表 6-1-2 所示。

表 6-1-2　旋风跑考试评分标准

30m 往返绕障碍跑所用时间/s	分　　数
＜38	100 分
38～40	95 分
40.01～42	90 分
42.01～44	85 分
44.01～46	80 分
46.01～48	75 分
48.01～50	70 分
50.01～52	65 分
52.01～54	60 分
＞54	50 分

（3）大脚板考试评分标准如表 6-1-3 所示。

表 6-1-3　大脚板考试评分标准

40m 大脚板所用时间/s	分　　数
＜38	100 分
38～40	95 分
40.01～42	90 分
42.01～44	85 分

续表

40m 大脚板所用时间/s	分 数
44.01～46	80 分
46.01～48	75 分
48.01～50	70 分
50.01～52	65 分
52.01～54	60 分
＞54	50 分

（4）毛毛虫竞技考试评分标准如表 6-1-4 所示。

表 6-1-4　毛毛虫竞技考试评分标准

50m 毛毛虫竞技所用时间/s	分数
＜20	100 分
20.01～21	95 分
21.01～22	90 分
22.01～23	85 分
23.01～24	80 分
24.01～25	75 分
25.01～26	70 分
26.01～27	65 分
27.01～28	60 分
＞28	50 分

（5）学生平时成绩和标准。

上课出勤率：请假、迟到、早退一次扣 1 分，旷课一次扣 2 分。

学习态度、课后作业等：教师根据学生平时上课的表现和作业完成情况来进行评定。

线上课程学习：由学校公体部制定统一的评价标准。

课外体育锻炼：由学校公体部制定统一的评价标准。具体评价按照当年学校文件来执行。

6.2　花样跳绳

6.2.1　花样跳绳概述

跳绳是我国民间传统体育项目之一，最初称为透索戏、跳白索。目前我国民间还会将跳绳称为"绳飞"，个人单摇跳叫"单飞"，个人双摇跳叫"双飞"，跳绳在中国发展至今已经有一千多年的历史，我国的陕西省还被称为"跳绳的故乡"。

因为跳绳运动是一项全身对称性运动,相比其他运动项目来说,它的身体锻炼及运动协调性训练价值更高,又因为跳绳动作可简单也可复杂、可跟学又可创新、可个人跳还可多人合作跳、可单绳玩耍还能多绳同时进行,加之跳绳的健身效果极佳,欧美一些医学专家称跳绳为"最完美的健康运动"。有研究表明,跳绳 10min 相当于慢跑 30min 的运动量,可以说跳绳运动是一项老少皆宜的大众体育运动。

花样跳绳(rope skipping)又称为花式跳绳,是绳与人的各种体位位置关系的变化组成的动作,包括摇、放、抛、接、缠、停、交叉等。目前花样跳绳的比赛方式主要分为两类:一类是速度类,要求在一定时间内完成的次数最大化,如 30s 单摇跳、30s 双摇跳、3min 单摇跳、集体 3min 8 字长绳跳等;另一类是技巧类,要求配合适当的音乐变化出多种的绳花技巧,如个人花样、多人同步花样、车轮跳、交互绳等。

在从事花样跳绳之前,准备一根适合自己长短的跳绳非常重要。一般来说,双脚踩在绳子的中间,两绳柄位于腰腹之间比较合适(见图 6-2-1),初学者可以选用较长的绳,随着技术的不断提高,绳感的增强,可以逐渐缩短跳绳。一般停绳的方法是左脚(右脚)勾起脚尖,脚跟着地抵住绳子(见图 6-2-2)。

图　6-2-1　　　　　　　　　　　　　　　　图　6-2-2

握绳的方法是双手拇指和食指握住绳柄,自然下垂双臂(见图 6-2-3),以腕关节为轴摇动跳绳。

图　6-2-3

6.2.2 花样跳绳技术及规则

1. 速度类跳绳

速度类跳绳是通过单位时间内完成过绳次数决定胜负的跳绳方式,它需要跳绳者有良好的绳感、高度的手脚协调配合能力及良好的身体素质。根据大学公共体育课的实际情况,本书选取速度类的 30s 单摇跳、集体 3min 8 字长绳跳作为速度类花样跳绳的实践部分进行详细讲解。

(1)个人 30s 单摇跳。

30s 单摇跳是指跳绳者在 30s 规定时间内采用双脚并脚跳或双脚轮换跳的方式(中途不能换跳绳方式)单摇过绳,过绳次数多者为胜。

口令:裁判员准备——运动员准备——预备——跳——10——20——停。听到"跳"声动绳,抢跳将从最后成绩中扣除 5 次。跳绳者必须在指定区域内完成跳绳。过绳计数,失误不计数,5 名裁判员数绳,取中间的三个值求平均数确定为最后成绩。

(2)集体 3min 8 字长绳跳。

集体 3min 8 字长绳跳是由 2 名摇绳和 8 名跳绳者共 10 人组成一支跳绳队伍,摇绳者距离不小于 3.6m,在 3min 规定时间内跳绳者绕过摇绳者划 8 字进出跳绳,过绳次数多的队伍为胜。

8 字长绳跳

口令:裁判员准备——运动员准备——预备——跳——30——1 分钟——30——2 分钟——15——30——45——停。听到"跳"声动绳,抢跳将从最后成绩中扣除 5 次。过绳计数,失误不计数,5 名裁判员数绳,取中间的三个值求平均数确定为最后成绩。

2. 技巧类跳绳

个人花样跳绳是技巧类跳绳中的一小部分,在熟练完成个人基本跳的情况下选择花样跳,可以促进个人绳感,提高手脚协调性,发展个人身体素质。个人花样跳绳运动活动开展简单,只需要一根合适的绳子和一块空地就可以随时开展活动,选择节奏较明显的音乐可以提高跳绳者完成练习的兴趣,边跳边数拍子还可以增加跳绳者的节奏感。根据大学公共体育课的实际情况,本书选取技巧类的个人花样跳绳作为实践部分进行详细讲解。

个人花样跳绳动作分类及名称如下。

(1)步法类。

双脚并脚跳:两脚并立,右脚微微向前,左、右脚略有错开;起跳时用脚踝及膝盖微屈缓冲振荡(见图 6-2-4)。

双脚轮换跳:右、左脚依次微抬起过绳(见图 6-2-5)。

双脚并脚跳

双脚轮换跳

图　6-2-4

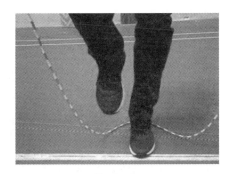
图　6-2-5

开合跳：两脚并立开始，开步与肩同宽，数 1、3、5、7(见图 6-2-6)；并步两脚微前后错开，数 2、4、6、8(见图 6-2-4)。

弓步跳：两脚并立开始，两脚前后开步，前腿弓步后腿绷直，数 1、3、5、7(见图 6-2-7)；并步两脚微前后错开，数 2、4、6、8(见图 6-2-4)。

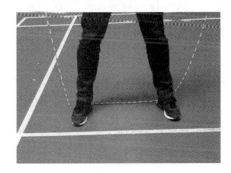
图　6-2-6

图　6-2-7

并脚左右跳：两脚微前后错开并立开始，两脚向左跳数 1、3、5、7(见图 6-2-8)；两脚向右跳数 2、4、6、8(见图 6-2-9)。

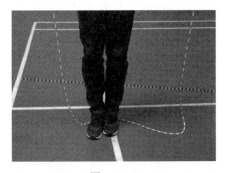
图　6-2-8

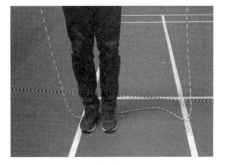
图　6-2-9

并脚前后跳：两脚微前后错开并立开始，两脚向前跳数 1、3、5、7(见图 6-2-10)；两脚向后跳数2、4、6、8(见图6-2-11)。

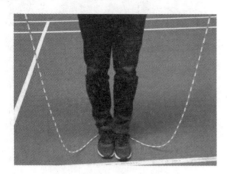

图 6-2-10 　　　　　　　　　　　图 6-2-11

弹踢腿跳：两脚并立开始,右小腿向后弯曲,绷直脚面数1、5(见图6-2-12),右脚脚尖弹踢向前数2、6(见图6-2-13);换跳左小腿向后弯曲,绷直脚面数3、7,左脚脚尖弹踢向前数4、8。

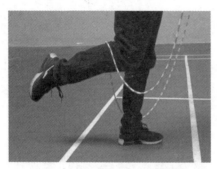

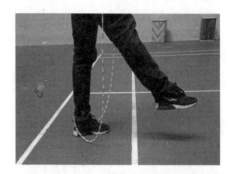

图 6-2-12 　　　　　　　　　　　图 6-2-13

勾脚点地跳：两脚并立开始,右小腿向后弯曲,绷直脚面数1、5(见图6-2-12),右脚勾脚尖落地数2、6(见图6-2-14);换跳小腿向后弯曲,绷直脚面数3、7,左脚勾脚尖落地数4、8。

后屈腿跳：两脚并立开始(见图6-2-4),双脚开步跳数1、5(见图6-2-6),右小腿向后弯曲,绷直脚面数2、6(见图6-2-15);开步跳3、7(见图6-2-6),左小腿向后弯曲,绷直脚面数数4、8(见图6-2-16)。

图 6-2-14 　　　　　　　　　　　图 6-2-15

吸腿跳：两脚并立开始(见图 6-2-4)，右膝上提至水平，绷直脚面数 1、5(见图 6-2-17)，右脚落下并步跳数 2、6(见图 6-2-4)；换左膝上提至水平，绷直脚面数 3、7，左脚落下并步跳数 4、8。

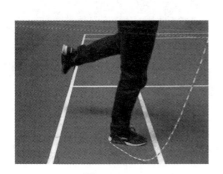 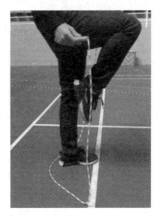

图　6-2-16　　　　　　　　　　图　6-2-17

钟摆跳：两脚向钟摆一样依次左右摆动，右脚向外摆动时绳向上至最高点数 1、5(见图 6-2-18)，向内收脚时绳向下落过脚数 2、6；左脚向外摆动时绳向上至最高点数 3、7(见图 6-2-19)，向内收脚时绳向下落过脚数 4、8。

图　6-2-18　　　　　　　　　　图　6-2-19

双摇跳：两脚并立开始，向上跳起过两次绳再落地。

提膝侧点地跳：两脚并立开始(见图 6-2-4)，右膝上提至水平，绷直脚面数 1(见图 6-2-20)，下落至左脚外侧数 2(见图 6-2-21)，上提膝至水平，绷直脚面数 3(见图 6-2-20)，并立还原数 4(见图 6-2-4)；左膝上提至水平，绷直脚面数 5，下落至右脚外侧数 6，上提膝至水平绷直脚面数 7，并立还原数 8。

双摇跳　　　　　　　　　　　　提膝侧点地跳

图 6-2-20

图 6-2-21

（2）甩绳类。

左右甩绳：两手握绳手柄两端同时向身体左、右两边画立圆。

（3）缠绕类。

手臂缠绕：两手握绳手柄两端，向身体左边画立圆同时要求绳端缠绕在右手的手腕处数 1、2（见图 6-2-22），换到左边打开缠绕数 3、4；换成右手缠绕数 5、6（见图 6-2-22），换到左边打开数 7、8，依次换边换手缠绕。

图 6-2-22

左右甩绳

手臂缠绕

（4）交叉类。

基本交叉跳：两脚并立开始（见图 6-2-4），正摇绳起跳数 1、3、5、7，两手前臂在腹部交叉贴紧同时摇绳过脚数 2、4、6、8（见图 6-2-23）。

基本交叉后摇跳：两脚并立开始（见图 6-2-4），反摇绳起跳数 1、3、5、7，两手前臂在胸前交叉贴紧同时摇绳过脚数 2、4、6、8（见图 6-2-24）。

3. 花样跳绳集体绳动作

绳中绳：两人在长绳两端摇绳，尽量配合跳绳者；跳绳者从绳中央进绳，在绳子远离自己视线时切入同时摇个人绳，使个人绳与长绳速度一致。

一绳多人：两人在长绳两端摇绳，尽量配合跳绳者；多名跳绳者在绳内步调一致完成跳绳运动（见图 6-2-25）。

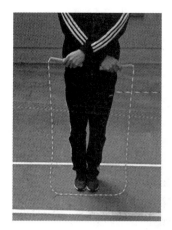 

图　6-2-23　　　　　　　　　　　　　　图　6-2-24

图　6-2-25

　　乘风破浪：两人摇长绳纵向排列，每组间隔 3～4m；跳绳者反面进绳可以顺利地像无绳一样跑过绳子叫作"乘风"；跳绳者正面进绳像踏浪一样跨或跳过眼前的绳子叫作"破浪"（见图 6-2-26）。

图　6-2-26

时空穿梭：又叫套人游戏，被套者并列依次排开，套人者与被套者相向或在被套者背后摇绳，与被套者同时跳过绳子，这需要两人协同默契练习（见图 6-2-27）。

图　6-2-27

梅花：多人依次牵绳结成一个圈，同时向内或向外摇绳（见图 6-2-28）。

图　6-2-28

五角星：五人依次牵绳结成一个圈（见图 6-2-28）；1 号位不动，4、5 号位互换内侧绳手柄；然后 2、4 号位置互换，3、5 号位置互换（见图 6-2-29～图 6-2-31）。

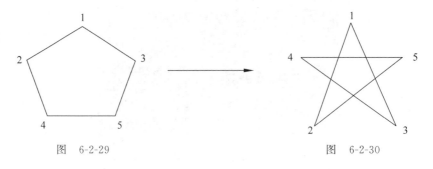

图　6-2-29　　　　　　　　　　　　　　　图　6-2-30

六角星：六人依次牵绳结成一个圈，三人组成两个三角形（见图 6-2-32），两个三角形叠加成六角形（见图 6-2-33 和图 6-2-34）。

图　6-2-31

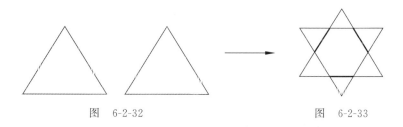

图　6-2-32　　　　　　　　　　　　　　　　图　6-2-33

图　6-2-34

4. 集体花样跳绳的动作编排

集体花样跳绳的动作编排是将所学的个人花样和集体花样绳合理有机地编排出不同的队形变换并配合上音乐进行表演。本环节要求如下。

以小组为单位将所学动作进行选择性编排,动作要求整齐、有力度、节奏感强,尽量减少断绳的次数。

队形变换至少 5 次,空间布局合理,有分有合;音乐感强,动作和音乐有机结合。

表演内容完整,从入场、队形变换、结束造型到出场,时间控制在 2～3min。

整个表演动作的编排要具有创新性。

6.2.3 花样跳绳选项课考核评价标准

1. 课程考核方式与成绩评定

（1）考核类别：技术考试。

（2）考核形式：期末小组统一考试。

2. 第一学期成绩计算

课程成绩（100分）＝体育专项考试成绩（20分）＋四项体能测试成绩（40分）＋学生平时成绩（40分＝上课出勤率、学习态度等10分＋线上课程学习10分＋课外体育锻炼20分）

3. 第二学期、第三学期、第四学期成绩计算

课程成绩（100分）＝体育专项考试成绩（40分）＋四项体能测试成绩（20分）＋学生平时成绩（40分＝上课出勤率、学习态度等10分＋线上课程学习10分＋课外体育锻炼20分）

4. 测试项目及评分标准

（1）体育专项。

速度类跳绳的考试标准根据以上描述的规则进行。

技巧类跳绳考试要求动作准确，完成质量流畅，并结合小组动作编排进行整组评分。

（2）四项体能测试项目和标准。

男生：50m跑、1000m跑、立定跳远、引体向上。

女生：50m跑、800m跑、立定跳远、1min仰卧起坐。

评分标准：严格执行教育部印发的《国家学生体质健康标准（2014年修订）》。

体能测试项目成绩：四单项平均得分。第一学期，每项10分；第二学期、第三学期和第四学期，每项5分。

（3）学生平时成绩和标准。

上课出勤率：请假、迟到、早退一次扣1分，旷课一次扣2分。

学习态度、课后作业等：教师根据学生平时上课的表现和作业完成情况来进行评定。

线上课程学习：由学校公体部制定统一的评价标准。

课外体育锻炼：由学校公体部制定统一的评价标准。具体评价按照当年学校文件来执行。

6.3　极　限　飞　盘

6.3.1 极限飞盘概述

1. 飞盘运动的起源与发展

早在公元前400年左右，古希腊便有一项原始运动项目叫投掷石盘（diskos），此项运动就是依据参赛球员投掷的距离远近来判断胜负，之后随着时间推移，这项运动就演变成现在的铁饼项目和飞盘运动。现代飞盘起源于一种烤制食品时所用的锡盘。飞盘（Frisbee）的英文本来是拼作F-R-I-S-B-I-E，而且是用锡做成的，上面还刻着福瑞斯比派

(Frisbie Pies)等字样。相传,耶鲁大学的学生很喜欢吃 William Frisbie 的馅饼,没过多久,学生的宿舍里就堆满了 Frisbie Pies 的金属锡包装盒。聪明的学生发现,如果将这些碟状的包装盒抛向空中,并使它旋转,它就可以在空中平稳地飞行。由于这些包装盒是由金属制作而成的,所以为了避免在玩的过程中有同学不慎被打到而受伤,向空中抛盘的同学在抛盘的时候会大喊一声 Frisbie 以提醒其他准备接盘的同学。于是,这项新式运动就被称为 Frisbie。最早进行飞盘制造的人是瓦特·莫里森(Walter Morrison)。

1946 年,莫里森根据自己的想象设计了第一张现代飞盘图纸。1948 年,莫里森觉得飞盘运动存在巨大的市场前景,于是找人共同开发并研制出世界上第一张以塑胶为原料的现代飞盘,并取名为"飞行浅碟"(Flying Saucer),后来他在加州开设了一家公司,从 1950 年开始大量制作飞盘,并给自己的产品取名为 Frisbee。到 1955 年,莫里森还研究出更新型的飞盘,当时由于有太空中存在不明飞行物之说,莫里森就将这个飞盘取名为"冥王星浅盘"(Pluto Platter)。1967 年,由于飞盘运动的不断发展壮大,艾德在美国的洛杉矶注册了国际飞盘协会(International Frisbee Association,IFA),并且不断改进和完善了飞盘运动的比赛规则和裁判法,使得该项运动走向世界。由于艾德的贡献很大,所以被誉为"飞盘运动之父"。

在 IFA 的努力下,1974 年,在加州玫瑰杯球场举行了第一届世界飞盘锦标赛,1983 年,世界飞盘联盟(WFDF)正式成立,飞盘运动开始了历史新篇章。极限飞盘在国际上有影响力的赛事主要有锦标赛、世界杯和世界运动会飞盘比赛。在这些国际队伍中,主要以美国和加拿大两国整体实力最为强大,占据了飞盘运动的半壁江山,但是近年,随着极限飞盘运动的不断发展,日本队和德国队的竞技水平也不断提升,时至今日,国际上约有 800 万人在玩飞盘这项运动,体验着飞盘运动带来的乐趣。

2. 飞盘运动的分类和特点

(1) 飞盘运动的分类。

飞盘运动经历了漫长的发展演变,到今天,飞盘运动主要分为五大类:飞盘狗运动、飞盘高尔夫运动、花式飞盘运动、飞盘掷远运动和极限飞盘运动。这五大类运动每年都有不同的国际赛事,并吸引着成千上万的爱好者参与。因校园里开设的主要是极限飞盘,因此本书着重介绍极限飞盘。

极限飞盘是融趣味、休闲、娱乐于一体的阳光体育运动项目。这些运动易于普及,受场地限制较小,一般只要有一片开阔的场地,3～5 人就可以通过相互传接一张飞盘来锻炼身体,同时还可以享受阳光、草地、清新的空气带来的舒适感,极限飞盘运动正式比赛主要分为草地极限飞盘比赛和沙滩极限飞盘比赛。

(2) 飞盘运动的特点。

① 大众性。飞盘是一项十分容易接近的运动项目,从刚刚学会走路的孩子到六七十岁的老者,都可以轻松地参与进来。飞盘由特殊的塑料制成,重量较轻,不会给人造成伤害和危险,飞盘的玩法和规则简单易懂,一般学习几小时甚至十几分钟就可以轻松入门。

② 安全性。只有安全和舒适的休闲运动才能被大多数群众所接受,飞盘运动不仅是一两个人之间的投接运动,还可以是几十个人的大型比赛,只要按照规则进行,都不会发生意外或受到较大的伤害,而且规则还在安全方面不断改进,这也是飞盘受许多女性朋友喜欢的重要原因。

③ 简易性和灵活性。飞盘运动对场地、器材的要求非常小。一小块空地,甚至在家里的客厅,都可以放松地玩弄手中的飞盘。而且,飞盘的规则可以随意制定,人少的时候可以进行相互掷盘练习,提高掷盘的准确性和稳定性;人多的时候就可以组织比赛,提升技战术水平。

④ 健身性。飞盘运动,不仅可以带来欢乐,还具有很好的健身功能。从简单的投接到大型的团体比赛,飞盘运动对于提高人的反应灵敏度、平衡能力、爆发力有很大的帮助,同时对关节的灵活性和身体的柔韧性的提升都有十分显著的效果,团体项目还对协调性和团队意识有很好的价值体现。因此,不愿参与强对抗性体育运动的人们,飞盘运动是一个不错的选择。

⑤ 礼节性。在世界飞盘联盟(WFDF)的宗旨里提道:"飞盘运动的精神是与自己的能力比赛,而非与其他人竞赛,将对手视为玩伴而非敌人,培养和谐气氛,并提升技术,体会比赛的乐趣,在比赛中互相学习、共处共存。"由此可以看出,飞盘运动强调的是对他人的尊重,通过一起玩飞盘,相互学习,互相帮助,共同遵守规则与运动精神,强调君子风度、责任与和谐的气氛,并加强运动伦理的观念。

6.3.2 极限飞盘技术及规则

掷盘技术分为反手掷盘、正手掷盘、上手掷盘三种类型,下面以右手为例来介绍三种掷盘技术。

1. 反手掷盘

反手掷盘是极限飞盘技术动作中最基本的技术。

(1) 反手握盘(见图 6-3-1)。

握盘手法:反手握盘时,大拇指握在盘的上侧面,食指握在盘的外侧面,其余三个手指沿盘的侧面向下握在盘的内侧面,飞盘置于大拇指与食指第二指关节之间。

反手掷盘

握盘要求:在握盘时手指要抓紧盘面,大拇指要紧贴盘面,使得飞盘与手成为一体。

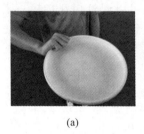  

(a)　　　　　　　(b)　　　　　　　(c)

图　6-3-1

(2) 反手掷盘技巧(见图 6-3-2)。

掷盘球员与接盘球员相对站立,握盘手的同侧脚向左脚前侧跨一步,形成前弓步,同时身体向左旋转,右手屈臂持盘于身体左侧,盘在腰部高度以下,手腕屈腕使得飞盘紧贴持盘手手臂内侧面,左腿蹬地发力,身体向右旋转,持盘手肩部发力带动手臂依次打开,力量由下肢传递到手腕,最后手腕由屈腕迅速打开并外伸,同时手指顺势伸开,手腕稍向下压,出盘瞬间保持盘面与地面平行。

图　6-3-2

　　掷盘要求如下。

　　盘出手瞬间要与地面保持平行;发力顺序为:脚步蹬地发力——腿部发力——腰部发力——躯干发力——肩部发力——手臂发力——手腕发力;持盘时手腕必须屈腕,出盘时手腕尽量迅速外伸,以增加运动半径;当盘脱离手腕瞬间,手腕应固定姿势保持 $2\sim3s$,以保持飞盘的运动轨迹不发生瞬间变化。在户外有风的情况下掷盘时要充分考虑风向、风速对飞盘的运动轨迹的影响。顺风掷盘时,由于风向与飞盘的运动方向一致,飞盘在出手后会借助风力增加运动的距离,最后手腕发力的大小就要考虑与接盘球员的距离,换句话说,就是在顺风传盘时可以尽量采用中长距离的传盘技术。逆风掷盘时,由于风向与飞盘的运动方向相对立,因此在掷盘时就应考虑近距离的传盘,掷盘时飞盘的远侧端应尽可能地稍向下低,并且在盘出手瞬间增加飞盘的自转速度以抵消风对其产生的阻碍。同时掷盘的高度要有控制,风向、风速变化无常,但近地面的影响就比较小,飞盘飞行的高度尽可能控制在 2m 的范围内,飞盘的飞行最佳状态是控制在与地面保持平行的一个平面上飞行,尽量不要有高低起伏的变化。

2. 正手掷盘

(1) 正手握盘(见图 6-3-3)。

正手握盘时大拇指在飞盘的上面,食指和中指并起伸直放置于飞盘的内侧面,中指第一指关节紧贴飞盘的内侧面,小拇指和无名指自然弯曲或略伸出置于飞盘的外侧面,具体姿式取决于哪种握法更舒适,并没有明确的要求。大拇指应自然弯曲紧握飞盘边缘,大拇指第一指关节应在飞盘的上面,与反手握盘比较明显的区别在于,握盘时不需要飞盘和地面平行。

对于初学者来讲,握盘时也可以将食指和中指分开,中指伸直放于飞盘底部,这样做是托住飞盘;当练习一段时间后能够掌握握盘的平衡时,再将食指与中指并起。

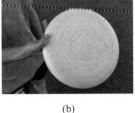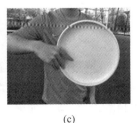

(a)　　　　　　　　　(b)　　　　　　　　　(c)

图　6-3-3

（2）正手掷盘技巧（见图 6-3-4）。

正手握盘后，面对接盘队友，握盘手的同侧脚向右侧跨步成侧弓步，同时右手屈臂持盘放于右肩侧上方，手腕外展。右脚蹬地发力带动躯干由右向左侧逆时针扭转，同时手臂经上下打开，依次发力，当手腕至腰侧高度时，手腕顺势旋转至飞盘与地面保持平行，掌心由向外变至向侧上方后，发力的同时压手腕，手指压拨飞盘内侧面使其迅速旋转。手指自然伸开，指尖应正对斜前下方，保持 2～3s 以控制飞盘出手瞬间的平衡性。上体保持正直或稍向右侧倾斜，眼睛看着传盘目标点。

正手掷盘

图　6-3-4

3. 上手掷盘

上手掷盘又称过顶盘，是极限飞盘技术动作中较难掌握的一项技术。掷盘时三个手指夹盘，从头顶将盘掷出。该掷盘法主要在防守人员严密防守下飞盘不能及时从左右两侧传出时采用。它具有飞行速度快、力量大、不容易被拦截的特点。

（1）上手握盘（见图 6-3-5）。

上手握盘时，大拇指在飞盘的上面，食指和中指并起伸直放于飞盘的内侧面，小拇指和无名指自然弯曲或略伸出置于飞盘的外侧面，具体取决于哪种握法更舒适，没有明确的要求。上手掷盘的握盘方法基本等同于正手掷盘的握盘方法。

(a)   (b)   (c)

图　6-3-5

（2）上手掷盘技巧（见图 6-3-6）。

上手握盘后，面对接盘队友，左脚向前跨半步，同时上体向后引成弓形，右手握盘上举飞盘置于头顶后上方，手腕外展，飞盘底部面朝身体左侧前上方。右脚蹬地发力将身体向上顶，同时腰腹部发力内收，上体微左前倾，右肩上提，右手臂向前挥臂发力至额头斜前上方,手迅速内屈压腕,中指拨转飞盘内侧面使飞盘迅速顺时针方向快速旋转。出盘后手指自然伸开,手指对应飞盘飞行方向保持 2～3s 以控制飞盘出手瞬间的平衡性,在飞行过程中,飞盘盘面朝下、底部朝上。

上手掷盘

图　6-3-6

4. 正手技术的衍生技巧(弧线轨迹)

(1) 内旋正手(outside-in)。

当做内旋正手的时候,只要轻轻抬高飞盘外侧就可以了。在飞行期间,如果飞盘翻转落地,就应该适当放低飞盘外侧。在肘部向身体外侧展升的同时,手臂也要向外伸展。然后,将手轻轻往肩膀方向抬起,飞盘出手后的弧线将是从右向左。再次提醒,将飞盘外侧抬太高会使飞盘急速内旋,这将考验接盘球员的接盘能力(对新手尤为困难)。

对于内旋正手的经验:这种掷盘方式常用于长传、传防守方空档、绕开防守球员,对于本队速度型前锋进行快速得分尤为有效。在比赛中很多精彩的得分都是由内旋正手完成的,当然还有得分手的配合,这也是最有可能制造队友飞扑动作的掷盘方式。

(2) 外旋正手(inside-out)。

外旋正手掷盘比较刁钻,对于破防守球员严密防守具有较大的杀伤性。正因为如此,这种掷盘方式在国外经常被冠以简称 IO。首先,要领是将手臂在身前由右到左划过去,同时飞行方向都是向左的。飞盘前侧是稍微抬起,外侧当然是略略放低。此时,身体重心是在左脚上,而右脚先是略微向后或者在左脚一侧。然后将右脚向前跨,摆臂的时候手臂要贴着身体前方,左肩向后转而右肩向前转,在胸口正对着目标位置时出手。同样的,快速甩手腕然后出手,出手后手指向接盘队员。因为外旋正手很容易破防,所以在比赛中利用好它具有很好的战术价值。比赛中,飞盘球员常常用这项技术传给往左边方向切入的球员,以达到突破对方防线的目的。

5. 双手接盘

(1) 双手接胸部高度飞盘(见图 6-3-7)。

在极限飞盘练习和比赛过程中,双手夹接飞盘是最基础也是最稳定的一种接盘方式。对于初学者来讲,双手夹接飞盘也是提高技术的最佳方式,这种接盘方式在比赛中也是最常用的。

动作要领:面对掷盘球员,双脚自然分开稍宽于肩,双腿微屈,身体略前倾,两臂自然伸出，肘关节微屈，双手五指分开，掌心相对置于胸前，右手在上，左手在下，当盘飞行至身体正前方约 1m 处时，双手迎接并合力夹住飞盘，两臂随盘后引，以减缓飞盘的速度和冲力，同时两手将盘握住置于胸前。

双手接胸部高度飞盘

图　6-3-7

（2）双手接头部高度飞盘（见图 6-3-8）。

在比赛过程中常常有些飞盘飞行比较高，有时会超过肩部甚至头部，对于这样的飞盘，为了尽早控制，常常采用双手肩上接盘。

动作要领：面对掷盘球员，双脚自然分开稍宽于肩，双腿微屈，身体略前倾，手臂上举，双手五指分开，掌心向前，大拇指朝下，其余四指朝上，双手间隔约一盘距离。当飞盘飞行至身体正前方约 1m 处时，双手迎接并夹住飞盘，两臂随盘后引，以减缓飞盘的速度和冲力。

双手接头部高度飞盘

图　6-3-8

（3）双手接低于腰部飞盘（见图 6-3-9）。

动作要领：面对掷盘球员，双脚自然分开稍宽于肩，双腿深屈，上体弯曲前倾，手臂向下，双手五指分开，掌心向前，大拇指朝上，其余四指朝下，双手间隔约一盘距离。当盘飞行至身体正前方约 1m 处时，左脚蹬地发力，右脚前跨成弓步，身体重心落在右脚。双手迎接并夹住飞盘，两臂随盘后引，置盘于胸腹之间，同时右脚蹬地后撤步，身体重心置于两腿之间，成基本站立姿势。

双手接低于腰部飞盘

图　6-3-9

6. 单手接盘

（1）单手原地接头上高度飞盘（见图 6-3-10）。

动作要领：接盘时右手手臂上伸，五指分开，大拇指朝下，其余四指朝上，正对飞盘运行方向，左脚蹬地发力，右脚前跨半步，两腿伸直，当手触及飞盘时迅速夹住飞盘，同时手臂迅速下引缓冲飞盘的速度和冲力，置盘于胸腹之间，右脚撤半步成基本站立姿势。

单手原地接头上高度飞盘

图　6-3-10

（2）单手接膝下高度飞盘（见图 6-3-11）。

单手接膝下高度飞盘

图　6-3-11

动作要领：接盘时右手手臂下伸，五指分开，大拇指朝上，其余四指朝下，正对飞盘运行方向，左脚蹬地发力，右脚前跨成弓步，双腿深屈，上体前倾，当手触及飞盘时迅速夹住飞盘，同时手臂随盘后引，置盘于胸腹之间，同时右脚蹬地后撤步，身体重心置于两腿之间，成基本站立姿势。注意在接盘时防止飞盘先接触地面。

在比赛期间也经常会出现一些特殊的传盘，如超过身体高度、宽度或者更低的飞盘，不能采用上述接盘方法进行接盘，此时，需要更多地利用身体做出扑救、起跳、倒地等动作去完成接盘。

7. 其他接盘技术

（1）扑救接盘。

这项接盘技术相对比较难，做得不好容易受伤。对于初学者来讲一般不要求掌握该技术；对于技术相对熟练的运动员来讲，在做这个技术动作时，首先要确保身体已经有了足够的准备，或者可以针对这个动作做一些辅助性的保护动作练习，以防止在做动作期间受伤。

（2）起跳接盘。

针对飞盘超过了手臂向上伸出的高度，同时为了防止他人接盘，应及时果断地采用此种方法接盘，这种接盘方法对运动员的个人技术要求比较高，手对盘的感觉要好，否则很难抓住飞盘，同时身体在腾空过程中要有自我保护和控制平衡的能力，否则落地也比较容易受伤。

（3）倒地接盘。

针对飞盘偏离身体向一侧快速下旋运行，而且脚步移动又不能触及飞盘时，可以采用倒地的方式去接盘。同样，此种接盘方法也比较有难度，容易导致受伤。因此做这种接盘方法时，必须要做好充分的准备工作。

掷盘和接盘是相互依存的关系，在比赛和练习中不断加强掷盘和接盘的技术熟练性和稳定性练习对于传接盘的队员来讲都是有很大益处的，一次进攻能否顺利完成取决于传接队员是否配合默契。传盘队员不仅是将盘在规定的时间内迅速传出，而且也要在不被防守队员或外界干扰的情况下准确平稳地传出飞盘；同样，接盘队员也要给传盘创造有利的传盘位置，摆脱防守，寻找空当尤为重要，同时也要对传出的飞盘有一定的预判，以便及时准确地做出接盘的动作，保障传接过程能够顺利进行。

6.3.3 极限飞盘选项课考核评价标准

1. 第一学期极限飞盘成绩计算

课程成绩（100 分）＝体育专项考试成绩（20 分）＋四项体能测试成绩（40 分）＋学生平时成绩（40 分＝上课出勤率、学习态度等 10 分＋线上课程学习 10 分＋课外体育锻炼 20 分）

2. 第二学期、第三学期、第四学期极限飞盘课程成绩计算

课程成绩（100 分）＝体育专项考试成绩（40 分）＋四项体能测试成绩（20 分）＋学生平时成绩（40 分＝上课出勤率、学习态度等 10 分＋线上课程学习 10 分＋课外体育锻炼 20 分）

3. 极限飞盘测试项目及评分标准

（1）传接盘评分标准（动作自选），如表 6-3-1 所示。

表 6-3-1　传接盘评分标准表

项目/得分		100	95	90	85	80	75	70	65	60	50	40	30
1min 双人正反手接盘	男	33	32	31	30	29	28	27	26	25	20	18	16
	女	31	26	21	16	11	10	9	8	6	5	4	3

（2）飞盘射门评分标准，如表 6-3-2 所示。

表 6-3-2　飞盘射门评分标准表

项目/得分		100	95	90	85	80	75	70	65	60	50	40	30
正、反手飞盘射门（正、反手各掷盘10次）	男	20	19	18	17	16	15	14	12	11	10	9	8
	女	20	19	18	17	16	15	14	12	11	10	9	8

（3）学生平时成绩和标准。

上课出勤率：请假、迟到、早退一次扣 1 分，旷课一次扣 2 分。

学习态度、课后作业等：教师根据学生平时上课的表现和作业完成情况来进行评定。

线上课程学习：由学校公体部制定统一的评价标准。

课外体育锻炼：由学校公体部制定统一的评价标准。具体评价按照当年学校文件来执行。

6.4　定 向 运 动

6.4.1　定向运动概述

定向运动就是在一张详细精确的地图和指北针的帮助下，以最短的时间，按顺序到访地图上所标示路线的各个点标，在每两个点标之间选择自己认为的最佳路线直到终点。它是一项结合棋手技能的极富冒险性的运动。

定向运动简介

1. 定向运动起源

定向运动（orienteering）产生于 19 世纪末、20 世纪初欧洲北部的斯堪的纳维亚半岛，斯堪的纳维亚半岛覆盖着一望无际的森林，当地军人最经常在一望无际的森林中行走，利用森林条件开展穿越哨所、"穿越未知地带"的游戏，由于这一游戏能锻炼士兵穿越森林、识别地形地图方位等多重锻炼价值，最终这一游戏活动形式在军队中得到推广，也正是由于它的这些价值功能，使得这种活动形式在社会得到广泛发展。

2. 定向运动分类

常见的定向运动类型按运动形式分为徒步定向（也称为定向越野，cross-country orienteering）、滑雪定向（ski-orienteering）、山地车定向（mountain-bike orienteering）、轮椅定向（wheels-orienteering）、夜间定向（night-orienteering）、公园定向（park-orienteering）、校园定向（school-orienteering）等；按距离（完成时间）分类有公园定向

(15min)、短距离(25min)、标准距离(70～90min)、接力赛(4×45min)、长距离(2h 以上)、夜间定向(1～1/2h)等。

3. 定向运动的精髓

(1) 必须识图,明辨方向。

(2) 在点与点之间做出最聪明的选择。

(3) 必须独立寻找所有点标。

(4) 必须按正确顺序打卡。

(5) 以最快速度完成。

4. 定向运动的重大国际赛事介绍

(1) 瑞典五日赛(O-Ringen 5—Days)。

(2) 芬兰 24h 白昼接力赛(Jukola)。

(3) 瑞典十公里夜间定向接力(Tio-Mila)。

(4) 苏格兰六日赛。

(5) 瑞士六日赛。

(6) 世界青年锦标赛(WJOC)。

(7) 世界定向锦标赛(WOC)。

(8) 世界大师定向锦标赛(WMOC)。

(9) 世界公园定向精英锦标赛联赛(PWT)。

5. 定向运动具有的特点及价值

定向运动(定向越野)是一项体能与智能相结合的运动,就智能而言,首先要有地理学、测绘学、军事地形学等相关知识以及运用这些知识的能力,再次要有融入自然积极参与户外锻炼的健康状态,从而实现参与者体力与智力的共同发展。定向越野是在野外环境下进行的,清新的空气、优美的环境、茂盛的森林、崎岖的道路、复杂的地形,给人带来新鲜感和神秘感,对参与者也是一种挑战。定向越野的竞赛性、游戏性、情趣性和神秘性,能给人带来愉悦身心的良好效果。

6.4.2 定向运动技术及规则

定向运动根据开展的项目不同,所需场地、器材及装备也不相同。由于徒步定向(定向越野)属于定向运动中最普及的一种形式,所以本书介绍的项目即以徒步定向(定向越野)为主,定向越野的开展可以在野外、公园、校园等场地进行,而活动场地的环境对参与者的个人装备(鞋子、服装)要求不同。

1. 定向越野的场地

(1) 场地要求:地形对定向越野比赛的难易程度和用时长短有较大影响,因此要根据教学活动或比赛的需要选择地形。我国及国际定联对比赛区域的地形要求如下。

要选择地形比较复杂、植被较多的地区,为设计"难度高的竞赛路线提供可能性,同时它能使运动员充分发挥自己的定向技能";竞赛区域不应具有使本地运动员获利的自然特点,也就是说比赛区域必须是所有选手都不熟悉的。鉴于此,我国规定举办过定向越野的竞赛场地,在三年内不得再用于全国性竞赛;竞赛区域应保密,并应在比赛前尽可能长的时间内没有用于定向越野，以免有人因熟悉地形而获益。通常情况下应保证达到上述要求，在组织一般的定向越野比赛时，城市街区、公园、校园、近郊区也是可供选择的地点。

（2）起点和终点：定向越野的起点和终点最好设在同一个地方，这样能方便比赛的组织工作。根据地形的特点和组织工作的需要，也可以将起点和终点分开设置。

起点的设置：起点应为较宽阔的地域。进行组织比赛时通常起点分为预备区、参观区、工作区（出发区）、报到区等。

终点的设置：终点通道的地段要平坦和有足够长度，便于运动员冲刺，并能让裁判人员与观众看清参赛的运动员。终点可以分为工作区（终点区）、休息区和参观区。

（3）比赛路线：定向越野比赛路线设计通常为环形，图 6-4-1 中的虚线是必经路线的标志线，实线是自由选择路线标志线。

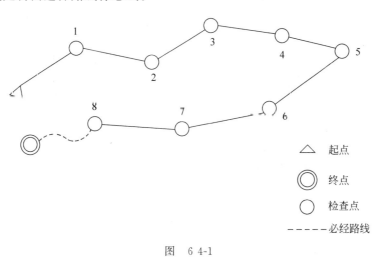

图　6 4-1

（4）各点的设计要求：起点及终点如前所述。

设置检查点位置的依据：一是在图上有相应地图符号的地形位置；二是检查点的附近有可以成为辅助捕捉目标的地形；三是前一名运动员在打卡作业时不能被后续运动员发现，客观上造成给后续运动员提供帮助的情形发生；四是全赛区内相邻两检查点除非地形细节部分有明显区别，否则两个检查点间的距离不能小于 30m。两个位于相似或看起来相似特征上的检查点间的距离不能小于 60m。路段设计要具有选择性。这样可迫使运动员独立思考，认真判断地形，分析利弊，根据体能、技能状况做出选择。同时路段设计应能迅速散开，便于运动员超越和加速。一般路线段长度为 500～1000m。全路线的设计长度要根据比赛级别、运动员水平、组别及比赛时间而定。路线的爬高量应按国际定联的规定不超过总长度的 4%。路线的走向尽量保证运动员按顺序前进。另外，全路线中应设置适当的饮水站、救护站及裁判点，确保比赛安全进行。

2. 定向越野物质条件

（1）个人装备：定向越野对个人装备没有特殊要求，有指北针、定向鞋、定向服、头巾、护腿等适合野外活动的装备均可。

（2）赛会提供器材。

地图是地球表面的平面缩写。定向运动地图与其他地图相比更清晰，它是按照一定的比例尺（根据比赛场地的地貌），将地貌、地物按地形实际比例，经过综合取舍后用特定的图式符号和数字绘制在图纸上形成的。定向地图是根据国际定向联合会制定的《国际定向越野地图制图规范》而绘制的一种地形图。定向越野地图与其他地图相比，更为清晰、易读、更适合在野外使用。

定向地图的比例尺是绘制地图的基本要素之一，是把地貌、地物按一定比例绘制在图纸上的基本元素，这种比例关系是图纸与实地的一种对应关系。要想学会识图，使用定向越野地图，就应该掌握地图比例尺和等高线。

定向运动地图的符号根据符号和注记，可以识别地物的分布、形状和大小，了解江河的河宽、水深和流速，桥梁的长、宽、载重量和性质，森林的覆盖程度、通行难度、森林区域的海拔高度、区域广度等。地面上的各种地物在地图符号是按照《地形图图式》规定的符号和注记表示的，这些规定的图形符号称作地物符号。

地形符号包括地物符号与地貌符号，种类多、数量大，但只要了解其设计规律并掌握一定的要领，就能便于识别，增强记忆。如按象形识别，设计地形符号遵从象形的原则，定向地图中的庙、亭、钟楼按它们的大屋顶形状构图，气象站取风向标图形，水（风）车按水轮（或风叶）的形状绘制。所以识别、记忆符号，要从符号构图的象形角度去联想所代表的物体。此外，还可以从含义分析、逻辑角度判断上对地物、地貌的符号进行联系记忆。

定向运动地图的地貌判定：地貌即地球表面各种形态的总称，也叫地形。较大的地貌有山地、平地、凹地、谷地。小的地貌有丘陵、土崖、冲沟等。

定向越野地图采用等高线法表示地貌。等高线表示地貌的原理是假想把一座山从底到顶按相等的高度一层一层水平切开，山的表面就出现许多大小不同的截口线，然后把这些截口线垂线投影到同一平面上，便形成一圈套一圈的曲线图形。由于同一条曲线上的各点的高度都相等，所以把它叫作等高线。

等高线与地形的关系：等高线把同一高度的地方连串起来，从等高线的形态和密度可以反映山的形状、高度和斜度。

等高距的作用：等高距是相邻两个水平截面之间的垂直距离，等高距的大小，在很大程度上决定着地貌表示，等高距越小，等高线越多，地面表示就越详细；等高距越大，等高线越少，地貌表示得就越概略。定向越野地图的标准比例尺等高距 5m；在大面积的平缓地形上，其他地物又不多的情况下，也可以采用 2.5m 的等高距。地图上的等高距指等高线之间的距离，通常为 2.5m。

路线设计：由活动组织人印刷或手绘在地图上。在一条典型的定向越野比赛路线中，三角符号表示起点；单圆圈表示检查点（参赛者要寻找的目标），它在现在所在地（以下简称"现地"）的精确位置是在圆圈的中心；双圆圈表示终点。

检查卡：传统的成绩验证装置，用厚纸片。检查卡也可能会直接印在地图的空白处。

电子指卡(SI卡)是近几年兴起使用的一种电子点签设备。

检查点：检查点是由 3 个部分构成的,即点标、点签、地物及其特征。注：通常点标上编有代号(代号通常贴在点标的附近,需走近才能看清),以便在比赛时根据此代号来判断是否找到了正确的检查点。完整的检查点由其周边环境共同组成。

定向运动开展所需的电子装备：目前的定向运动已经基本实现全电子化,整个竞赛过程实现电子设备的全介入,对赛事的成功提供了重要保障。图 6-4-2 为现代电子打卡计时系统的指卡、控制站、检查站。

图　6-4-2

参赛者使用电子打卡设备参赛的一般流程：获取指卡——清除指卡(清除站)——出发(起点站)——检查点(路线顺序上所标注的各检查点)——完成路线(终点)——主站(获取成绩/成绩条)。

3. 定向运动的基本技术

定向运动的基本技术主要分为奔跑技能和定向技能。奔跑技能是指参加者根据比赛场地的不同情况,所选择的走、跑或攀爬等行进方式,属于定向运动的"体力"部分内容;定向运动的"定向"技能,是指在场地(野外、公园、校园等环境)上进行的方向判定、地图标定、站立点位置确定、目标方向确定、行进路线选择等技术,这部分属于定向运动的"智力"部分内容,也是定向运动的精髓所在。由此可见,定向运动是体力和智力并重的一种体育运动项目,奔跑靠速度,方位判断、路线选择靠智力。

(1) 读图的一般规则。

① 要完整、正确地理解定向图。定向图不是地面客观存在的机械反映,它是通过制图人采用综合、概括、夸大、取舍、移位等制图综合方法完成的。因此,图上物体的数量、形状、大小、精确位置等与实地并非总是完全一致的。

② 要有选择地了解地图的内容。读图时不能漫无边际什么都看,而应有选择地把注意力集中在与解决如何定向和越野跑问题有关的地域和内容上。可以先综合扫视一下图上的比赛地域,而后确定需要重点考察的内容,进而获取需要的信息。

③ 要对各类符号进行综合阅读。不能孤立地看待地物或地貌的单个符号,而应将它们与地貌和其他地形要素联系起来阅读。即不仅要了解它们的性质,还要了解它们之间的方向、距离、高差等空间位置关系,从而明确这些要素对竞赛的综合影响。

④ 要注意读图与记图的关系。读图时,要边理解边记忆,对在比赛中可能有助于判明方向与确定站立点的各种要素更应如此;有效地读图应转变为这样一种能力:比赛中不必过多而频繁地查看地图就能在自己的意识中清楚地再现从图上得到的信息,并根据自己的记忆快速而准确地确定自己在图上的位置、下一步的运动路线和方向。

⑤ 要考虑现地的可能变化。人工或自然的原因造成地形变化是不可避免的,有时甚至是十分迅速的,因此,读图时必须根据图廓外说明注记中注明的测图时间,考虑图上表现内容落后于现地变化的可能性。一般来说,测图时间距离使用时间越久,图上与现地之间的差异就会越大。

⑥ 读图要点:按照由大到小、由重要到一般的顺序,逐一解读图内的各种地物、地貌及各种特征。

(2)读图技术训练方法。

读图技术是快速确定方位、确定站立点的一项基本技术,读图技术的训练目的也就是通过多种手段使参加者能较快了解地图和现地的实际地物、地貌的对应情况,并尽快确定站立点,这一过程也叫标定地图。

① 利用指北针标定地图(定位)的训练法。定向运动中指北针的作用有两个:一个是标定/正置地图,另一个是确定或校正前进的方向。标定地图的方法也有两个:一个是利用现地进行标定,另一个是利用指北针标定。

在站立点上使用指北针,将指北针水平放置于定向地图上,使其蓝色指针指向地图上要去的方向,转动身体,使红色指针指向磁北线方向并与磁北线平行。用指北针标定地图时,当绕过障碍物,如灌木丛、浓密的植被、沼泽、小山等后,必须重新标定地图。在练习中目标应该明显不易错过,完成一个回到起点再找下一个。利用指北针标定地图属于精确标定,故在实际操作时应该依托在一个平稳的基础(如地图图板)上进行。标定完毕还必须保证地图不被触动,才可以进行之后的操作和使用。

② 利用明显地形点标定地图训练法。当位于明显地形点上,并已从图上找到该地形点的位置(即自己所在的站立点)时,可以利用明显地形点标定地图。方法是:先选择一个图上与现地都有的远方明显地形点(目标),然后转动地图,使图上的站立点至目标的连线与现地的站立点至目标的连线重合,此时地图即已标定。

③ 利用直长地物标定地图训练法。利用直长地物(如道路、土垠、沟渠、高压线等)标定地图,首先应在图上找到这段直长地物,然后转动地图,使图上的直长地物与现地的直长地物方向一致,检查对照两侧地形,如果现地各地形点的关系位置与图上相符,则地图即已标定。运动员是在道路上运动,需要标定地图时,平持且转动地图,使图上道路符号与实地道路概略重合,地图即已标定。但要注意的是,实地树位于运动员的右侧,标定地图时,图上树也应位于图上运动员站立点的右侧,否则,标定后的地图方位和实地方位就会相反。

④ 概略标定地图训练法。定向图上的方位是:上北、下南、左西、右东。在现地正确地辨别方向之后,只要将定向图的上方对向现地的北方,地图即已标定。这种方法简便迅速,是定向越野比赛中最常用的方法。

标定地图就是为了使定向图的方位与现地的方向一致,这是在野外使用定向图的最重要的前提;标定地图又是个持续不断的、贯穿用图始终的基本要求,如果不遵守,就很容易犯"南辕北辙"的严重错误。

（3）利用地图行进的能力训练方法。

利用地图行进是定向越野的基本运动方式,它有赖于参加人对前面所述各种方法的综合运用。根据地形情况和个人特点,选择下述对自己最适合的各种方法,反复练习,融会贯通,以便在比赛时不降低或少降低运动速度的情况下,始终正确地行进在自己选定的路线上,顺利到达目的地。

① 拇指辅行法:首先明确自己的站立点、比赛路线、到达的目标;转动地图,使地图与现地的方向一致;以左手拇指压于站立点上(把左手拇指想象为缩小到图中的自己)。行进中要根据自己所到达的位置,不断移动拇指,转动(标定)地图,保持位置、方向的连贯性与正确性,即"人在地上走,指在图上移"。

② 记忆法(超前记图):按运动的顺序,分段地记住前进路线的方向、距离,经过的地形点,两侧的特征物等内容。通过记忆,应该使自己具备这样一种能力:现地的情景能够不断地与记忆的内容"叠影"、印证"人在地上跑,心在图上移"。在短短的几秒钟看图时间内,借此方法理解、记忆前方相当长一段距离的比赛路线,以便能在行进中保持较高的奔跑速度。这一方法是定向比赛中高级选手经常使用的方法。

③ 借线法(扶手法):当检查点位于线状地形或其附近时,可以采用此法。行进时,要先明确站立点,尔后利用易于辨认的线状地形,如道路、围栏、高压线、山背线、坡度变换线等,作为行进的"引导",使自己运动时更具信心。由于沿着线状地形前进犹如扶着楼梯的栏杆行走,因此又称这种方法为"扶手法"。

④ 偏向瞄准法:运用此法时需借助指北针精确定向,当检查点位于线状地形上或其附近时,我们所处的位置因与其遥遥相对而不是顺延,如果直接瞄准它前往,途中由多种因素造成的偏移会导致到达该线状地形后不知检查点在何方(应该向左还是向右寻找)。若有意识地将目标方向往左或往右偏移一定的角度(需注意偏移的幅度要适当),则在到达线状地形后就非常明确检查点所在的位置了。

⑤ 借点法:当检查点近旁有高大或明显的地形点时,可用此法。行进前,要先将该地形点辨认清楚(亦可用其他物体辅助、佐证),然后用最快的速度前往检查点。

⑥ 水平位移法:运用此方法的时机是站立点(或辅助点)与检查点在同一高度上;站立点(或辅助点)与检查点之间的植物可通行且无其他不利奔跑的障碍物。

⑦ 导线法:当站立点距离检查点较远,途中地形又很复杂时,可以采用此法。需注意:切勿将相似的地形点用错。行进过程中,要多次利用各个明显地形点,确保前进方向与路线的正确性。

（4）定向越野"跑"的技术训练。

定向越野跑的特点:是一种长距离的间歇式赛跑(在途中常需要停下来看图或定向);在野外清新环境中的奔跑可以使肌肉的紧张与放松,身体的负荷与精神的专注不断地交替进行;所有参加者的全身,特别是呼吸与心血管系统能得到较大的锻炼。

基本要求:一方面能够尽可减少人体能量的消耗,维持一定的跑速,另一方面又能根据比赛的情况,具有加速度的能力。

在奔跑过程中始终注意：①呼吸，最好利用鼻子与半张开的嘴（用舌尖轻舔上颚）共同呼吸。一般情况下应自然、有适当的深度并有节奏地呼吸。②姿势，主要采用身体微向前倾或正直的姿势，要尽量使身体保持平稳。③速度，一般来讲不宜过快。过快会影响体力的正常发挥和判断力。但对于一名有经验的参赛者来说，当地形有利（如参照物多、道路平坦等）时，则应尽可能地快跑。④体力分配，通过工作阶段（肌肉的紧张）和休息阶段（肌肉的放松）适时交替的方法，达到既跑得快，又跑得省力的目的。⑤距离感，在越野跑中保持一定的距离感是必要的，它不仅可以帮助提高找点的速度，也有利于体力的计划与分配。⑥节奏，人感受的最适宜的节奏是每分钟 70～90 步（即每步时值为 0.85～0.67s）。有节奏的动作不仅能节省身体能量的消耗，而且能达到最适宜的动作协调。协调而富有节奏的动作，能给人以轻松自如的感觉和美的享受。

越野跑技术：越野跑时，由于跑的地点和环境在变化，所以跑的技术也要因条件的改变而随之变化，以下针对越野过程可能涉及的路况进行不同路况的技术分析。

沿道路跑技术：采用基本上与中、长距离跑相同的技术，并尽量注意在路面平坦的地方奔跑。

过草地跑技术：用全脚掌着地，同时留心向前下方看，以免陷入坑洼或碰在石头上。

上坡跑技术：上体应前倾，大腿高抬一些，并用前脚掌着地，小步跑上去。遇到较陡的斜坡，可改用走步的方法或用之字形跑（走）法。必要时可用单手或双手辅助攀登。

下坡跑技术：上体应稍后倾，并以全脚掌或脚跟着地的方法进行，遇到较陡的下坡或地面很滑的斜坡，可用侧脚掌着地，甚至采用蹲状，并用手在体后牵拉（草、树）、撑（地）方式行进。到达下坡的末端（一般 8～10m），可顺坡势疾跑至平地。

穿树林奔跑技术：注意不要被树枝、树叶、藤蔓等剐伤，特别要防止被树枝戳伤眼睛。此时一般都用一手或两手随时护住脸部。

下跳技术：从稍高的地方（1.50m 以下）往下跳时，可用跨步跳的动作。踏在高处的腿（支撑腿）必须弯曲，另一腿则向前下方伸出，跳下，两脚着地并以深屈膝来缓和冲击的力量。同时，在落地时，两脚应稍微前后分开，以便继续前跑。从很高的地方往下跳时，应设法降低下跳的高差，根据情况采用坐地双手撑跳下或侧身单手撑跳下的方法。注意：落地时要两腿深屈。

过障碍跑技术：遇到小的沟渠、土坑、矮的灌木丛或倒伏树木时，要增加跑速，大步跨跳而过；在落地的同时，上体稍向前倾，以便保护腰部，便于继续前跑；在通过较宽的（2.5～4m）的沟渠时，需用 15～25m 的加速跑，采用大跨步跳和跳远的方法越过。应注意做好落地动作，防止后倒；遇到大的倒伏树木、其他矮障碍物，可以用踏过它们的方法越过；遇到较高的障碍物（不超过 2m），如矮围栏、土墙等，可用正面助跑蹲跳和一手或双手支撑的方法翻越；通过独木桥等狭窄悬空的障碍物时，应采取使脚面外转成八字的跑法。如果这类障碍物很长，就不应跑，而应平稳地走过。

4. 定向运动基本规则

从定向运动的定义概述中可以知道，定向运动的徒步定向（定向越野）要求"以最短的时间"及"按顺序到访"(非积分赛或团队赛),因此,参与者只能在定向运动地图、指北针的帮助下徒步完成比赛,最终按全部顺序到访的检查点所用时间最少为优胜。

实践(比赛过程)中犯规与处罚分类如下。

(1) 定向运动中下列情况给予警告。

代表队成员擅自出入预备区,但未造成后果的;在出发区提前取图和抢先出发者;接受别人帮助,如指路、寻找检查点等;为别人提供帮助,如指路、寻找检查点等;为从对手的技术获利,故意在竞赛中与对手同跑或跟进者。

(2) 下列情况,判运动员成绩无效。

冒名顶替参加竞赛者;定向越野竞赛中使用交通工具者;有证据表明在竞赛前勘察过路线者;超过规定的完成竞赛时间者;竞赛未结束,运动员到达终点后,再进入赛区;未通过全部检查点,即检查卡片上打印器图案不全者(基层竞赛执行);打印器图案模糊不清,确实无法辨认者(基层竞赛执行);竞赛结束前(指终点关闭)不交回检查卡片者(基层竞赛执行)。

(3) 下列情况,取消竞赛资格。

竞赛前擅自进入竞赛场地者;不符合分组年龄标准或谎报年龄,弄虚作假者;蓄意破坏点标、打卡器或其他竞赛设备者;有意妨碍他人竞赛的竞赛者;丢失竞赛检查卡片者;没有佩戴大会颁发的号码布的竞赛者。

(4) 其他情况处理。

运动员途中因伤病不能继续完成竞赛时,以弃权处理,退赛后应尽快向就近裁判员报告;出发前运动员因故退赛,领队或教练员应向起点裁判长递交书面报告;运动员迟到,且按竞赛顺序下批运动员已进入出发线时,该运动员按弃权处理;运动员在竞赛中损害群众利益,视情节给予处罚,影响竞赛由本人负责,造成的后果及经济损失由本队负责。

6.4.3　定向运动选项课考核评价标准

1. 第一学期定向运动课程成绩计算

课程成绩(100 分)＝体育专项考试成绩(20 分)＋四项体能测试成绩(40 分)＋学生平时成绩(40 分＝上课出勤率、学习态度等 10 分＋线上课程学习 10 分＋课外体育锻炼 20 分)

2. 第二学期、第三学期、第四学期定向运动课程成绩计算

课程成绩(100 分)＝体育专项考试成绩(40 分)＋四项体能测试成绩(20 分)＋学生平时成绩(40 分＝上课出勤率、学习态度等 10 分＋线上课程学习 10 分＋课外体育锻炼 20 分)

3. 定向运动课程各测试项目及评分标准

(1) 体育专项考试项目和标准。

定向运动专项考试成绩评定方法:定向运动期末考试成绩按照个人完成路线所用时间(秒表/电子计时)在班级中的排名给分(女生可提高 10 个名次),第一名 100 分、第二名 99 分,第三名 98 分,第四名 97 分,以此类推;成绩时间无效按照最低分 60 分处理。

(2) 四项体能测试项目和标准。

男生:50m 跑、1000m 跑、立定跳远、引体向上。

女生：50m 跑、800m 跑、立定跳远、1min 仰卧起坐。

评分标准：严格执行教育部印发的《国家学生体质健康标准（2014 年修订）》。

体能测试项目成绩：四单项平均得分。第一学期，每项 10 分；第二学期、第三学期和第四学期，每项 5 分。

（3）学生平时成绩和标准。

上课出勤率：请假、迟到、早退一次扣 1 分，旷课一次扣 2 分。

学习态度、课后作业等：教师根据学生平时上课的表现和作业完成情况来进行评定。

线上课程学习：由学校公体部制定统一的评价标准。

课外体育锻炼：由学校公体部制定统一的评价标准。具体评价按照当年学校文件来执行。

第三篇　学习评价篇

第7章　"体育与健康"课程学习评价

《全国普通高等学校体育课程教学指导纲要》(以下简称《纲要》)指出："体育课程评价包括对学生的学习、教师的教学和课程建设等三个方面。"体育学习评价是教育教学中的重要环节。评什么、怎样评,事关学生的进步与发展。虽然近些年体育与健康评价改革取得了一些进展,但改革者对评价改革理念的理解仍较为模糊,尚存在认识上的偏差,且评价的实施缺乏可操作性,为评价而评价的情况依然很普遍。因此,需要建立一个符合时代要求的、真正促进学生身心发展的体育与健康课程学习评价体系。

7.1　体育学习评价概述

当前的体育教育实践要求学生各方面素质得到全面和谐的发展。而传统的体育学习评价只注重学生的体能和运动技能,忽视学生其他方面的发展;坚持用统一的标准(如《国家体育锻炼标准》)来评价所有的学生,忽视了学生的个体差异。当代建构主义理论认为,认知个体是主动解释客观世界的,并处在不断发展和改变的过程中,如果用一成不变的评价标准来评价不同时代的学生显然具有较大的局限性,而且传统、单一的评价方式也不适应当代心理学理论中的多元智力理论。由此可见,学生体育学习评价的改革势在必行。而在体育与健康课程的教学实施过程中,如何确定评价标准,如何科学合理地评价学生的体育与健康课程学习成绩,使评价成为促进学生更好地进行学习和积极参与体育活动的有效手段,是我国体育与健康课程改革亟待解决的问题。

7.1.1　"体育与健康"课程学习评价的目的

传统教育是一种精英教育,学生的学习评价主要以选拔和升学为目的,是甄别学生的过程。在这一过程中,只有少数人获得鼓励,体验到成功,大多数学生都成了体育学习的失败者。然而,素质教育是以面向全体学生、全面提高教学质量、充分发展学生个性为特征的教育。《基础教育课程改革纲要(试行)》指出:"评价不仅要关心学生的学业成绩,而且要发现和发展学生各方面的潜能,了解学生发展中的需求,帮助学生认识自我,建立自信"。体育与健康课程也应该要时刻关注学生的发展,培养学生的自尊和自信,淡化学生之间的评比,为每一位学生的自主体育学习创造机会和条件。因此"体育与健康"课程学习评价的目的主要体现在如下几点。

1. 了解学生的学习情况与表现,以及达到学习目标的程度

由于学习目标不仅是一个要求所有学生达到的统一标准,还应包括个人的努力程度。

因此,体育与健康课程学习评价不仅要了解学生的体能与运动技能的情况,更要了解学生在学习活动中的行为表现。

2. 判断学生学习中存在的不足,分析其原因,并改进教学

评价最重要的目的不是为了证明,而是为了改进。体育与健康课程学习评价则主要是为了对学生在体能、运动技能、行为、态度、人际交往等方面表现出来的不足进行认真分析,找到原因,以努力改进教师的"教"和学生的"学",使体育与健康课程学习评价真正成为实现体育与健康课程教学目标的"催化剂"。

3. 为学生提供展示自己能力、水平、个性的机会,并鼓励和促进学生的进步与发展

体育与健康课程学习评价不仅让学生在充分展示自己在体育与健康课程学习方面的长处的同时,体验体育活动中成功的乐趣与喜悦,增强学习的自信心,而且还让学生在发现不足、体验失败的过程中,激发学生的学习潜力,有助于学生进一步的学习和发展。

4. 培养学生正确认识和评价自己与他人的能力,达到自我教育和互相教育的效果

在体育与健康课程学习评价过程中,通过学生的自评和互评,可以使学生对自己与同伴的体能、运动技能、态度、行为、人际交往等方面的情况有正确的认识,在此基础上看到自己和他人的长处与不足,以便扬长补短。

7.1.2 "体育与健康"课程学习评价的观点

我国传统的体育学习评价过分强调学生的体育锻炼达标成绩在评价中的作用,把学生的达标率作为评价学校体育教学质量优劣的唯一指标,把达标与评价等同起来。后来大部分高校采用了体育与健康选项课的形式,个别学校施行体育俱乐部的教学组织形式。体育与健康课程学习评价则是以人为本,以尊重学生的人格为前提的评价,注重学生的全面发展。与传统的体育学习评价相比,体育与健康课程学习评价的主要观点表现在以下3方面。

1. 用全面的、辩证的评价代替片面的、不公平的评价

唯物主义辩证法认为:任何事物都有其正面与反面,并且它们在一定条件下可相互转化。在体育教学过程中,有的学生可能因家庭条件好或有运动天赋等因素而有良好的体育学习成绩,在体育学习中的优点和长处明显一些,有的学生则恰恰相反。这是个体差异的反映,是必然的。但在体育教学实践中,我们常常发现有的体育教师认为某位学生的体育成绩好,就"一俊遮百丑",产生"爱屋及乌"的情感和不切实际的评价,反之亦然。其结果导致体育学习成绩优秀的学生自命不凡、骄傲自满;而体育学习有困难的学生则自感卑贱、悲观丧志。这种评价上的"晕轮效应"不仅有失偏颇,而且有碍学生的健康成长。因此,在体育与健康课程学习评价中,应注重用全面辩证的观点来评价学生,做到"长其善而救其失"。

(1)全面地评价学生的体育与健康课程学习成绩。

全面评价主要表现在既评价学生在体育与健康课程中学习运动知识和技能的情况,又评价他们在体育活动中的具体表现;既评价学习的结果,又评价学习的行为;既评价学生在体育与健康课程学习中的能力因素,又评价其情感因素等。这样全面地评价学生,不仅能促进学生心理素质的全面发展,提高学生的运动技能水平,而且还能完善和健全学生的人格品质。

(2)辩证地评价学生的体育与健康课程学习成绩。

辩证评价则主要表现为让不同水平、不同天赋和条件的学生都能看到自身发展的起点与潜力,通过正确的评价手段来激励和促进学生的发展。在体育与健康课程学习评价过程中,应给学习成绩优秀的学生多提供否定的信息,激励他们百尺竿头,更进一步;给学习感到困难的学生常反馈肯定的信息,调动他们"我并不差,我能行"的内驱力。每一位学生只要在原有基础上有提高、有发展、有创新,都有机会得到肯定和赞赏。

2. 用普遍联系的评价代替孤立的评价

唯物主义辩证法认为:世界上的一切事物都是普遍联系的。学生在体育与健康课程学习过程中的表现和学习结果无不与其自身各种因素和所处的环境有联系,也就是说,先天与后天、生理与心理、智力与非智力,无不与班级、家庭及社会产生联系。过去在"达标"这根指挥棒的引导下,评价学生的体育学习成绩时,重运动技能而轻情感体验,重生理发展而轻心理健康,重学校的教育作用而轻家庭与社会的监督和配合作用。这是以偏概全的,其结果只能导致学生的体育学习两极分化,使得一些在学习态度、情意表现和合作精神等方面表现较好的学生,终因运动技能的学习感到困难而被淘汰。

体育与健康课程学习评价以面向全体学生,使所有的学生都能得到全面发展为主要宗旨,强调用普遍联系的观点来评价和激励学生,从而唤起学生在体育与健康课程学习中的活力。首先,在对学生进行体能和运动技能的评价时,应时刻注意关照其他方面,如学习态度、情意表现和合作精神等,以避免分数评价的孤立、片面、生硬、无情。其次,应把学生的体育与健康课程学习放在相关的环境中进行考察、评价,并注意其联系。例如,对学生进行体育与健康课程学习评价时不要孤立地看学生的体育与健康课程上单独进行学习的情况,还要考察其与同伴的合作学习表现,以及课外或校外进行体育活动的情况等,将学生的体育与健康课程学习表现和其所处的相关环境联系起来进行综合评价,从而促使他们健康成长。

3. 用发展变化的评价代替一成不变的评价

唯物主义辩证法认为:世界上任何事物都是不断运动、变化和发展的,一成不变的事物是没有的。教师不能以学生一时的学习表现来断定其终身的发展情况。我们都知道,即使是爱迪生、爱因斯坦这样的旷世奇才,在小学时期也曾多次因某些方面的不足或失败被教师判为"永远不会有什么前途"的学生,但事实并作如此。如果当时的爱迪生、爱因斯坦因教师的片面评价而一蹶不振的话,其对科学界甚至整个社会的发展所造成的损失是可想而知的。难怪我国著名的教育家陶行知先生要向教师们大声疾呼"你的教鞭下有瓦特,你的冷眼中有牛顿,你的讥笑中有爱迪生"。由此可见,那种用僵化的、静止的观点来评价学生的方式有可能会扼杀人才,阻碍学生的健康发展,这也绝不是我们教育的目的。因此,体育教师应从一切事物都是发展变化的观点出发,相信学生的发展潜能,并通过相应的评价,促使学生踏上不断发展的阶梯,跃入成功者的行列。基于这一点,在体育与健康课程学习评价过程中,体育教师绝不能以一次成败论英雄,而是要从优化学生的学习心理出发,采取激励的手段和方法,促进其主动全面地发展。

7.2 体育学习评价的内容与方法

7.2.1 "体育与健康"课程学习评价的内容

我国传统的对学生的体育学习评价内容呈现单一的现象,基本上局限于对体能和运动技能的评定,忽视了对学生的学习态度、锻炼习惯、情感、合作等方面的评定,这实际上对学生来说是很不公平的。学生无论在体能、技能、兴趣、个性等方面都存在着很大差异,有些学生不用怎么努力,体能和运动技能成绩也能达到优秀;有些学生的"天分"较差,无论怎么努力,成绩依然不能及格,因面严重伤害了这部分学生的自信心和自尊心,削弱了他们体育学习的积极性,甚至使他们远离体育活动。

1. 体育与健康课程学习评价由单一内容评价向多元内容评价转变

国外一些发达国家自 20 世纪 90 年代以来,就普遍重视综合性地评价学生的体育学习情况。日本对学生体育学习的评价内容包括关心、意欲和态度、思考和判断、技能和表现、知识和理解等,并将关心、意欲和态度放在评价内容的首要位置。加拿大安大略省健康与体育课程的学习评价内容包括:1~8 年级为概念理解、运动技能、积极参与、必备知识的交流;9~12 年级为知识和理解、思维和质询、交流、应用。美国最佳体适能教育计划的评价内容包括身体活动的态度、健康概念知识、健康测验、身体活动的努力水平、健康技能的应用,并给予态度部分最大的权重,达到 40%。

由上可见,国外一些发达国家的体育学习评价不仅局限于运动技能,更重视学生的学习态度和运动参与。对学生体育与健康课程的学习进行评价,除了需要对其学习的具体内容进行直接评价以外,还要重视其他潜能与特质的发展,尤其要重视学生的探究与创新能力、合作能力、实践能力等方面的发展。传统的体育学习评价由于过分追求量化,抛弃了许多暂时无法定量而又极为重要的评价信息,如学生的学习态度、情意表现和合作精神等。这种评价带来的后果就是使体育教师只重视学生体能和运动技能的发展,而忽视学生情感、心理、能力等方面的发展。因此,为了保证体育与健康课程学习评价结果的信度和效度,更为了降低评价的消极影响,尽可能发挥其积极作用,评价内容必须多元化。体育与健康课程学习评价理念走出了只重视评价的甄别功能的误区,更关注学生的实际发展,强调学生的个别差异和个性特点,在一定范围内允许学生依照自己的兴趣和特长选择所擅长的项目作为评价内容,以尊重学生在体育与健康课程学习评价中的个性化反应。与此同时,体育与健康课程学习评价还比较注重评价学生合作学习的情况。传统的体育学习评价为了达到甄别的目的,往往把学生置于个人环境中,忽视学生之间的交流与合作,让学生面对困难孤军奋战。这不利于学生养成相互合作的技巧和精神,不符合当代社会生活对人的要求。因此,体育与健康课程学习评价鼓励学生之间的合作,关注学生在小组合作中的行为表现。

2. 体育与健康课程学习评价的具体内容

《体育与健康课程标准》(以下简称《课程标准》)十分重视对学生体育学习的综合评价,强调在评价学生的体能和运动技能的同时,更重视评价学生的学习态度、情意和能力等方面的发展,以真正体现"面向全体学生"的教育理念,真正体现评价的公平性和教育功能。

(1)体能的评定。

发展体能既是体育与健康课程重要的学习内容,也是体育与健康课程的重要目标。依据我国学校体育要贯彻"健康第一"的指导思想,并考虑到目前我国学生的健康现状,《课程标准》将体能作为学生学习成绩的评定内容之一,其中所指的体能的评定与以往体育课中的身体素质与运动能力的考核既有联系,又有明显差别。《课程标准》更强调对与健康有关的体能进行评价,如心肺耐力、柔韧性、肌肉力量、肌肉耐力、身体成分等。学生的体能评价可根据相应水平的体能发展目标与内容框架,选择几项体能指标进行评定。在对学生的体能成绩进行评定时,建议结合各水平学生的年龄特点,参照《国家学生体质健康标准(2014 年修订)》,并结合学生的个体基础与进步幅度进行成绩评定。

(2)知识与技能的评定。

对学生体育与健康知识与技能学习成绩的评定内容主要包括:对于体育与健康的认识,体育与健康对于人、社会的价值和重要性;掌握体育与健康的相关知识以及运用于实践的情况;掌握符合一定学习水平目标要求的运动技能以及运用于实践的情况。

(3)学习态度的评定。

从终身体育的角度来看,体育与健康课程的重要目标就是要树立学生对体育与健康的正确认识,使学生形成正确积极的体育与健康态度。所以学生对待体育与健康课程学习与练习的态度应是体育与健康课程学习成绩评定的重要内容。对学生学习态度的评价指标可以包括以下几个方面:能否主动、自觉地参与体育活动;在体育活动过程中能否全身心地投入;能否积极主动思考,为达到目标而反复练习;能否认真接受老师的指导。

(4)情意表现与合作精神的评定。

提高学生的心理健康和社会适应水平是体育与健康课程的重要目标之一。在体育与健康课程中,学生的心理健康主要表现在:能否战胜胆怯、自卑,充满自信地进行学习与练习;能否敢于和善于克服各种主观、客观的困难与障碍,挑战自我、战胜自我,坚持不懈地进行学习与练习;能否善于运用体育活动等手段较好地调控自己的情绪等。学生的社会适应能力主要表现在:能否对其他同学和老师理解与尊重,并在学习过程中表现出良好的人际交往能力和合作精神,努力承担在小组学习与练习中的责任;能否遵守规则、尊重裁判;能否不计较胜负,赞扬对手;能否认真分析失败原因,不埋怨他人;能否与他人很好地交换意见等。

7.2.2 "体育与健康"课程学习评价的方法

我国以往对学生体育学习的评价方法比较单调贫乏,普遍采用的是终结性评价、定量评价和绝对性评价。原本采用这种评价方法的目的是将评定的结果用于与学生和家长进行交流,使学生认识到自己的不足以及需要努力的方向。然而,由于这种方法往往是在阶段学习或学期结束时进行的,且因片面追求学习成绩的客观性而只进行定量评价和绝对性评价,从而突出了评价的甄别功能,失去了评价的有效反馈功能,对激励学生学习、提高教学效果以及改进教学作用不大。其结果往往导致体育测试成绩好的学生沾沾自喜、盲目自大,不追求进步和发展;体育测试成绩差的学生则可能灰心丧气、动摇意志,失去体育学习的信心。

体育与健康课程学习评价则不仅注意结果性的评价,而且重视对学生学习过程的评价;不仅注意定量评价,而且重视定性评价;不仅注意绝对性评价,而且重视相对性评价。在对体育与健康的知识学习进行评价时,也不太强调单纯的记忆,比较强调对所学知识的理解与运用。

1. 定性评价与定量评价相结合

发源于 20 世纪初的现代课程评价是以整个世纪飞速发展的现代科技为背景的。因此,其从产生之日起,就以科学所崇尚的客观、量化为标志。然而,对教育而言,量化的评价是把复杂的教育现象加以简化或只评价简单的教育现象,这住往丢失教育中最有意义、最根本的内容。

定量评价是一种以量化为基础的评价方法。这种量化的评价方法从表面上看是比较准确的,因为它可以用一把尺子去衡量所有对象。这种评价更多地可以看作是一种工业化的评价模式,就像用一把卡尺来卡螺丝帽,合格的就是合格,差一点就是不合格。这种机械的做法对于产品的严格把关是很有必要的,它可以保障消费者的权益。传统的体育学习评价也沿用了这样的评价方法,例如,测试同一个年级学生的 100m 跑成绩,凡是达到 14 秒 8 即为及格。要知道,在体育课程和教学中,我们评价的是一个活生生的人,是一个可以不断发展变化的学生,这怎能与规格标准统一不变的工业产品来相提并论呢?况且,难道 100m 跑 14 秒 8 的学生在各方面都一定比跑 15 秒的学生强?在我们的教育教学实践中,定量的评价方法只能起甄别和选拔的作用,比较适合于对学生的体能和运动技能做出评价,但很难评价学生的体育学习态度、锻炼习惯、意志品质、自信心和自尊心、合作意识等。如果仅采用定量评价是不能全面反映学生的体育学习和体育活动情况的,最终只能导致评价走进死胡同。

体育与健康课程将目标定位在增强学生身体、心理和社会适应等整体健康方面,如果仅仅采用定量的评价方法显然不能反映学生达成学习目标的情况。因此,依据体育与健康课程的目标与内容,采用的学习成绩评价方法不应是单一的,而应是多元的。应该制订一种定量与定性相结合的、以衡量学生健康水平为主的评价体系。定量评价与定性评价相结合主要表现为两个方面:一是在对某些可量化的因素进行量化以后再对那些不能量化的因素进行定性评价,二是对某些因素进行量化后得到的结果进行定性分析,这样就使定量评价和定性评价有机地结合在一起。

需要强调的是,对学生体育与健康课程的学习进行定性评价时,评语的质量是关键。

要想使评语真正发挥其反馈、调整、激励的功能,使之成为师生交流的信息通道,就必须要求评语简要、精炼、中肯、有针对性、真诚、高于感情、有重点,让学生始终保持健康向上的学习心理状态。首先,评语要符合不同年龄特点学生的需要。如低年级学生的自我检查和评价能力较低,他们对自己的认识往往依赖于他人的评价,所以应给予低年级学生明确的、具体的、鼓励性的评语。其次,评语要符合不同个性特点学生的需要,力求把评语与学生的个性结合起来,使之发挥更大的激励作用。如给优生的评语应尽可能客观,以防止他们滋长骄傲情绪。而对差生的评语则要使他们常常感到自己在进步,有成功的情绪体验。体育教师应热爱每个学生,努力通过评语与学生沟通情感,消除师生关系的心理障碍,建立良好的师生关系,让情感交流贯穿于体育与健康课程学习的全过程。还应该指出的是,体育与健康课程强调定性评价并不是对定量评价的简单否定。从根本上讲,定性评价应该内在地包含定量评价,且定性评价能更逼真地反映学生的体育学习情况。因此,定性评价从本质上并不排斥定量评价,而是把它们整合于一身,在适当的评价内容或场景中依然可以使用定量的方式进行评价。

2. 终结性评价与过程性评价相结合

传统评价往往用行为目标作为判断的依据,而行为目标是结果取向的,它重视的是学习结束后的成就,而忽略学习的过程。我国传统的体育学习评价只重视终结性评价,而忽视过程性评价;只重视学生学会了什么,而不管学生是怎样学的。以至于学生不重视如何学会体育技能,而把大量的时间和精力用来对付如何过关。过去"片面追求达标率"这一现象在很大程度上就源于此。由于受传统思想的影响,许多人认为终结性评价简便易行,能做出准确判断,而过程性评价比较麻烦,不易操作,不能准确评定学习结果。然而,我们是否应该想一下,是过程性评价还是终结性评价更有助于学生有效地学习和进步?

采用何种评价方法应该以能否促进学生更有效地学习为标准。在体育与健康课程的教学实践中,学习目标主要是在"过程"中完成的,其中许多目标(如学习态度、情意表现、合作精神、创新能力、发现问题和解决问题的能力等)如果不在"过程"中进行评价,放到学期末一起来"算总账"是毫无意义的。因此,体育与健康课程的学习评价方法必须多元化,即诊断性评价、形成性评价和终结性评价三位于一体。例如,对某学生的学习成绩进行评价,首先应进行诊断性评价,也就是在学期开始时对该学生的现有体育与健康课程学习水平做一个评价;然后在学生体育与健康课程学习的过程中随时进行评价,特别是进行体育教师的外部评价及学生的自我评价。这些评价有利于体育教师和学生自己随时发现学生在学习过程中存在的问题(包括学生的学习方法和学习态度、教师的教学方法和教学态度等方面的问题),并随时加以改进,这即是形成性评价;最后在学期结束时再对学生的体育与健康课程学习情况做一个终结性评价。只有通过多种评价形式的有机结合,才能真正准确而公正地评价一个学生的体育学习情况,既能保证评价结果的信度和效度,又能调动学生学习和教师教学的积极性。

3. 绝对性评价与相对性评价相结合

近年,许多发达国家在体育课程的学习评价中,特别是在对体能和运动技能的评价中,往往将绝对性评价与相对性评价结合起来。例如,德国在评定学生体育学习成绩时,运用社会参照标准(即绝对标准±1)的评定方法进行,即最终得分＝社会参照标准±1;日本对学生体育学习成绩的评定也充分考虑到学生态度和行为的进步与发展,并提出了应依据每个学生的实际进步情况进行考评的思想,而不是以统一的标准要求所有的学生;美国最佳体适能教育计划更是强调个体评价的意义,指出学生应依据个人的进步得到评价,而不是通过相互比较或以一个统一的标准来衡量等。

相对性评价有助于学生看到通过自己努力所取得的进步,建立学习的自信心和自尊心,而体育与健康课程关注的正是学生的进步与发展,因此,体育与健康课程学习评价不仅采用绝对性评价,更强调相对性评价的作用。我国部分地区的学校已开始尝试采用体育与健康课程学习的"相对评分法"。具体的做法是:在学生初入学时,通过诊断性评价建立一套学生个人的体育与健康课程学习档案,包括对学生的知识、技能、体能等方面的摸底,作为学生的入学起点成绩;通过将每学期结束时的终结性评价结果与学生每学期开学时的起点成绩进行对照,就可以发现每个学生一学期来学习进步的幅度(相对成绩＝绝对成绩－起点成绩),从而使每个学生都看到自己的进步。在进行体育与健康课程学习评价时还要注意两个方面的问题:一是采用的相对性评价要简便、易操作,不能增加体育教师过重的负担;二是相对性评价要与绝对性评价结合起来进行。只要关注到学生的进步与发展,体育教师完全可以发挥自己的创造力,设计出更完善、合理、可操作的评价方案。

7.2.3 "体育与健康"课程学习评价的主体

在过去的几十年中,学生的学习评价是以教师为主的。教师对学生进行评价似乎是天经地义的事情,几乎没有人会怀疑这种权威式的评价存在哪些问题。殊不知,"手大捂不过天",仅仅由体育教师来评价学生的体育学习,难免会有了解不到、掌握不准确之处。《纲要》则倡导在对学生的体育与健康课程学习成绩进行评价时,既要有教师和家长从外部对学生进行的评价,又要有学生对自己的学习情况进行的评价,以及学生互相之间的评价,使得学习评价的主体多元化。

1. 学生主体

现代教育思想的重要内容就是学生主体地位的确立和主体性的发展,这是提高人的素质、培养创新能力的关键。在教育过程中,学生是主体,只有当学生对自身有了主动的认识时,评价才能转化为学习的动力。俗话说"鞋子合不合脚只有脚知道",那么最能了解学生学习情况的应是学生本人,所以应该让学生参与到评价中。为此,体育与健康课程学习评价采取了以学生为主体、师生共同参与的评价形式,使学生有权对自己和同伴的体育与健康课程学习情况进行评价。让学生参与到体育与健康课程学习评价中来,充分尊重了学生的主体地位,激励学生形成自己独特的品质和风格,对于激发学生体育与健康课程学习的积极性和主动性,提高学生的体育学习兴趣具有重要作用。首先,在学生对自己或同伴的体育与健康课程学习情况进行评价的过程中,可以充分发挥其主观能动性,从中学会学习和思考,增强学生正确认识和评价自己与他人的能力,有利于学生主体意识的增强。其次,让学生参与到体育与健康课程学习评价中来,可以减少体育教师单方面评价的片面性。由于采用学生自评和互评、教师测评相结合的方式,从而保证了体育与健康课程学习评价结果的公正性。最后,以学生为主体的体育与健康课程学习评价方式改变了以往"要学生怎样""不许学生怎样"以及"禁止学生怎样"的禁锢学生的教学管理模式,注重培养学生的观察力、判断力以及分析和解决问题的能力,这对增强学生的创新能力极为有利。

2. 教师主体

在体育与健康课程学习评价中,教师评价主要是由体育教师根据学生的测试成绩、技评成绩、进步幅度和表现,并参照学生的自评和互评情况对学生进行等级评价。

体育与健康课程强调学生的自我评价和相互评价,并不意味着要否认教师的评价,而是将学生评价与教师评价结合起来,并且教师在学生评价中所起的指导作用也是不容忽视的。过去一些体育教师认为,让学生参与评价会使得教师失去权力和地位。然而,转换一下思维就会发现,如果教师能在体育与健康课程学习评价中指导和帮助学生正确地进行自我评价和相互评价,让每个学生都能通过自我评价和相互评价更好地看到自己的进步或不足,并能激励自己更有效地学习,则教师的权力和地位不仅不会降低,而且还会得到提升,这实际上也是教师在体育与健康课程评价中主体地位的另一种体现形式。

综上所述,体育与健康课程学习评价与传统的体育学习评价相比,更加强调评价体系的多元化,突出评价的反馈与激励作用,关注学生发展的过程,保护学生的自尊和自信,真正变苦学为乐学,为每个学生自主学习和探究学习创造机会和条件。在高等教育体育与健康课程改革的新形势下,体育教师应抓住机遇,与时俱进,开拓创新,彻底转变教育观念,选择正确的评价方法,积极探索新的评价模式,全面有效地评价学生的体育与健康课程学习成绩,以促进学生进步和发展。

大学体育与健康课程成绩计算办法见附录一。

大学体育与健康课程学生免测相关规定见附录二。

免予执行《四项体能测试和晨跑》申请表见附录三。

第8章　体质健康测试与晨跑

8.1　国家学生体质健康标准

为落实立德树人根本任务,加强高等学校体育工作,切实提高高校学生体质健康水平,促进学生全面发展,2014年国家教育部新修订了《国家学生体质健康标准》(以下简称《标准》)。本标准适用于普通本科学校和高等职业学校的体育工作,主要从身体形态、身体机能和身体素质等方面来综合评定学生的体质健康水平,是促进学生体质健康发展、激励学生积极进行身体锻炼的教育手段,是国家学生发展核心素养体系和学业质量标准的重要组成部分,是学生体质健康的个体评价标准。

8.1.1　《标准》的重要性

本标准的学年总分由标准分与附加分之和构成,满分为120分。标准分由各单项指标得分与权重乘积之和组成,满分为100分。附加分根据实测成绩确定,即对成绩超过100分的加分指标进行加分,满分为20分;大学的加分指标为男生引体向上和1000m跑,女生1分钟仰卧起坐和800m跑,各指标加分幅度均为10分。得分在90.0分及以上为优秀,80.0～89.9分为良好,60.0～79.9分为及格,59.9分及以下为不及格。

大学生体质健康测试成绩评定达到良好及以上者,方可参加评优与评奖;成绩达到优秀者,方可获体育奖励学分。测试成绩评定不及格者,在本学年度准予补测一次,补测仍不及格,则学年成绩评定为不及格。大学生在毕业时,如果《标准》测试的成绩达不到50分者按结业或肄业处理。因此,要求大学生必须要高度重视一年一度的体质健康测试。

8.1.2　测试项目及权重

对于大学生来说,大学一、二年级为一组,三、四年级为一组。各组别的测试指标均为必测指标。其中,身体形态类中的身高、体重,身体机能类中的肺活量,以及身体素质类中的50m跑、坐位体前屈为各年级学生共性指标。测试项目及权重如表8-1-1所示。

表 8-1-1　标准测试项目及权重

	体重指数（BMI）	15
	肺活量	15
	50m 跑	20
大学各年级	坐位体前屈	10
	立定跳远	10
	引体向上（男）/1min 仰卧起坐（女）	10
	1000 米跑（男）/800 米跑（女）	20

注：体重指数（BMI）＝体重（kg）/身高（m）的平方，即 kg/m^2。

8.1.3　测试项目评分表

大学生体重指数单项评分如表 8-1-2 所示，肺活量单项评分如表 8-1-3 所示，坐位体前屈单项评分如表 8-1-4 所示，50m 跑单项评分如表 8-1-5 所示，立定跳远单项评分如表 8-1-6 所示，男生 1000m、女生 800m 跑单项评分如表 8-1-7 所示，男生 1min 引体向上、女生 1min 仰卧起坐单项评分如表 8-1-8 所示。

表 8-1-2　大学生体重指数单项评分（单位：kg/m^2）

	正　常	低 体 重	超　重	肥　胖
单项得分	100	80	80	60
男生	17.9～23.9	≤17.8	24.0～27.9	≥28.0
女生	17.2～23.9	≤17.1	24.0～27.9	≥28.0

8.1.4　特殊学生的处理

学生因病或残疾可向学校提交暂缓或免予执行《标准》的申请，经医疗单位证明，体育教学部门核准，可暂缓或免予执行《标准》，并填写《免予执行〈国家学生体质健康标准〉申请表》（见附件四），存入学生档案。确实丧失运动能力、被免予执行《标准》的残疾学生，仍可参加评优与评奖，毕业时《标准》成绩需注明免测。

表 8-1-3　大学生肺活量单项评分（单位：ml）

单项得分	优秀			良好		及格										不及格				
	100	95	90	85	80	78	76	74	72	70	68	66	64	62	60	50	40	30	20	10
大一、大二男生	5040	4920	4800	4550	4300	4180	4060	3940	3820	3700	3580	3460	3340	3220	3100	2940	2780	2620	2460	2300
大三、大四男生	5140	5020	4900	4650	4400	4280	4160	4040	3920	3800	3680	3560	3440	3320	3200	3030	2860	2690	2520	2350
大一、大二女生	3400	3350	3300	3150	3000	2900	2800	2700	2600	2500	2400	2300	2200	2100	2000	1960	1920	1880	1840	1800
大三、大四女生	3450	3400	3350	3200	3050	2950	2850	2750	2650	2550	2450	2350	2250	2150	2050	2010	1970	1930	1890	1850

表 8-1-4　大学生坐位体前屈单项评分（单位：cm）

单项得分	优秀			良好		及格										不及格				
	100	95	90	85	80	78	76	74	72	70	68	66	64	62	60	50	40	30	20	10
大一、大二男生	24.9	23.1	21.3	19.5	17.7	16.3	14.9	13.5	12.1	10.7	9.3	7.9	6.5	5.1	3.7	2.7	1.7	0.7	−0.3	−1.3
大三、大四男生	25.1	23.3	21.5	19.9	18.2	16.8	15.4	14.0	12.6	11.2	9.8	8.4	7.0	5.6	4.2	3.2	2.2	1.2	0.2	−0.8
大一、大二女生	25.8	24.0	22.2	20.6	19.0	17.7	16.4	15.1	13.8	12.5	11.2	9.9	8.6	7.3	6.0	5.2	4.4	3.6	2.8	2.0
大三、大四女生	26.3	24.4	22.4	21.0	19.5	18.2	16.9	15.6	14.3	13.0	11.7	10.4	9.1	7.8	6.5	5.7	4.9	4.1	3.3	2.5

表 8-1-5　大学生 50m 跑单项评分（单位：s）

单项得分	等级																			
	优秀			良好		及格										不及格				
	100	95	90	85	80	78	76	74	72	70	68	66	64	62	60	50	40	30	20	10
大一、大二男生	6.7	6.8	6.9	7.0	7.1	7.3	7.5	7.7	7.9	8.1	8.3	8.5	8.7	8.9	9.1	9.3	9.5	9.7	9.9	10.1
大三、大四男生	6.6	6.7	6.8	6.9	7.0	7.2	7.4	7.6	7.8	8.0	8.2	8.4	8.6	8.8	9.0	9.2	9.4	9.6	9.8	10.0
大一、大二女生	7.5	7.6	7.7	8.0	8.3	8.5	8.7	8.9	9.1	9.3	9.5	9.7	9.9	10.1	10.3	10.5	10.7	10.9	11.1	11.3
大三、大四女生	7.4	7.5	7.6	7.9	8.2	8.4	8.6	8.8	9.0	9.2	9.4	9.6	9.8	10.0	10.2	10.4	10.6	10.8	11.0	11.2

表 8-1-6　大学生立定跳远单项评分（单位：cm）

单项得分	等级																			
	优秀			良好		及格										不及格				
	100	95	90	85	80	78	76	74	72	70	68	66	64	62	60	50	40	30	20	10
大一、大二男生	273	268	263	256	248	244	240	236	232	228	224	220	216	212	208	203	198	193	188	183
大三、大四男生	275	270	265	258	250	246	242	238	234	230	226	222	218	214	210	205	200	195	190	185
大一、大二女生	207	201	195	188	181	178	175	172	169	166	163	160	157	154	151	146	141	136	131	126
大三、大四女生	208	202	196	189	182	179	176	173	170	167	164	161	158	155	152	147	142	137	132	127

表 8-1-7 大学男生 1000m，女生 800m 跑单项评分

单项得分	优秀			良好				及格								不及格				
	100	95	90	85	80	78	76	74	72	70	68	66	64	62	60	50	40	30	20	10
大一、大二男生	3'17"	3'22"	3'27"	3'34"	3'42"	3'47"	3'52"	3'57"	4'02"	4'07"	4'12"	4'17"	4'22"	4'27"	4'32"	4'52"	5'12"	5'32"	5'52"	6'12"
大三、大四男生	3'15"	3'20"	3'25"	3'32"	3'40"	3'45"	3'50"	3'55"	4'00"	4'05"	4'10"	4'15"	4'20"	4'25"	4'30"	4'50"	5'10"	5'30"	5'50"	6'10"
大一、大二女生	3'18"	3'24"	3'30"	3'37"	3'44"	3'49"	3'54"	3'59"	4'04"	4'09"	4'14"	4'19"	4'24"	4'29"	4'34"	4'44"	4'54"	5'04"	5'14"	5'24"
大三、大四女生	3'16"	3'22"	3'28"	3'35"	3'42"	3'47"	3'52"	3'57"	4'02"	4'07"	4'12"	4'17"	4'22"	4'27"	4'32"	4'42"	4'52"	5'02"	5'12"	5'22"

表 8-1-8 大学男生 1min 引体向上、女生 1min 仰卧起坐单项评分（单位：个）

单项得分	优秀			良好				及格								不及格				
	100	95	90	85	80	78	76	74	72	70	68	66	64	62	60	50	40	30	20	10
大一、大二男生	19	18	17	16	15	14			13		12		11		10	9	8	7	6	5
大三、大四男生	20	19	18	17	16	15			14		13		12		11	10	9	8	7	6
大一、大二女生	56	54	52	49	46	44	42	40	38	36	34	32	30	28	26	24	22	20	18	16
大三、大四女生	57	55	53	50	47	45	43	41	39	37	35	33	31	29	27	25	23	21	19	17

8.2　课外体育锻炼重要性及注意事项

课外体育锻炼是指在除了体育与健康课程以外来进行身体锻炼的一种运动方式。坚持课外体育锻炼可以增强体质、提高免疫力、改善精神状态。为增强大学生身体素质,提升大学生体质健康测试水平,促进大学生良好生活习惯的养成,各高校可以根据本校实际情况开展不同时间段(如晨跑或夜跑等)的课外体育锻炼,为大学生的体质提升保驾护航。现将课外体育锻炼的重要性及注意事项阐述如下。

8.2.1　课外体育锻炼的重要性

课外体育锻炼对身体健康的益处前文已经提及,课外体育锻炼对于大学生来说是非常重要的,具体表现如下。

1. 课外体育锻炼可以有效减脂

越来越多的人已经意识到减脂的重要性,想要有效减脂,就需要搭配有氧运动,这样效果才最好。跑步就是有氧运动的一种,不仅能够让全身大部分的肌肉和关节运动起来,还可以很有效地燃烧脂肪,从而达到瘦身的目的。此外,坚持课外体育锻炼还可以塑造身形,坚持一个月,身体线条就会更加匀称。

2. 课外体育锻炼能够提神醒脑

早上的时间非常宝贵,而身体经过一夜的修整,各项机能都处于比较好的状态,不过,想要充分调动身体各项机能,就需要一些适当的运动来唤醒。这个时候选择课外体育锻炼是再好不过了,提神醒脑,用一种令人愉快的方式让身体尽快地苏醒过来,为一天的工作和学习做好充分的准备。需要注意的是,晨跑强度不要太大,否则很容易疲累,反而会影响一天的学习。

3. 课外体育锻炼可以提升心肺功能

如果只是偶尔参加课外体育锻炼,效果可能不会太明显,坚持一个月,就会比较明显地感受到心肺功能得到了很大的提升,耐力变强了,肺活量也比以前大了,这些都是长期坚持课外体育锻炼带来的微妙变化。不过,课外体育锻炼前一定要注意热身,否则容易造成关节损伤。

4. 课外体育锻炼可以帮助大学生建立良好的生物节律

经常进行课外体育锻炼,除了能够增强体质、增进健康,还能帮助大学生建立良好的生物节律,生物节律亦称生物钟。对于大学生来说,如果早晨没课,可能会赖床,课外体育锻炼的推出可以改善大学生赖床的局面,帮助大学生建立良好的生物钟。

5. 课外体育锻炼可以提高大学生的体育课成绩

课外体育锻炼总次数纳入本学期的体育课成绩,占平时成绩的 50%,计 20 分。由于学校鼓励学生进行课外体育锻炼,因此,本学期中超过规定课外体育锻炼距离的可以进行加分。

8.2.2　课外体育锻炼的注意事项及要求

1. 注意事项

（1）课外体育锻炼应以慢跑为主，在慢跑之前应补充足够的水分和少量的食物，避免低血糖的出现。

（2）要避免内源氧缺乏，雾天不宜课外体育锻炼，空气质量差的地方不宜课外体育锻炼。

（3）在课外体育锻炼过程中，安排教师检查，若出现借助交通工具、代跑代刷等违规违纪现象，则将相关学生体育课平时成绩计 0 分，同时，在其所在学院进行通报批评。

（4）课外体育锻炼按照学校教学日历进行，如遇不良天气，学生可自愿选择，学校仍安排教师及工作人员值班。

（5）如遇学校、学院统一安排的见习、实习等教学任务，凡在校住宿均需参加课外体育锻炼；校外住宿的见习、实习任务，持续时间在 3 周（不含）以上的超出日期按一周一次标准减少规定次数。

（6）如因身体伤病等原因，持续时间 3 周（不含）以上不能参加课外体育锻炼的，凭医院证明，超出日期按一周一次标准减少规定次数。

（7）学生应根据当日身体状况选择是否进行课外体育锻炼，如处于病后休养期、生理期等情况，请暂停课外体育锻炼。

（8）参加课外体育锻炼的学生应注意安全，服从值班教师及工作人员指挥，跑步中靠右行进，锻炼后不宜马上进食等。

（9）学生必须严格按照规定时间进行课外体育锻炼，规定时间外锻炼完的，不计入课外体育锻炼成绩。因伤或因病申请获批的体质免测和体育保健课学生，可以不参与本项锻炼活动。如有突发情况发生，可与值班教师联系，处理相关事宜。

2. 要求

（1）穿衣要得体，最好穿运动服进行课外体育锻炼。

（2）一定要穿运动鞋进行课外体育锻炼，避免出现运动损伤。

（3）如遇身体不适，应马上中断课外体育锻炼。

附录一　大学体育与健康课程成绩计算办法

"体育与健康课程"教学是学校贯彻"高等学校体育工作基本标准"的主要途径之一，为落实立德树人根本任务，加强高等学校体育工作，切实提高高校学生体质健康水平，促进学生全面发展，严格执行《全国普通高等学校体育课程教学指导纲要》，切实做好体育与健康课程的考核工作，特制定本办法。

一、体育与健康课程成绩的组成

体育与健康课程成绩主要由学期末专项考试成绩、四项体能测试成绩和学生平时成绩组成，按下式计算而得：

$$D_{总} = \sum_{i=1}^{3} T_i = 100$$

其中 T_1 是学期末专项考试成绩；T_2 是四项体能测试成绩，主要包括男生：50m 跑、1000m 跑、立定跳远、引体向上。女生：50m 跑、800m 跑、立定跳远、1min 仰卧起坐；T_3 是学生平时成绩，主要包括上课出勤率、学习态度（课后作业等）和课外体育锻炼。

特别说明：

如果本学期有学校统一组织的体质健康测试，四项体能测试成绩将采用本学期进行的体能测试中的四项体能测试成绩，课堂上将不再单独测试，但课堂上要有体能训练内容。如果本学期没有学校统一组织的体质健康测试，四项体能测试成绩由学院统一组织，任课教师于测试周在课堂上完成四项体能测试（测试周视天气情况而定，一般在第八周或第九周），测试周场地上会安排医护人员，课堂上要有体能训练内容。

二、体育与健康课程各测试项目及评分标准

1. 体育专项考试项目和标准

执行各专项所制定的考试标准。

2. 四项体能测试项目和标准

男生：50m 跑、1000m 跑、立定跳远、引体向上。

女生：50m 跑、800m 跑、立定跳远、1min 仰卧起坐。

评分标准：严格执行教育部印发的《国家学生体质健康标准（2014 年修订）》。

体能测试项目成绩：四单项平均得分。第一学期，每项 10 分；第二学期、第三学期和第四学期，每项 5 分。

3. 学生平时成绩和标准

上课出勤率和学习态度由任课教师制定评价标准。

线上课程由学校公体部制定统一的评价标准。

课外体育锻炼由学校公体部制定统一的评价标准。

以上标准如有变化，请按照当年学校文件来执行。

三、选修"大学生健康教育"课程

1. 选修"大学生健康教育"课程条件及办理程序

学生因病或残疾可向学校提交免予执行《标准》的申请，经医疗单位（二甲以上医院）诊断，凭诊断证明经学校门诊部核准，填写《免予执行〈国家学生体质健康标准〉申请表》，经学校有关责任部门（体育学院）同意，可免予执行《标准》，并准许选修"大学生健康教育"课程。

办理程序：填写免测申请单后交于本人所在二级学院负责人，由二级学院负责人统一交于体育学院。受理时间，以教务处规定的每学期选课截止时间为准。

2. 选修"大学生健康教育"课程考核

体育与健康课程成绩100分＝学期末理论考试成绩60分＋学生平时成绩40分。

具体标准由任课教师制定。

四、考试要求

学生必须凭有效证件参加考试。

附录二 大学体育与健康课程学生免测相关规定

为了保障学生的身心健康,防止伤害事故和意外事件的发生,切实做好体育与健康课程考评工作,针对公共体育学生因病或残疾免予执行体能测试和晨跑,特作出如下相关管理规定。

1. 选修体育与健康理论课

条件:学生因病或残疾不能进行剧烈运动者,必须在选课时向学校提交免予执行《国家学生体质健康标准(2014 年修订)》的申请,经医疗单位(二甲以上医院)诊断,凭诊断证明经学校门诊部核准,填写免测申请表,选修"大学生健康教育"课程。

办理程序:填写免测申请表后交于本人所在二级学院负责人,由二级学院负责人统一交于体育学院收发室"体育与健康免测申请箱"内。受理时间,以教务处规定的每学期选课截止时间为准。

成绩评定:体育与健康课程成绩 100 分＝学期末理论考试成绩 60 分＋学生平时成绩 40 分。

具体标准由理论课任课教师制订。

2. 转选体育与健康理论课

条件:上了几周体育与健康实践课以后,突然出现了特殊情况(如受伤、骨折、心脏病等)不能进行晨跑和四项体能测试,必须去转选《体育与健康理论课》亦称《大学生健康教育》课,不能继续参加体育与健康实践课的学习,否则不能参加体育与健康各专项课考试。

办理程序:经医疗单位(二甲以上医院)诊断不能剧烈运动者,凭诊断证明经学校门诊部核准,填写免测申请表,凭证明和免测申请表去教务处换课,转选"大学生健康教育"课程。换选课程结束后,需将所有证明材料交到体育学院收发室"体育与健康免测申请箱"内。

具体流程:开诊断书→填申请表→去门诊部盖章→教务处换课→去上大学生健康教育理论课。

成绩评定:由原教师对学生转课前几周的平时成绩进行评定,转课后的平时成绩和考试成绩由大学生健康教育任课教师评定,学生要提醒原教师将几周平时成绩交给体育与健康理论课老师。体育与健康课程成绩 100 分＝学期末理论考试成绩 60 分＋学生平时成绩 40 分(原实践课程平时成绩＋后理论课平时成绩)。

具体标准由任课教师制订。

3. 特别说明

学生因病或残疾不能进行晨跑和四项体能测试者,又没有选修"体育与健康理论课"者,该门课程直接视为重修。

附录三 免予执行《四项体能测试和课外体育锻炼》申请表

姓名		性别		所属学院	
班级		学号		出生日期	
原因					
医院证明	医院证明粘贴处				
体育教师签字		辅导员签字			
学院领导审批意见	公章： 负责人签名： 年 月 日				

注：1. 如果是选课时直接选修大学生健康教育课，需要辅导员签字，无须体育教师签字。

2. 如果是上了几周体育实践课后，因受伤等原因必须转选大学生健康教育课的，需要体育教师签字，无须辅导员签字。

3. 须附相关证明。

附录四　免予执行《国家学生体质健康标准》申请表

姓名		性别		民族	
班级		学号		出生日期	
原因					
体育教师签字		学生签字			
学校体育部门意见				盖章/签字： 年　　月　　日	

注：须附相关证明。

参 考 文 献

[1]　张元.焦点与实质——体育教学理论与实践[M].北京：中国文史出版社,2005.

[2]　吴刚.知识演化与社会控制[M].北京：教育科学出版社,2002.

[3]　卢元镇.体育人文社会科学概论高级教程[M].北京：高等教育出版社,2003.

[4]　金福春.体育与健康[M].北京：高等教育出版社,2002.

[5]　钟启泉.体育与健康课程与教学论[M].杭州：浙江教育出版社,2003.

[6]　毛振明.体育教学论[M].北京：高等教育出版社,2017.

[7]　蒋健保.大学体育与健康教程[M].上海：上海交通大学出版社,2016.

[8]　季浏.体育与健康[M].上海：华东师范大学出版社,2001.

[9]　赵文武,张钧,刘晓莉.体育保健学[M].6 版.北京：高等教育出版社,2018.

[10]　牛映雪,鹿国晖,刘杨.体育保健与运动康复技术[M].北京：化学工业出版社,2016.

[11]　何福洋.体育保健实践教程[M].北京：北京理工大学出版社,2013.

[12]　中国排球协会.气排球竞赛规则[M].北京：北京体育大学出版社,2013.

[13]　黄汉升.球类运动——排球[M].北京：高等教育出版社,2009.

[14]　黎禾.大众气排球[M].北京：北京体育大学出版社,2016.

[15]　于贵和.软式排球、沙滩排球、气排球理论与方法[M].北京：北京师范大学出版社,2009.

[16]　足球教材编写组.足球[M].北京：高等教育出版社,1998.

[17]　王崇喜.球类运动——足球[M].3 版.北京：高等教育出版社,1998.

[18]　何志林,邓达之,余吉成,等.现代足球[M].北京：人民体育出版社,2005.

[19]　蒋健保.现代足球[M].上海：上海交通大学出版社,2015.

[20]　中国足球协会裁判委员会.足球裁判规则 2016/2017[M].北京：人民体育出版社,2016.

[21]　苏培仁.乒乓球运动教程[M].北京：高等教育出版社,2004.

[22]　孙麒麟.乒乓球[M].北京：高等教育出版社,2006.

[23]　唐建军.乒乓球运动教程[M].北京：北京体育大学出版社,2006.

[24]　张瑞林.乒乓球运动[M].北京：高等教育出版社,2005.

[25]　张瑛秋.乒乓球直拍技术图解[M].北京：北京体育大学出版社,2014.

[26]　张瑛秋.乒乓球横拍技术图解[M].北京：北京体育大学出版社,2014.

[27]　程云峰.现代乒乓球教学与训练 [M].哈尔滨：哈尔滨地图出版社,2005.

[28]　程云峰.乒乓球运动[M].杭州：浙江大学出版社,2015.

[29]　中国乒乓球协会.乒乓球竞赛规则(2017)[M].北京：人民教育出版社,2017.

[30]　肖杰.羽毛球运动理论与实践[M].北京：人民体育出版社,2011.

[31]　GRICE TONY.羽毛球运动从入门到精通(图解第二版)[M].孙奇,译.北京：人民邮电出版社,2015.

[32]　谢相和.大学网球教程[M].成都：四川大学出版社,2013.

[33]　郭开强,蒲娟,张小娥.网球教学[M].北京：科学出版社,2016.

[34]　陶志翔.网球运动教程[M].北京：高等教育出版社,2003.

[35]　宛祝平,赵锦锦.嗒嗒球[M].长春：吉林出版社,2015.

[36]　尚志强.嗒嗒球[M].北京：北京体育大学出版社,2004.

［37］ 张瑞林.健美操［M］.北京：高等教育出版社,2003.

［38］ 王莹.街舞［M］.北京：人民体育出版社,2009.

［39］ 张艳.街舞理论与实践［M］.北京：对外经济贸易大学出版社,2010.

［40］ 吴东方.体育舞蹈［M］.北京：高等教育出版社,2016.

［41］ 姜桂萍.体育舞蹈［M］.北京：高等教育出版社,2007.

［42］ 李小芬.体育舞蹈运动教程［M］.北京：北京体育大学出版社,2015.

［43］ 洪涛,王娜.形体训练［M］.上海：上海交通大学出版社,2015.

［44］ 傅强.职业形体塑造［M］.北京：北京体育大学出版社,2011.

［45］ 蔡仲林,周之华.武术［M］.北京：高等教育出版社,2009.

［46］ 全国体育院校教材委员会.中国武术教程［M］.北京：人民体育出版社,2004.

［47］ 曾天雪.八式十六式太极拳［M］.武汉：湖北科学技术出版社,2006.

［48］ 李德印.十六式太极拳［M］.哈尔滨：黑龙江文化音像出版社,2010.

［49］ 杨柏龙.健身气功·八段锦［M］.北京：人民体育出版社,2003.

［50］ 霍瑞明.健身养生八段锦［M］.沈阳：辽宁科学技术出版社,2016.

［51］ 韩秋红.女子防身术［M］.北京：中国原子能出版社,2019.

［52］ 许声宏.空手道［M］.北京：北京体育大学出版社,2010.

［53］ 刘同为,贾平,戴有祥.空手道［M］.哈尔滨：黑龙江科学技术出版社,2003.

［54］ 庞俊鹏.空手道教程［M］.武汉：湖北科学技术出版社,2016.

［55］ 刘同为,林官仁,李在凤.跆拳道［M］.哈尔滨：黑龙江科学技术出版社,2003.

［56］ 刘卫军.跆拳道［M］.北京：北京体育大学出版社,2012.

［57］ 张瑞林,张丹,张桂铭,等.跆拳道［M］.北京：高等教育出版社,2011.

［58］ 刘树军.花样跳绳［M］.北京：高等教育出版社,2013.

［59］ 张晓威.定向越野［M］.北京：星球地图出版社,2003.

［60］ 张惠红.定向越野［M］.北京：高等教育出版社,2006.

图 书 资 源 支 持

感谢您一直以来对清华版图书的支持和爱护。为了配合本书的使用，本书提供配套的资源，有需求的读者请扫描下方的"书圈"微信公众号二维码，在图书专区下载，也可以拨打电话或发送电子邮件咨询。

如果您在使用本书的过程中遇到了什么问题，或者有相关图书出版计划，也请您发邮件告诉我们，以便我们更好地为您服务。

我们的联系方式：

地　　址：北京市海淀区双清路学研大厦 A 座 701

邮　　编：100084

电　　话：010-83470236　　010-83470237

资源下载：http://www.tup.com.cn

客服邮箱：2301891038@qq.com

QQ：2301891038（请写明您的单位和姓名）

资源下载、样书申请

书圈

扫一扫，获取最新目录

课程直播

用微信扫一扫右边的二维码，即可关注清华大学出版社公众号"书圈"。